HET ANTIRACISME-HANDBOEK

Bezoek www.levboeken.nl voor informatie over al
onze boeken. Volg @Levboeken op Twitter, bezoek onze
Facebook-pagina www.facebook.com/LevBoeken en
volg lev_uitgevers op Instagram.

Chanel Matil Lodik

HET ANTIRACISME-HANDBOEK

Lev.

Omslagontwerp
Iré Oyekan
Ontwerp en opmaak binnenwerk
Lawine visuele communicatie | grafisch ontwerp

ISBN 978 94 005 1392 1
NUR 740

Voor Sandy, Judith en Soraya

Inhoudsopgave

VOORWOORD

Beste lezer,

Deze boodschap is mij met de paplepel ingegoten: 'Je zult, vanwege je donkere huidskleur, extra hard moeten werken om dezelfde resultaten te behalen die voor witte mensen vanzelfsprekend zijn.' Met die boodschap zijn wij, mijn nicht Chanel en ik, opgevoed. Met een donkere huidskleur heb je al een achterstand. Zorg er dus voor dat je de beste versie van jezelf bent, zodat niemand je wat kan zeggen. Doe je best op school, en kom altijd voor jezelf op. Mijn moeder, Judith Oliander, was voor Chanel niet alleen een geliefde nicht, maar ook haar grote voorbeeld. Sinds haar overlijden wordt zij elke dag nog gemist. Judith heeft ervoor gezorgd dat wij deze boodschappen nooit zullen vergeten. Zij was een persoon wier aanwezigheid je niet kon missen. Ze liet van zich horen en durfde zich altijd uit te spreken, maar ze wist zich ook in elke situatie te redden en zich aan te passen wanneer nodig. Judith deed er alles aan om haar eigen zoon, maar ook haar neefjes en nichtjes, te leren hoe ze zichzelf konden zijn. Zij heeft de boodschap om de beste versie van onszelf te worden niet alleen met ons gedeeld, maar ook gezorgd dat wij actie ondernamen. Weten dat je harder moet werken is één ding, het doen is een ander.
Judith nam ons regelmatig mee uit eten, zowel naar een gezellig pannenkoekenhuis, als luxerestaurants met vele gangen. Dankzij haar weten we met welk bestek je begint als er meerdere vorken, messen en lepels op tafel liggen, maar ze leerde ons ook met eetstokjes eten. Ze leerde ons om activiteiten te ondernemen die je horizon verbreden.
Ze motiveerde mij om voor school naar het buitenland te gaan. Ze sprak ons moed in om nooit op te geven wanneer je tegengewerkt wordt. Dankzij deze mentaliteit heb ik zelf, ondanks nare opmerkingen die ik naar mijn hoofd geslingerd kreeg zoals: 'Kijk, een zwarte in het water!', het zwemmen nooit opgegeven. Dit heeft ertoe geleid dat ik reddingszwemmen heb beoefend, een EHBO-diploma heb behaald en een heerlijk bijbaantje als zelfstandig toezichthouder had bij verschillende zwembaden.
Al deze eigenschappen van Judith zie ik ook terug in Chanel. Of ik nu met Judith of met Chanel op pad was; als er iets onrechtvaardigs gebeurde, dan lieten zij van zich horen en namen ze het op voor anderen.
Helaas heeft Chanel op veel manieren zelf racisme mee moeten maken.

Het was tijdens een weekendje in Zeeland toen een groepje oudere, witte mensen met 'Hé Zwarte Piet!' reageerden, nadat Chanel hen vriendelijk groette. De voor het oog altijd krachtige vrouw, mijn sterke nicht die voor alles en iedereen opkwam, kampte met verdriet. Voor sommigen lijkt het een onschuldige opmerking, een grapje misschien, maar na het lezen van dit boek denken zij er hopelijk anders over.
Chanel deelde haar ervaring, maar ook haar verdriet op Twitter. Zo kenden wij haar niet, en dat heeft Judith haar laten weten ook. 'Je bent een sterke, zwarte vrouw. Laat je niet zo kennen. Laat niet zien dat het pijn doet. Gun ze dat genoegen niet. Laat deze ervaring je sterker maken.'
Chanel wist zich altijd al goed uit te drukken en begon daarom met het schrijven van blogs op haar website. Hierin gaf ze haar mening over actuele onderwerpen. Daar zag ik het sterke rechtvaardigheidsgevoel van Chanel al goed in terug. Waarom wordt er in de media maar één kant van het verhaal beschreven? Hoe komt het dat er zo weinig diversiteit in de media is? Last but not least: er is zoveel racisme om ons heen, waarom doet niemand er wat aan?!

Ik ben trots op hoe Chanel zich heeft ontwikkeld. Van kleins af aan heb ik altijd naar haar opgekeken. Mijn grote nicht op dezelfde middelbare school die tweetalig onderwijs op vwo-niveau volgt. Mijn grote nicht die naar Canada reisde voor school, waardoor ik ook een uitwisselingsprogramma aandurfde in Frankrijk. Mijn grote nicht die mij altijd steunde en vertrouwen in mij heeft gehad, en mij nu de eer geeft om het voorwoord te mogen schrijven van zo'n belangrijk boek.
Ik durf met volle overtuiging te zeggen dat zowel ik als mijn moeder, jouw grote nicht, trots op je zijn door wat je hebt bereikt. En hoe hoog jij naar haar opkeek, zo hoog kijk ik op naar jou!

Liefs,
Brenly Oliander

Lezen over antiracisme maakt je nog geen antiracist. Het gaat erom wat je na het lezen doet.

EEN BELANGRIJKE DISCLAIMER

Naming, not shaming

Dit boek staat vol met praktische voorbeelden over racisme. Dit betreft ook racistische uitingen of acties van bekende Nederlanders, bedrijven en onbekende mensen uit het buitenland. Gebruik deze voorbeelden als toonbeeld van hoe het níét moet en niet om een negatieve mening over deze mensen te vormen.

Als iemand na een racistische actie of opmerking excuses heeft gemaakt, lees je het ook in dit boek terug. Als je het niet terugleest, dan heb ik het niet voorbij zien komen tijdens mijn onderzoek. Misschien zijn er wel excuses aangeboden, maar is dat niet bekend. En als het niet is gebeurd: wat niet is, kan nog komen.

Zelf heb je vast ook fouten gemaakt, ik in elk geval wel. Hoe vervelend zou het zijn als iemand jou over vijf jaar nog steeds veroordeelt voor gedrag dat je inmiddels hebt aangepast?

Dit boek is niet allesdekkend

Tot slot wil ik zeggen dat dit boek veel uitgebreider had kunnen zijn. Er komen woorden in voor waar ik een geheel hoofdstuk aan had kunnen wijden, maar dan werd het echt een dikke pil. Zie je iets waar je meer over wilt leren, *educate yourself*. Er zijn zoveel verschillende bronnen: boeken, online artikelen, onderzoeken, Instagram-accounts, podcasts, Netflix-series. Er is voor iedere mediagebruiker wat wils. Gebruik dit boek als startpunt, al vind je het misschien het einde.

INLEIDING

Even voorstellen...

Mijn naam is Chanel Matil Lodik. Misschien ken je me beter onder mijn alias Marketingvrouw. Marketing is mijn corebusiness en tot maart 2018 wilde ik alleen bekendstaan om mijn marketingexpertise. Alles wat je tot die tijd over mij vindt, gaat dan ook over marketing.
Hoewel je nu mijn boek *Het antiracismehandboek* in handen hebt, onderdrukte ik jarenlang mijn opinie over onderwerpen zoals ongelijkheid, racisme en diversiteit & inclusie. Ik wist dat wanneer je als Zwarte vrouw (of andere persoon van kleur) daar ooit je mond over opendoet, dat het enige onderwerp is waar je om bekend zal staan.
In maart 2018 maakte ik de zakelijke zijstap naar diversiteit & inclusie. Jaarlijks zijn er artikelen over racisme op de arbeidsmarkt, racisme op de woningmarkt en het tekort aan representatie in de media. En toch werd dat geminimaliseerd. Het waren slechts incidenten. Maar hoe vaak moeten incidenten terugkerend voorkomen voordat ze gezien worden als iets structureels? Ik kwam het zoveelste artikel tegen over het gebrek aan diversiteit in de Nederlandse media. En ik was er helemaal klaar mee. In plaats van me te ergeren, dacht ik na over wat mijn bijdrage zou kunnen zijn. Ik lanceerde het platform *Meer kleur in de media*. Een platform met als doel: op een laagdrempelige manier zorgen voor betere representatie van Zwarte mensen en mensen van kleur in de Nederlandse media. Het idee werd geboren uit de ergernis om het zinnetje: 'We willen wel mensen van kleur betrekken, maar we kunnen ze niet vinden.' Tegelijkertijd was het een praktische oplossing. Jullie kunnen ze niet vinden? Ik geef ze jullie op een presenteerblaadje.
Met de lancering van het platform gingen mijn remmen los. Ik kon eindelijk weer vrijuit spreken over discriminatie, diversiteit & inclusie. En ik werd meteen gehoord. Twee dagen na het oprichten schoof ik aan bij *Spraakmakers' mediaforum*. Tegenover mij zat de hoofdredacteur van *De Telegraaf*, Paul Jansen, die representatie waanzin noemde. Ik zat klaar om het debat te voeren.
Mijn mediaoptreden werd opgepikt door diverse redacties en al snel kreeg ik de vraag om mee te kijken achter de schermen. Hoofdredacteuren van verschillende mediamerken wisten, net als ik, dat diversiteit & inclusie in je media-items voortvloeien uit het hebben van een diverse samenstelling. 'Waarom is onze redactie zo wit?' vroegen ze dan ook.

Goudeerlijk als ik ben, wees ik hen op de exclusieve cultuur bij vele organisaties. 'Mensen van kleur voelen zich niet welkom op jullie redactie en als ze er eenmaal zijn, voelen zij zich niet thuis.' Ik nam het woord racisme in deze tijd nog niet in de mond, want dat was taboe bij witte mensen. In mei 2020 veranderde dat.
In Amerika werd de Zwarte man George Floyd vermoord door de witte agent Derek Chauvin. George Floyd was niet de eerste Zwarte persoon en is helaas ook niet de laatste Zwarte persoon die door agenten is vermoord. Toch was er iets aan zijn moord wat ervoor zorgde dat er wereldwijde aandacht en protesten waren. Heel de wereld scandeerde: 'Black Lives Matter!'
Na de moord op George Floyd kregen - vooral witte - mensen een openbaring over racisme. Ook zij waren eindelijk overtuigd van het bestaan ervan op grote schaal. Racisme is diep doorgedrongen in onze maatschappij, en dat werd nu massaal gezien.
'Wat kan ik doen tegen racisme?' 'Ik heb een verhitte discussie gehad met mijn schoonvader over racisme, hoe wijs ik hem op zijn gedrag?' 'Hoe zeg ik tegen mijn collega dat haar "grapjes" racistisch zijn?' Het zijn vragen die ik dagelijks in mijn inbox kreeg. Op den duur knipte en plakte ik reacties in mijn notities, zodat ik sneller door mijn 50 dm's per dag heen kwam. Het was nauwelijks bij te houden.
Mijn oplossing voor de drukte was simpel: bundel, structureer en plaats alle vragen op volgorde, om vervolgens de antwoorden via een soort webinar te delen. We zaten ondertussen al drie maanden lang in een wereldwijde pandemie en waren het digitale leven inmiddels toch al gewend.
Eerlijk is eerlijk, ik moest er wel geld voor vragen. Als ik er nog meer tijd aan ging besteden, moest er ook brood op de plank komen. Maar het mocht niet te duur zijn. Het moest betaalbaar blijven. Zo was het antiracismewebinar 'Wat kan ik tegen racisme doen?' geboren.
Met meer dan 1000 aanmeldingen bleek de webinar een schot in de roos. En daarna werd het alleen maar beter. Vele volgers van de webinar stapten naar hun werkgever. Hun collega's moesten ook leren wat zij van mij geleerd hadden. Zo werd de webinar over antiracisme een masterclass voor bedrijven. De webinar wordt nog regelmatig via mijn website aangekocht en ik geef nog wekelijks masterclasses. Tijdens de masterclass over racisme leg ik medewerkers van nationale en internationale organisaties uit wat racisme

inhoudt, hoe gelaagd het is en wat zij zelf kunnen doen tegen racisme.
Het is een onderwerp waar ik helaas niet over uitgesproken raak. Daarom schreef ik dit boek, zodat jij ook kunt leren over racisme. Maar vooral zodat je in actie kunt komen tegen racisme.
Jij kunt net die ene persoon zijn die een ander tot inkeer brengt. Jij kunt net die ene persoon zijn naar wie de ander luistert. Jij kunt net die ene persoon zijn die connecties heeft met iemand met impact.
Of jij kunt net die ene persoon met impact zijn.

Hoe werkt dit boek?

Dit boek is een antiracismehandleiding. In de eerste instantie wilde ik zeggen voor beginners, maar op een bepaalde manier zijn we allemaal beginners. Dit bleek ook uit de reviews die ik ontving na de antiracisme-webinar. Velen die zich al langer inzetten tegen racisme gaven aan nieuwe dingen geleerd te hebben.
Racisme is gelaagd en vaker subtiel dan expliciet, dus is het belangrijk dat je eerst weet wat racisme nou eigenlijk is en waarom veel dingen waarvan je tot nu toe dacht dat ze niet racistisch waren, dat wel zijn, vóórdat we doorgaan naar de voorbeelden en actiepunten. Dit is de reden dat mijn werk bestaat uit drie opvolgende delen:

1. Definitie: wat is racisme?
2. Voorbeelden: hoe herken ik het?
3. Actie: wat kan ik ertegen doen?

Zo werkt mijn masterclass en zo werkt dit boek ook. Als ik zou beginnen met voorbeelden, zouden er bij elk hoofdstuk lezers zijn die zeggen: 'Ja, maar dat is niet helemaal racistisch.' Dit maak ik dagelijks mee in de praktijk. Door het om te draaien, ben ik deze kwalijke reactie voor.
Het kan zijn dat je sommige voorbeelden vaker voorbij ziet komen, al dan niet in een iets andere vorm. Dit komt doordat deze voorbeelden onder meerdere vormen van racisme vallen. Een voorbeeld van micro-agressies is soms ook een voorbeeld van anti-Aziatisch racisme of islamofobie en kan dan in alle drie de hoofdstukken voorkomen. Maar hoe vaker iets herhaald

wordt, hoe beter je het leert herkennen. Uiteindelijk gaat het er vooral om dat het racistisch is.

Na de voorbeelden komen de actiepunten. Wat kun jij doen om de wereld een beetje beter te maken? Hoe cliché het ook klinkt, ook hier geldt: verbeter de wereld, begin bij jezelf. En verbeter dan anderen.

Aan het eind van het boek vind je een lijst met de meestgestelde vragen. Mijn professionele carrière op het gebied van antiracisme komt voort uit het verzamelen van de meestgestelde vragen in mijn inbox en daar antwoord op geven. Ook tijdens het schrijven van dit boek kreeg ik geregeld dezelfde vragen. Het antwoord op de meeste vragen vind je door het boek heen. Voor het gemak heb ik ze ook gebundeld.

Ook vind je achterin twee woordenlijsten: één speciaal voor mensen die vooral Engelstalige woorden gebruiken en willen weten wat het Nederlandse woord ervoor is, en één voor de mensen die bijna niets meer durven te zeggen, omdat ze bang zijn de verkeerde woorden te gebruiken. Op de tweede lijst staan ongewenste woorden en woorden die als vervanging dienen.

Overigens wil ik je wel meteen vragen om af te stappen van de angst om fouten te maken. Dat gebeurt nou eenmaal in het leven. In dit boek deel ik ook de fouten die ik maakte. Ik ga er ook niet van uit dat dit mij niet meer zal overkomen. Als dat gebeurt, houd ik het volgende motto aan: vallen, opstaan en doorgaan met de strijd tegen antiracisme.

In het ergste – of eigenlijk beste – geval weet je alles al. Dan is dit boek een goed cadeau voor die ene oom/collega/vriendin die heeft ontdekt dat racisme toch niet zo uitzonderlijk is als eerst werd gedacht en niet weet waar te beginnen in de strijd.

Disclaimers

Terwijl je dit boek leest, zullen er een aantal dingen opvallen. Ik schrijf Zwart met een hoofdletter, heb het over Zwarte mensen én mensen van kleur, gebruik het woord ras altijd met disclaimer of aanhalingstekens, ik doe aan *naming not shaming* en gebruik zo min mogelijk woorden die eindigen op -fobie. Dit laatste doe ik alleen in het hoofdstuk *Islamofobie*, omdat de autoriteit op dat gebied daar specifieke definities voor hanteert en ik niet de persoon ben die die kan verwerpen.

Zwart met een hoofdletter Z

Ik schrijf Zwart bijna altijd met een hoofdletter, omdat Zwart niet alleen een kleur betreft, maar ook de gedeelde culturele identiteit van Zwarte mensen van over de hele wereld. Academicus en mensenrechtenactivist W.E.B. Du Bois was de eerste die hier in 1926 een campagne voor begon, al ging het destijds om het woord Negro.
Hij schreef onder andere *The New York Times* aan met het verzoek om het woord Negro met een hoofdletter te schrijven. 'Het gebruik van een kleine letter voor de naam van twaalf miljoen Amerikanen en tweehonderd miljoen mensen' was volgens hem een persoonlijke belediging. Iets minder dan een eeuw later kiest *The New York Times* er opnieuw voor om duidelijk te maken wanneer zij het hebben over kleur (black) of over de gedeelde identiteit (Black) en ik volg.

Zwarte mensen apart benoemen

Het is belangrijk om Zwarte mensen expliciet als aparte groep te benoemen naast mensen van kleur in het algemeen. Dit omdat Zwarte mensen ook te maken hebben met diepgeworteld racisme afkomstig van mensen van kleur. Om de leesbaarheid te bevorderen, spreek ik in enkele gevallen toch alleen van mensen van kleur, terwijl ik mensen van kleur én Zwarte mensen bedoel.
Ik heb helaas nog geen bruikbare term gevonden om iedereen die niet wit is als groep te omschrijven. De krachtige Amerikaanse afkorting BIPOC (Black, Indigenous and People of Color) is niet naar het Nederlands te vertalen, omdat wij in Nederland niet te maken hebben met oorspronkelijke Amerikanen (waar *indigenous* naar verwijst). Aangezien BIPOC gaat over iedereen die niet wit is, zou ik als vervangende term 'niet wit' kunnen gebruiken. Maar door de groep zo aan te duiden, blijf ik witheid gebruiken als norm. Daar wil ik juist van afstappen.

Ras bestaat niet

Er is slechts één menselijk ras. De manier hoe wij ras gebruiken voor mensen, is een verzinsel, een sociaal construct om te bepalen welke mensen beter zijn dan andere mensen. Door dit woord te blijven gebruiken voor mensen, blijven we denken dat er verschillende menselijke rassen zijn.

Haat is geen fobie

Er zijn twee redenen waarom ik liever over 'haat' of 'discriminatie' spreek dan over 'fobie'. Beide begrippen staan verwerkt in deze definitie die ik op Wikipedia vond.

> Een fobie is een psychische aandoening waarbij iemand, om doorgaans onduidelijke redenen, een overmatige angst ontwikkelt voor specifieke zaken of situaties. Deze angst staat niet in verhouding tot de reële bedreiging die van de situatie of het object uitgaat en de lijder is zich hiervan goed bewust.

Vaak is fobie in de racismecontext helemaal geen angst, maar pure haat of in elk geval een sterke afkeer. Daarnaast is men zich er juist niet van bewust dat het geen reële bedreiging is. Ze vinden het zelfs zo realistisch dat ze hun afkeer kunnen beargumenteren.

Maar ik ben helemaal niet racistisch...

Het is heel goed dat je niet racistisch bent. Maar in een racistische wereld is het helaas niet genoeg om niet racistisch te zijn, je moet *actief antiracistisch* zijn. Mensen denken dat niet racistisch zijn het tegenovergestelde is van racistisch zijn, maar dat is het niet. Ik kan begrijpen dat de gedachte dat je niet racistisch bent geruststellend kan werken. Maar eerlijk gezegd geeft deze gedachte je een excuus om geen actie te hoeven ondernemen. Je hoort immers bij de *'good ones'*.

'Ik ben niet racistisch, dus ik doe niets fout. Ik hoef me er niet mee bezig te houden.' Dat is wat veel mensen denken. Je gaat dan echter voorbij aan het feit dat de maatschappij als een geheel functioneert en dat het ene gedrag het andere in stand houdt. De meeste witte mensen zijn geen uitgesproken racisten die bewust discrimineren. Maar dat betekent niet dat zij niet verantwoordelijk moeten worden gehouden voor hun passiviteit, waardoor anderen wél openlijk racistisch kunnen zijn.

Bovendien leven we in een maatschappij die gefundeerd is op *white*

supremacy, oftewel witte suprematie. Al zouden er geen racisten meer in de maatschappij zijn, dan zouden Zwarte mensen en mensen van kleur nog steeds lijden onder institutioneel racisme. Onze samenleving is opgebouwd in een tijd dat de wereld nog vol zat met racisten, en die structuur is nog niet afgebroken.
Op Reddit vond ik hier een duidelijke vergelijking voor.

> *'Stel je een man voor die een hotel aan het bouwen is. Hij heeft een hekel aan mensen met een beperking. Hij heet ze liever niet welkom en bouwt het hotel zo dat de toegang voor hen specifiek wordt bemoeilijkt. Jaren later verkoopt hij het hotel aan een nieuwe eigenaar die geen problemen heeft met mensen met een beperking.*
>
> *De nieuwe eigenaar heeft geen problemen met mensen met een beperking. Maar ja, het hotel en zijn fundering zijn al gebouwd. Er zijn geen gehandicaptenparkeerplaatsen, geen opritten, geen invalidentoilet, enzovoorts. Hoewel de mensen die het hotel momenteel runnen niet actief discrimineren, gebruiken ze een systeem dat wel is ontworpen om te discrimineren. Ze hebben de verantwoordelijkheid om het systeem – in dit geval het hotel – te repareren, zelfs als ze niet het oorspronkelijke ontwerp hebben gemaakt.*
>
> *Zie jezelf als de nieuwe hoteleigenaar die het probleem niet ziet en het allemaal wel prima vindt zo, zelfs na talloze klachten. Gelukkig is antiracisme vrij simpel. Het is een staat waarin je tegen racisme vecht op het moment dat je het tegenkomt. Dus ook in jezelf. Antiracisme is niet gebruikmaken van je privilege om weg te kijken, maar juist dat privilege inzetten om gehoord te worden wanneer het ertoe doet.*
>
> *Om actief antiracistisch te zijn, moet je continu je kennis verrijken en wat je hebt geleerd omzetten in de praktijk. Wat je leert, pas je toe. Maar om te leren, moet je daar wel voor openstaan. Er mag geen moment zijn dat je denkt dat je er al bent, zelfs niet als je jezelf als bondgenoot ziet of zélf onderdeel bent van een gemarginaliseerde groep (dat is een groep mensen die te maken hebben met sociale uitsluiting).'*

Je krijgt geen certificaat als het gaat om antiracisme en er is ook geen eindstreep. Het is een levenslange marathon, waarbij witte mensen eigenlijk de enige zijn met de luxe om een pauze te kunnen nemen.

Hoe weet je zeker dat het racisme is?

Stel: je maakt als wit persoon een grapje en een ander wijst je erop dat het racistisch is. Je kunt dan twijfelen of het inderdaad racistisch was. 'Misschien was de andere persoon wat overgevoelig vandaag?' Wat racisme betreft moet je vertrouwen op de ervaringen van mensen van kleur, al dan niet in combinatie met cijfers. Soms weet je het niet, tenzij iemand je erop wijst. Als een persoon van kleur je erop wijst, ga er dan maar van uit dat het inderdaad racistisch was.

Houd er rekening mee dat racistisch gedrag het gros van de tijd onbewust is. Wanneer jij bijvoorbeeld twee sollicitanten hebt, waarvan de een op jou lijkt, kies je onbewust voor je spiegelbeeld. Het is niet zo dat je op dat moment een bewuste afweging maakt op basis van huidskleur. Toch werkt het helaas zo. Onderzoek laat ook zien dat wanneer er twee identieke cv's voor een leidinggevende functie binnenkomen, waarbij alleen de namen verschillen, diegene met een niet-Nederlandse of niet 'wit klinkende' naam negatief meeweegt in de kans op werk.

Is de keuze voor een sollicitant met je eigen huidskleur racistisch? Dat weet je alleen als je weet hoe het menselijk brein werkt, als je je verdiept hebt in racisme en als je met een eerlijke blik naar jezelf - en in dit geval de twee sollicitanten - durft te kijken.

Zie racisme als een spectrum. Je bevindt je ergens op dat spectrum, tenzij je actief antiracistisch bent.

WAT IS RACISME?

Als je racisme opzoekt in de Dikke Van Dale, lees je het volgende:

> ra.cis.me (het; o)
> 1 opvatting dat mensen met een bepaalde huidskleur beter zouden zijn dan mensen met een andere kleur, gebruikt als rechtvaardiging om mensen met een andere kleur slecht te behandelen
> 2 discriminatie op grond van huidskleur; = rassendiscriminatie

Op basis van deze definitie zou iedereen racistisch kunnen zijn. We krijgen tijdens onze opvoeding, op school, via de televisie of andere media, bij vrienden en eigenlijk gewoon in onze gehele maatschappij allemaal vooroordelen mee, hetzij over gender, hetzij over klasse, hetzij over huidskleur en de eigenschappen die men daaraan verbindt. Maar is dat racisme?
Ik kan als Zwarte vrouw vinden dat ik beter ben dan witte mensen of mensen met een olijfkleurige huid. Wat is het effect daarvan? Hoe beïnvloedt mijn superioriteitsgevoel het leven van anderen? Welke ongemakken ervaren zij daardoor? Hebben zij daardoor minder kans op een woning? Een lager salaris? Worden zij daardoor vaker aangehouden door de politie? Dat lijkt me niet.
Ik kan me dus zeker superieur voelen aan mensen met een andere afkomst en vooroordelen over hen hebben, maar mijn invloed op het leven van een ander is relatief beperkt. Daarom is de definitie van racisme ook toe aan een update, zoals in Amerika al is gebeurd.
Het Amerikaanse woordenboek Merriam-Webster ontving een mail van Kennedy Mitchum. In deze mail vroeg zij hen om de definitie van racisme uit te breiden. Een belangrijk aspect van racisme ontbrak namelijk: systematische onderdrukking. Haar aanvraag werd gehoord en in juni 2020 paste het woordenboek de definitie aan:

> Racisme is de systematische onderdrukking van een raciale groep tot het sociale, economische en politieke voordeel van een ander.

In navolging van Kennedy Mitchum heb ik Van Dale in april 2021 benaderd in de hoop dat ze deze nieuwere, uitgebreide definitie zullen overnemen. Na een reminder kreeg ik na vier maanden een reactie:

> *'De Dikke Van Dale beschrijft de taal zoals die werd en wordt gesproken en geschreven door ons allemaal. Dat betekent dat als de visie op bepaalde woorden verandert onder grote groepen taalgebruikers, die veranderingen ook worden beschreven. Het moet wel gaan om veranderingen die zich breed voordoen in onze taal. De volgorde is: eerst verandert de taal, daarna verandert de beschrijving van de taal in het woordenboek. Het woordenboek zal dus altijd een klein stapje achterlopen op de taalwerkelijkheid, omdat het die taalwerkelijkheid beschrijft.*
>
> *Het woordenboek besteedt ook aandacht aan de taal zoals die in het verleden werd gebruikt. Een woordenboek als de Dikke Van Dale kun je dus ook gebruiken bij het lezen van teksten uit de vorige eeuw.*
>
> *In de Dikke Van Dale zijn de afgelopen tijd allerlei aanpassingen gedaan in het artikel 'racisme', vooral bij de tweede betekenis. Daar zijn veel voorbeelden toegevoegd, onder andere de uitdrukking 'institutioneel racisme', waarin het systematische karakter van racisme wordt genoemd.*
>
> *Vanzelfsprekend blijft de redactie dit woord goed in de gaten houden en zullen er verder aanpassingen plaatsvinden als daar aanleiding voor is op grond van hoe het woord wordt gebruikt door de Nederlandstalige gemeenschap.'*

Met andere woorden: zolang witte Nederlanders deze definitie niet overnemen, komt er geen geüpdatete versie.
De geüpdatete versie is overigens helemaal niet zo nieuw als dat het nu lijkt. Racisme wordt al decennialang op deze manier beschreven. Activist Erica Sherover-Marcuse zei in de jaren 80 bijvoorbeeld het volgende over racisme:

> *'Racisme is een gevolg van een – zichzelf in stand houdend – onevenwicht in economische, politieke en sociale macht. Deze onevenwichtigheid is consequent in het voordeel van leden van sommige etnische en culturele*

groepen ten koste van andere groepen. De gevolgen van deze onbalans doordringen alle aspecten van het sociale systeem en hebben invloed op alle facetten van het leven van mensen. De systematische aard van de mishandeling die mensen van kleur ervaren, is het resultaat van geïnstitutionaliseerde ongelijkheden in de sociale structuur.'

Sherover-Marcuse is op haar beurt hoogstwaarschijnlijk geïnspireerd door Pat Bidol, die racisme in 1970 al omschreef als de optelsom van macht en raciale vooroordelen. Of wellicht is ze geïnspireerd door het werk van Judith H. Katz, die de definitie van Pat Bidol opnam in haar veelgelezen boek *White Awareness: Handbook for Anti-Racism Training.*
Racisme gaat dus verder dan de opvatting dat mensen met de ene huidskleur beter zijn dan mensen met een andere huidskleur. Pas als er macht bij komt kijken, is het effect dusdanig groot dat je kunt spreken van racisme. Het is een systeem van institutionele, systematische onderdrukking, waarbij zowel individuele acties als acties die worden veroorzaakt door het systeem nadelig kunnen uitpakken voor Zwarte mensen en mensen van kleur.

Racisme jegens witte mensen

Het valt je wellicht op dat in de context van racisme tot nu toe alleen wordt gesproken over slachtoffers in de vorm van Zwarte mensen en mensen van kleur. Maar hoe zit het met racisme jegens witte mensen, ofwel 'omgekeerd racisme'? Het korte antwoord is: racisme jegens witte mensen bestaat niet. Omgekeerd racisme bestaat niet, omdat Zwarte mensen en mensen van kleur niet de benodigde macht hebben om racistisch te zijn, een belangrijke component volgens de definitie die je net las. Macht behoort vooralsnog voornamelijk toe aan de witte mensen in deze wereld.
Zwarte mensen en mensen van kleur kunnen uiteraard wel vooroordelen hebben over witte mensen, maar hun ontbreekt de macht om significante invloed te hebben op hun leven.
Het idee van omgekeerd racisme, ook wel anti-wit racisme genoemd, komt voort uit de zelfingenomen gedachte dat witte mensen altijd superieur zijn en overal recht op hebben. Dit zie je ook terug in de situaties die witte mensen voordragen om anti-wit racisme aan te kaarten.

'Ik zie bij de Turkse supermarkt geen witte mensen werken, dat is toch ook racisme?'
De vraag is natuurlijk in hoeverre witte mensen solliciteren bij de Turkse supermarkt in plaats van bij de grote supermarktketen. Daarnaast blijkt uit onderzoek nog steeds dat je als witte ex-crimineel in Nederland meer kans hebt om uitgenodigd te worden voor een sollicitatiegesprek dan een persoon van kleur zonder strafblad. Dus je hebt als wit persoon sowieso meer kans op werk in de maatschappij.

'Positieve discriminatie is racisme jegens witte mensen.'
Positieve discriminatie komt letterlijk voort uit het feit dat witte mensen worden voorgetrokken op basis van hun witte huid. Bij positieve discriminatie weegt een witte huidskleur voor de verandering níét mee. Daarom moeten we ook stoppen met deze term. Het is geen positieve discriminatie. Het is een eerlijk sollicitatieproces waarbij mensen die de normgroep vertegenwoordigen nu geen extra punten meer krijgen.

'Ik voel me niet gerepresenteerd door die Arabische vrouw met een hoofddoek op tv.'
Gelukkig is 91 procent van de experts in de media wel wit, dus hoef je je als wit persoon geen zorgen te maken. Statistisch gezien heb jij nog altijd flink wat meer kans op representatie.

'Er zijn ook Zwarte mensen die geen relatie willen met witte mensen.'
En komt dat doordat Zwarte mensen superieur denken te zijn, of is dit uit angst voor racisme en als lustobject gezien te worden?

'Wit is een scheldwoord.'
Wit is alleen een scheldwoord als je van mening bent dat wit gelijkstaat aan iets slechts. Wellicht heb je die gedachte, omdat je zwart met iets negatiefs associeert en zwart als een scheldwoord ziet. Anders is wit namelijk gewoon een niet-koloniale benaming voor mensen met een zalmkleurige huid.

De racismepiramide

Racisme is dus macht in combinatie met raciale vooroordelen. Maar wanneer je een woord zoals macht gebruikt, kunnen mensen het idee krijgen dat individuele acties weinig invloed hebben op racisme. Het tegenovergestelde is waar. De racismepiramide laat zien hoe ogenschijnlijke kleine acties bijdragen aan ongelijkheid op maatschappelijk niveau.

DE WITTE SUPREMATIEPIRAMIDE

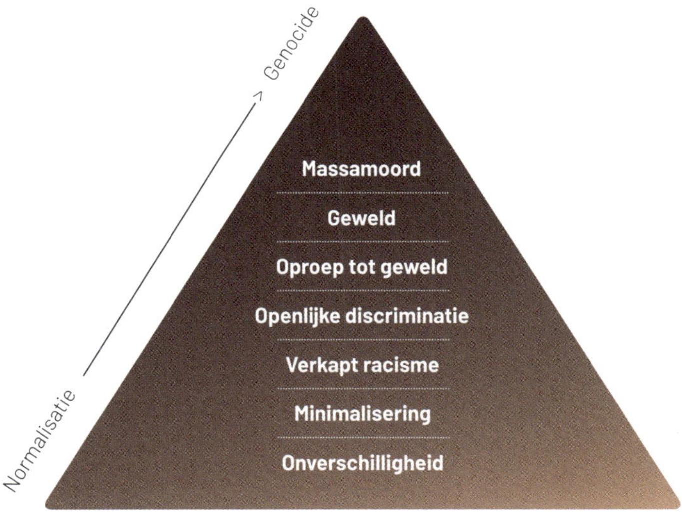

De van oorsprong 'witte suprematiepiramide' van Ellen Tuzzolo (2016) maakt duidelijk zichtbaar hoe een subtiele vorm van racisme invloed heeft op een meer extreme vorm. Zelf noem ik haar model liever de racismepiramide, zodat mensen van kleur zich ook aangesproken voelen en beseffen dat hun acties ook invloed hebben.

Bovenaan de piramide vind je de kwaadaardigste vormen van racisme: massamoord, genocide en ander geweld. Denk aan de wreedheden van de Ku Klux Klan of de nazi's, maar ook het fysieke anti-Aziatisch geweld dat in

2020 uitgebreid in de media aan bod kwam. Deze vormen van racisme zijn als het ware het topje van de ijsberg. Onder het wateroppervlak schuilen alle minder bekende vormen van racisme, zoals:

- racistische 'grapjes' maken of erom lachen
- etnisch prof leren door de politie en de Belastingdienst
- 'minder minder minder Marokkanen' roepen
- je kind op een witte school plaatsen omdat je daar beter onderwijs verwacht
- je met carnaval verkleden als indiaan
- 'All Lives Matter' roepen
- vragen waar iemand 'echt' vandaan komt
- een afro als onprofessioneel bestempelen
- 'Hanky Panky Shanghai' zingen
- trots zijn op de VOC-mentaliteit
- ophef creëren als moslims een wet willen tegen islamofobie

Deze ogenschijnlijk onschuldige – en waarschijnlijk ooit ook door jou gebruikte – vormen van racisme maken het bestaan van de wreedste vormen van racisme mogelijk. En dit werkt ook andersom: de wrede vormen van racisme zijn brandstof voor de subtiele vormen van racisme. Het is een wisselwerking.
Naarmate je verder in het boek belandt, zul je zelf zien hoe het racisme van de ene laag andere vormen van racisme aanwakkert, of in stand houdt. Daarom is het belangrijk om racisme te bestrijden op alle niveaus.

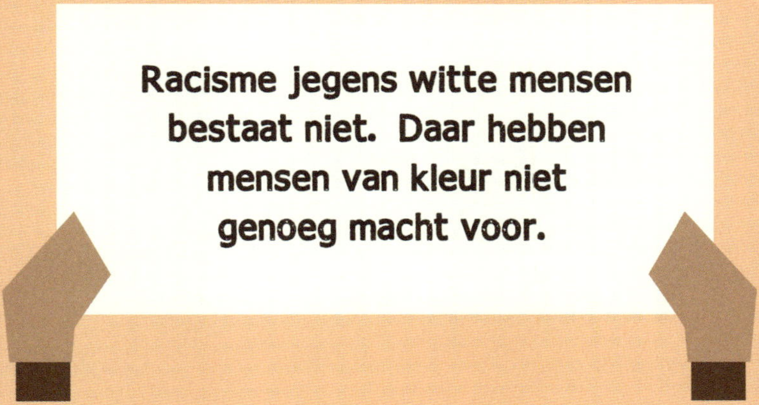
Racisme jegens witte mensen bestaat niet. Daar hebben mensen van kleur niet genoeg macht voor.

WAAR KOMT RACISME VANDAAN?

Een wijs man, Nelson Mandela, zei ooit: 'Niemand wordt geboren met een hekel aan een ander vanwege de kleur van zijn huid, zijn achtergrond of zijn religie. Mensen moeten leren haten, en als ze kunnen leren haten, kunnen ze leren lief te hebben, want liefde komt natuurlijker in het menselijk hart voor dan het tegenovergestelde.'
De vraag is: wanneer is de haat voor een ander vanwege de kleur van diens huid aangeleerd?
Om deze vraag te beantwoorden, heb ik een geschiedenisdocument over de constructie van ras en racisme van het Western States Center geraadpleegd. Alhoewel dit een Amerikaans instituut is, kon ik een groot deel gebruiken om uit te leggen hoe het concept 'ras' en daarmee racisme tot stand is gekomen.

De achterliggende reden voor het concept 'ras'

Voordat de wereld was ingedeeld in landen, koppelden we gebieden aan etnische groepen. Deze groepen hadden bepaalde dingen gemeen, zoals afkomst, tradities en taal of dialect. Mijn etniciteit is bijvoorbeeld Afro-Surinaams. Dat komt doordat mijn ouders uit Suriname afkomstig zijn en onze voorouders Afrikanen waren. Andere voorbeelden van etniciteiten zijn Koerdisch, Mongools, Scandinavisch, Engels of Turks.
Etniciteit is echt, ras niet. Het is keer op keer bewezen dat er geen biologische verschillen zijn tussen mensen met verschillende etniciteiten. Biologisch gezien bestaat er maar één ras: het menselijk ras. Ras is een politiek en sociaal construct, zonder enige kloppende biologische of wetenschappelijke basis. Het concept is in het leven geroepen om mensen te classificeren, te rangschikken. Het is verzonnen om witte mensen de macht te geven over niet-witte mensen, oftewel witte suprematie.

> Witte suprematie, of witte overheersing, is de racistische ideologie dat witte mensen superieur zijn aan allen die niet wit zijn en daarom over hen moeten heersen.

Om te begrijpen hoe dat tot stand is gekomen, maken we een paar sprongen terug in de tijd.

16e en 17e eeuw: zijn niet-witte wezens wel mens?

In de 16e en 17e eeuw, ook wel de reformatie genoemd, vroegen witte christenen zich af of Zwarte mensen en oorspronkelijke Amerikanen wel menselijk waren. Deze twee groepen werden namelijk beschouwd als heidens en zielloos.
In deze tijden was slavernij een belangrijke bron van inkomsten. En zoals we allemaal weten, ging de slavernij gepaard met barbaarse praktijken. Door Zwarte mensen als onmenselijk te zien, was het makkelijker voor witte mensen om de slavernij te rechtvaardigen.
De Katholieke Kerk gaf als eerste toe dat Zwarte mensen en oorspronkelijke Amerikanen wel degelijk een ziel hebben en dus mens zijn. Denk vooral niet dat die erkenning de slavernij stopte. Het maakte het slechts verboden om een tot slaaf gemaakte persoon zonder reden te vermoorden. Had je een reden die de Kerk goed genoeg vond, dan was er niets aan de hand. Werkte een tot slaaf gemaakte persoon bijvoorbeeld niet hard genoeg? Dan was moord toegestaan.
Ook werd het christendom gebruikt om de slavernij te rechtvaardigen. De slavernij werd gezien als een middel om 'wilde mensen' beschaving bij te brengen. Waar de christenen geen rekening mee hadden gehouden, is dat het moeilijker werd om het geloof als legitimerende factor te gebruiken voor de slavernij naarmate zij steeds meer tot slaaf gemaakte mensen bekeerd hadden. Ze waren dan immers niet meer onbeschaafd en dan was er geen reden om ze zo wreed te behandelen.
Dus was er een nieuwe rechtvaardiging voor de slavernij nodig. Er werden diverse theorieën in het leven geroepen. Of bestaande theorieën werden ervoor misbruikt.

19e eeuw: Darwins natuurlijke selectie als excuus

Alhoewel Darwins evolutietheorie absoluut niet racistisch is – het gaat om de natuurlijke volgorde van de ontwikkeling van verschillende soorten wezens – werd zijn theorie veelvuldig gebruikt om racisme te verdedigen.
J.C. Prichard, een beroemde antropoloog, gaf lezingen waarin hij benadrukte

dat het uitsterven van 'wilde rassen' - oftewel Zwarte mensen en oorspronkelijke Amerikanen - simpelweg de wet van de natuur was. Een paar decennia later zei W. Winwood Reade ook iets dergelijks in zijn boek *Savage Africa*:

> *'Engeland en Frankrijk zullen over Afrika heersen. Afrikanen zullen waarschijnlijk uitsterven. Maar dat is de weldadige wet van de natuur, de zwakkeren worden verslonden door de sterken.'*

Dit zijn slechts twee van de vele geleerden uit de 19e eeuw die dachten dat het uitsterven van Afrikanen en oorspronkelijke Amerikanen het gevolg was van de natuurwet. Het kwam niet in hen op dat sterven een logisch gevolg is van het stelen van het leefgebied en de cultuur en het verspreiden van onbekende ziekten.

Pseudowetenschap als categorisatie

Meer dan honderd jaar lang dacht men dat er drie primaire menselijke rassen waren: Mongoloïde, Kaukasisch en negroïde. Waar Mongoloïde en Kaukasisch verwijzen naar geografische gebieden, verwijst negroïde naar huidskleur. Of een Zwart persoon nu uit Zuid-Afrika of Papoea-Nieuw-Guinea komt, maakt geen verschil in deze categorisatie.
Ook passend voor deze tijd was de rassentheorie van Farrar, die niet was gebaseerd op genetische verschillen, maar op stereotypen in culturele verschillen en fysiologische kenmerken - die achteraf ook nog eens niet bleken te kloppen. Frederick Farrar gaf in 1866 een lezing over de 'Aptitude of Races', waarbij hij drie groepen beschreef:

1. *Savages* (wilden): alle Afrikanen, oorspronkelijke Amerikanen en andere mensen van kleur met een uitzondering van Oost-Aziatische mensen.
2. *Semi-beschaafd:* Oost-Aziatische mensen.
3. *Beschaafd:* Europese, Arische en Semitische mensen.

Dat Oost-Aziatische mensen als semi-beschaafd werden gezien, komt hoogstwaarschijnlijk doordat Europeanen hen tot de 17e eeuw als wit zagen. Dit veranderde toen duidelijk werd dat Oost-Aziatische mensen

niet assimileerden. Ze behielden hun eigen cultuur en gingen niet op in de Europese. Toen waren ze de klos.
Het probleem is dat van het een het ander komt. Zo ging Robert Knox, een beroemd anatoom uit de 19e eeuw, aan de haal met deze vooroordelen over de zogenaamde rassen. Hij bedacht een theorie dat ras en intelligentie erfelijk zijn en met elkaar zijn verbonden.
Zijn conclusie? Mensen van kleur zijn intellectueel inferieur vanwege hun hersenstructuur en het ontbreken van zenuwuiteinden. Dit was een typisch n=1-geval: zijn onderzoek en uitkomsten waren letterlijk gebaseerd op de autopsie van één man van kleur.
Je zou denken dat we tegenwoordig wel beter weten, maar deze pseudowetenschap is nog altijd springlevend. Yernaz Ramautarsing, voormalig nummer twee van de Amsterdamse politieke partij FvD, zei in een interview tijdens het tv-programma *Brandpunt* in 2016 dat uit onderzoek blijkt dat er verschillen bestaan tussen het IQ van verschillende menselijke rassen. Dit stuk zorgde voor het einde van zijn politieke carrière, maar het belachelijke idee blijft springlevend bij meerdere mensen.
Partijgenoot Theo Hiddema onderschreef zijn uitspraak, want het is 'bewezen wetenschap'. De partijleider Thierry Baudet weigerde afstand te doen van de uitspraken.

Eugenetica: het verbeteren van de mens

Nu men het idee had dat intelligentie en ras met elkaar verbonden waren en ook nog eens erfelijk waren, was de volgende stap om te kijken naar hoe je zorgt voor het beste nageslacht. De officiële term hiervoor is eugenetica.

> Eugenetica staat ook wel bekend als rasverbetering. Het komt erop neer dat men de genetische samenstelling van de populatie, in dit geval het menselijk ras, wil vrijhouden van zogenaamde onjuistheden.

Het verbeteren van de populatie doe je door mensen met 'goede genen' aan te moedigen kinderen te krijgen en degenen met 'slechte genen' juist te ontmoedigen. Dit waren geen gesprekken waarbij men van deur tot deur

liep; dit werd mogelijk gemaakt door wetten. Door deze wetten leefden de mensen van wie werd gedacht dat zij genetisch inferieur waren gescheiden van de mensen die als genetisch superieur werden gezien.
Ook werd overwogen om mensen te steriliseren als zij als genetisch ongeschikt werden gezien. Wellicht ken je dit nog uit de geschiedenisboeken. Nazi's gebruikten deze tactiek tijdens de Tweede Wereldoorlog, waarmee ze een deel van de samenleving letterlijk probeerden uit te roeien. In die tijd zagen zij iedereen die niet zuiver Arisch was als inferieur. Dat Hitler zelf niet zuiver Arisch was volgens zijn eigen termen, liet hij buiten beschouwing.
Een andere manier waarop het mengen van 'rassen' werd tegengegaan, waren de beperkingen van gemengde huwelijken en relaties. In 1960 maakte Amerika het huwelijk tussen witte mensen en Zwarte mensen, Aziaten, oorspronkelijke Amerikanen of latino's in 28 staten illegaal. In Nederland was er tot 1813 een huwelijksverbod met Joden. In de kolonie Suriname was een interraciale relatie verboden en werd interraciale seks zelfs expliciet verboden. Overigens werd dit laatste afgezwakt omdat er zoveel witte, mannelijke kolonisten waren en te weinig witte vrouwen bij wie de mannen hun seksbehoeftes kwijt konden. In de kolonie Nederlands-Indië mochten twee mensen van een verschillend geloof niet met elkaar trouwen. In Afrika, waar witte mensen zich ook hadden gevestigd, was het verbod op gemengde huwelijken een van de eerste aangenomen apartheidswetten in 1949. Op papier verbood de wet huwelijken tussen Europeanen en niet-Europeanen. In de praktijk betekende deze wet dat witte mensen niet konden trouwen met een Zwart persoon. Het was een misdrijf als een huwelijksambtenaar een dergelijke ceremonie zou uitvoeren. De wet werd in 1985 afgeschaft.
Toen interraciale en interreligieuze huwelijken steeds meer werden toegestaan, vond Nederland andere manieren om deze relaties op te breken en het eigen land zo wit mogelijk te houden. (Re)migratie met een gemengd gezin naar Nederland werd haast onmogelijk gemaakt. Volgens historicus Dienke Hondius is dit een van de redenen waarom Europa zo wit is gebleven.

Het ontstaan van de term 'blank'

Alhoewel het woord 'blank' al terug te vinden is in dertiende-eeuwse geschriften, werd het pas in de 18e eeuw als classificatie gebruikt. Dit was de

periode dat verschillende Europeanen tegelijkertijd in Amerika waren. De Duitsers, Nederlanders, Fransen en Engelse kolonisten moesten zich onderscheiden van de rest om controle te behouden over tot slaaf gemaakte mensen: de oorspronkelijke bewoners van Amerika en hun uitgebuite witte contractarbeiders. De term blank werd de verzamelterm voor iedereen die geen druppel Amerikaans of Afrikaans bloed in zich had. Het was een manier om alle verschillende kolonisten binnen een groep te categoriseren, om krachten te bundelen en zo te blijven domineren over allen die zij als inferieur zagen.
Zo zijn er perioden geweest dat Joden en Italianen niet als wit werden beschouwd. We weten allemaal wat dit voor de Joden heeft betekend tijdens de Tweede Wereldoorlog. Hun witheid blijft een raadsel voor velen - een raadsel dat wordt besproken in een tentoonstelling van het Joods Cultureel Kwartier: 'Zijn Joden wit?'
Italianen bevonden zich als nieuwe immigranten in Amerika in een soort tussenstatus: ze waren niet wit, maar ook geen mensen van kleur. In het boek *Working towards whiteness* omschrijft historicus David R. Roediger het proces om van tussenstatus naar wit te komen. Kort gezegd komt het erop neer dat wanneer je rijkdom verwerft en je er beschaafd uitziet, je na een paar generaties wel als wit wordt gezien. Wat daarin bewust of onbewust meeweegt, is of je de racistische samenleving in stand moet houden.
Witheid is dus geen vaststaand iets. Het is een continu veranderende definitie met als enige doel twee groepen mensen te onderscheiden:

1. mensen die privileges verdienen en krijgen vanwege hun witheid
2. mensen wier uitbuiting, mishandeling en genocide gerechtvaardigd kunnen worden omdat zij niet wit zijn.

Wit privilege

Zolang witte mensen privileges hebben, worden mensen met een andere huidskleur per definitie achtergesteld. Toch stuit het fenomeen 'wit privilege' witte mensen enorm tegen de borst. 'Privileges? Wie, ik? Mijn ouders waren helemaal niet rijk, ik heb keihard moeten knokken voor waar ik nu sta!' Als dit je reactie is, begrijp je niet goed wat wit privilege is.

Wit privilege betekent niet dat jij een makkelijk leven hebt gehad. Het betekent dat je huidskleur níét bijdraagt aan de moeilijkheden in je leven.

Deze metaforische uitleg van Marie Beecham op Twitter licht het uitgebreider toe:

> *'Priviliges zijn geen bonuspunten voor jou en je team. Het zijn oneerlijke strafpunten die het andere team krijgt en jij niet. Privilege is niet de aanwezigheid van extraatjes en voordelen. Het is de afwezigheid van obstakels en barrières. Dat is veel moeilijker op te merken. Als je het moeilijk vindt om je privileges te herkennen, concentreer je dan op wat je niet hoeft te doorstaan.'*

Een andere Twitteraar vroeg hoe het zat met het privilege van een sterke sociaal-economische status. 'Een witte, arme man kent de nadelen van Zwart zijn niet. Maar een rijke, Zwarte man kent de nadelen van arm zijn ook niet.' Een terecht punt, zou je denken, maar iemand anders kon het weerleggen. 'En toch heeft een rijke, Zwarte man meer kans om gearresteerd te worden en schuldig bevonden te worden dan de arme witte man.'
Wit privilege is niet het enige privilege, maar weegt wel buitengewoon zwaarder dan andere privileges. Mensen van kleur zijn niet de enigen die te maken hebben met discriminatie, maar discriminatie is niet hetzelfde als racisme. Als witte vrouw heb je te maken met seksisme, maar geniet je alsnog de voorkeur boven een vrouw van kleur. Als iemand van de lghbti+-gemeenschap kun je te maken hebben met homofobie, transfobie of andere haat gericht op die gemeenschap, maar geniet je als wit persoon alsnog de voorkeur boven een persoon van kleur uit diezelfde gemeenschap. Als persoon met een beperking heb je te maken validisme, maar heb je alsnog het privilege van wit zijn. En zoals in het voorbeeld duidelijk wordt, heb je als wit persoon met een minder sterke sociaal-economische positie op sommige vlakken nog steeds minder problemen dan een Zwart persoon.
Wit privilege is overigens geen keuze: je hebt het, of je het nou wilt of niet. Maar hoe ziet dat er nou uit in het dagelijks leven?

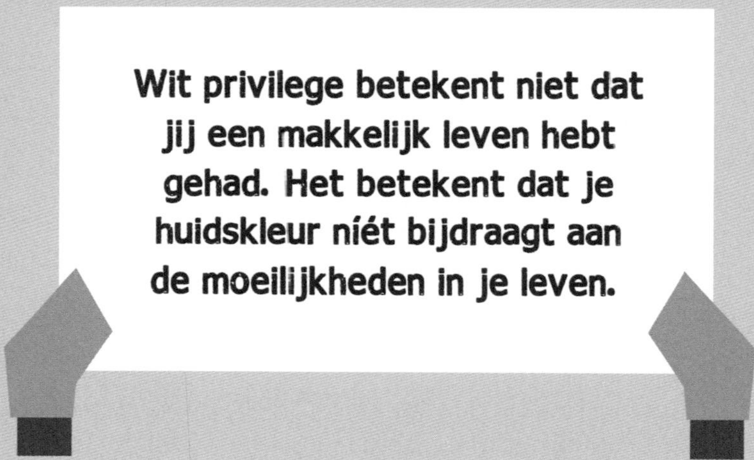
Wit privilege betekent niet dat jij een makkelijk leven hebt gehad. Het betekent dat je huidskleur níét bijdraagt aan de moeilijkheden in je leven.

Zo ziet wit privilege eruit

Wit privilege is niet iets wat je noodzakelijkerwijs opvalt, tenzij je je ervan bewust bent. Het is de norm zijn, huidskleur zijn, vleeskleurig zijn, nude zijn.
Wit privilege is jezelf overal terugzien: in de kranten en magazines, op de catwalk en op de posters met de prêt-à-portercollectie, tijdens talkshows op tv en bij radioprogramma's die je tegenwoordig op beeld kunt meekijken.
Wit privilege is willekeurig een kapperszaak binnenlopen en geholpen worden. Het is je natuurlijke haar naar kantoor dragen, zonder eraan te twijfelen of je collega's het wel professioneel genoeg vinden.
Wit privilege is meer kans hebben op onderwijs op het juiste niveau, drie keer meer kans hebben op een stageplek. Het is meer kans op werk hebben, meer salaris ontvangen en meer kans op promotie hebben. En daardoor jezelf terugzien op topposities.
Wit privilege is vurig en vol passie kunnen spreken over allerlei onderwerpen zonder dat mensen je agressief en bedreigend vinden. Als witte vrouw kunnen ze je wellicht hysterisch vinden, maar boos en agressief? Dat zelden.
Wit privilege is niet verdacht zijn vanwege je huidskleur. Geen extra controles vanuit de Belastingdienst of de gemeente, en shoppen zonder dat er de hele tijd een beveiliger achter je kont aan loopt.
Wit privilege is een individu zijn. Niemand die jou vraagt om ergens afstand van te doen. En niemand die denkt dat jij namens alle witte mensen praat als jij jouw persoonlijke mening deelt.
Wit privilege is pas midden 2020 ontdekken dat racisme bestaat. En wit privilege is een boek lezen over racisme in plaats van het te ervaren. Elke. Dag. Opnieuw.

Wit privilege is weg kunnen lopen van racisme

Alhoewel het benoemen van wit privilege veel witte mensen tegen de borst stuit, lijken zij wel te weten dat ze dat privilege hebben. Vraag maar eens aan iemand of die Zwart zou willen zijn, of het leven van een Zwart persoon zou willen leiden. Het antwoord is elke keer 'nee'.
En witte mensen kunnen racisme ook niet aan. Dit zie je bij de oefening Blue Eyes, Brown Eyes van Jane Elliot. Tijdens deze oefening deelt anti-racisme-onderwijzer Jane Elliot een groep vrijwillige deelnemers op in twee groepen: de Blue Eyes en de Brown Eyes.

Gedurende de oefening krijgen de Brown Eyes duidelijk privileges waarbij een betere behandeling hoort. Jane zegt tegen hen dat zij slimmer zijn vanwege het feit dat ze meer melanine in hun ogen hebben. De Blue Eyes krijgen de behandelingen die mensen van kleur dagelijks krijgen. Er wordt kortaf tegen ze gesproken, ze worden soms genegeerd, ze worden vernederd en hun klachten daarover neemt niemand serieus.
Hoewel dit een aangekondigde oefening is, waar men vrijwillig aan deelneemt, heb je altijd een aantal mensen die het niet trekken en letterlijk weglopen. Zelfs terwijl het een oefening is, waar men vrijwillig aan deelneemt, klagen ze bij de nabespreking over de manier waarop ze zijn behandeld. Zelfs terwijl het een oefening is, waar men vrijwillig aan deelneemt en waarbij witte mensen weten dat deze behandeling voor mensen van kleur geen optie is, vinden ze het onmenselijke ongemak dat zij een uur hebben meegemaakt het belangrijkste punt dat ter discussie moet staan.
De paar mensen van kleur in zo'n oefening staan er hoofdschuddend naar te kijken. Dit is onze dagelijks realiteit en wij kunnen er niet van weglopen.

Wat kan ik tegen wit privilege doen?

Van witte lezers verwacht ik verreweg het meest. Wit privilege betekent dat jij veel meer mogelijkheden hebt dan mensen van kleur. Het betekent dat er eerder naar jou geluisterd wordt en dat jij de macht hebt om dingen voor elkaar te krijgen.

Zet jouw privilege in

Als witte werknemer kun jij je makkelijker uitspreken dan je Turkse collega. En dat bedoel ik niet letterlijk; het gaat om de consequenties die er zullen volgen. Je Turkse collega heeft een hogere kans om weggepest te worden dan jij. Als jij een paar andere witte ouders zover krijgt om ook bezwaar te maken tegen het racistische verjaardagsliedje 'Hanky Panky Shanghai', is de kans groter dat de onderwijsinstelling het uit haar repertoire schrapt. De Chinese vader krijgt dit in zijn eentje helaas niet zo makkelijk voor elkaar. Die is dan vooral een zeurpiet. Begrijp hoeveel macht witheid met zich meebrengt in de huidige maatschappij en zet die macht in voor de goede zaak. En blijf dat ook doen bij tegenslagen. Blijf het doen als er niks lijkt te veranderen en blijf het ook doen als jijzélf wordt aangesproken op racisme.

Zeg niet alleen dat je solidair bent, laat het zien

Actions speak louder than words. Daarom heet hetgeen wat wij doen activisme; actie is inherent. Vanaf hier eindigt elk hoofdstuk in dit boek met acties die je kunt ondernemen om antiracistisch te werk te gaan. Pas die acties toe.

De verschillende dimensies van racisme

Dankzij de nieuwe definitie van racisme en de geschiedenis van het ontstaan van witte suprematie, ras en racisme is het duidelijk dat de instituten in onze maatschappij een grote rol spelen in racisme. Maar we kennen racisme eigenlijk vooral van de opmerking of uiting van de ene persoon naar de ander. Dit zijn twee van de drie dimensies van racisme. Racisme kun je opdelen in institutioneel of systemisch racisme, interpersoonlijk racisme en geïnternaliseerd racisme.

Institutioneel of systemisch racisme

Institutioneel racisme gaat over de fundering van onze maatschappij. Het bestaat uit wetten, maar ook ongeschreven regels die tot stand zijn gekomen in tijden dat witte suprematie openlijk aanwezig was. Als de huidige wetten, ongeschreven regels en normen en waarden voortkomen uit een tijd dat men van mening was dat witte mensen superieur zijn, kun je je voorstellen dat die wetten zijn gemaakt om dit beeld in stand te houden. Deze wetten zijn gemaakt om voordelig te zijn voor witte mensen en nadelig voor de mensen die zij als inferieur beschouwen. Institutioneel racisme uit zich in de hedendaagse maatschappij in alle sectoren. Denk aan het onderwijs, de politie, de overheid, ons zorgsysteem, enzovoort. Het is uitgebreid, diepgaand en soms subtiel, maar ik leg het onder een vergrootglas in het deel Institutioneel racisme.

Interpersoonlijk racisme

Interpersoonlijk racisme is intimidatie, uitsluiting, marginalisering, discriminatie, haat of geweld van de ene persoon naar de ander. Het is de vorm van racisme die we het meest herkennen in de maatschappij. Het zijn de beledigende en kwetsende, racistische opmerkingen, het stigmatiseren van groepen mensen op basis van een vooroordeel en de zogenaamde grapjes die collega's maken.

Geïnternaliseerd racisme

Geïnternaliseerd racisme vindt plaats wanneer mensen van kleur het idee van inferioriteit, van minderwaardig zijn, hebben overgenomen. Zij geloven zelf in de hiërarchie van zogenaamde rassen en denken dat witte mensen daadwerkelijk meer waard zijn.

Doordat geïnternaliseerd racisme zich uit in interpersoonlijk racisme, heb ik hier geen apart deel over geschreven. In de hoofdstukken in het deel *Interpersoonlijk racisme* laat ik zien hoe je geïnternaliseerd racisme kunt herkennen. Spoiler alert: het zijn de mensen van kleur die bewust en onbewust zeggen of impliceren dat de mensen die op hen lijken minderwaardig zijn. Dat kan zijn dat ze minder slim zijn, minder mooi of minder in welke zin dan ook.

In de uitleg over het ontstaan van racisme vertelde ik al over Yernaz Ramautarsing die zei dat het gemiddelde IQ van de ene bevolkingsgroep hoger is dan dat van de ander. Zijn exacte woorden waren: 'Ik had ook graag gezien dat het anders was, dat zwarte mensen hyperintelligent waren, dat Surinamers gemiddeld het hoogste IQ van de wereld hadden. Maar het is niet zo.' Wat ik daar niet vertelde, is dat Yernaz het kind is van een Zwarte moeder en een Hindoestaanse vader. En toch gelooft hij oprecht dat Zwarte mensen minder intelligent zijn.

Een ander voorbeeld van geïnternaliseerd racisme is een Koreaans-Nederlandse vrouw die haar kleine zusje adviseert om een ooglidcorrectie te doen, zodat zij er Europeser uit zal zien. Of ook veelvoorkomend in de Aziatische gemeenschap: niet je originele naam gebruiken, maar een 'wit-klinkende' naam die 'makkelijker' is.

In de Zwarte gemeenschap kun je geïnternaliseerd racisme herkennen in het niet geassocieerd willen worden met Afro-Caribische religies. Het christendom is een geloof dat letterlijk is gebruikt om de slavernij te rechtvaardigen. Toch zien vele nazaten van tot slaaf gemaakte Afrikanen Afro-Caribische religies als afgoderij, in plaats van als hun oorspronkelijke Afro-Caribische geloof.

Tot slot merkte ik bij mezelf ook een vorm van geïnternaliseerd racisme op: toen ik na de eerste succesvolle antiracismewebinar op zoek ging naar iemand die mijn financiële administratie op zich kon nemen, was mijn eerste gedachte: het moet wel een witte man zijn, die zijn betrouwbaar.

INSTITUTIONEEL RACISME

Institutioneel racisme draait om de manier waarop racisme is verweven in onze wetgeving en de ongeschreven regels in de maatschappij. In Amerika noemen ze deze theorie de critical race theory (CRT). De Universiteit van Californië, Los Angeles School of Public Affairs formuleert kritische rassentheorie - institutioneel racisme dus - als volgt:

> *'CRT erkent dat racisme in de structuur en het systeem van de Amerikaanse samenleving is ingebed. De individuele racist hoeft niet te bestaan om op te merken dat institutioneel racisme alomtegenwoordig is in de dominante cultuur. Dit is de analytische lens die CRT gebruikt bij het onderzoeken van bestaande machtsstructuren. CRT gaat ervan uit dat deze machtsstructuren gebaseerd zijn op witte privileges en witte suprematie, wat de marginalisering van mensen van kleur en Zwarte mensen in stand houdt. De CRT is van mening dat witte suprematie in de loop van de tijd wordt gehandhaafd door machtsstructuren in de samenleving, met name door de wet. Daarom onderzoekt de CRT de mogelijkheid om deze machtsverhoudingen uit te dagen en te veranderen, om te werken aan raciale bevrijding en om te voorkomen dat mensen ondergeschikt worden gemaakt door noties van "ras".'*

Institutioneel racisme zien we in Nederland terug in verschillende systemen: de overheid, de politie, de zorg, het onderwijs, de media, de arbeidsmarkt en de sportwereld.

De overheid

Institutioneel racisme kan niet bestaan zonder racisme vanuit de overheid. Het begon eeuwen geleden al met kolonialisme, maar racisme vanuit de overheid is niet iets van het verre verleden. Het vindt nu nog steeds plaats.

Zo ziet racisme eruit bij de overheid

Er zijn verschillende schandalen in de recente geschiedenis die laten zien hoe geïnstitutionaliseerd racisme in de Nederlandse samenleving is.

De Toeslagenaffaire

De Belastingdienst - het systeem met de taken 'het heffen en innen van

rijksbelastingen en het opsporen van belastingfraude' – nam deze laatste taak zo serieus dat het grootschalig misging.
Bij het bepalen of een burger extra gecontroleerd moest worden, namen zij een eventuele dubbele nationaliteit mee als beslissende factor. Zij hadden zelf een selectieregel ingebouwd in de systemen die aangiften selecteerde voor controle. Als werd voldaan aan vijf criteria, waaronder het hebben van een tweede nationaliteit, moesten mensen extra worden gecontroleerd. Door deze selectieregel heeft de Belastingdienst tussen 2004 en 2019 ruim 26.000 mensen aan extra controle onderworpen. Deze mensen werden met een kleine fout in hun aanvraag al als fraudeur bestempeld en moesten tienduizenden euro's aan Kinderopvangtoeslag terugbetalen. Dit had desastreuze gevolgen: echtscheidingen, baanverlies, ouders raakten hun huis kwijt en kregen psychische problemen vanwege de schulden. In één geval pleegde een gedupeerde zelfmoord.
Terwijl ambtenaren de kwestie met man en macht in de doofpot probeerden te houden, kwam de zaak aan het licht dankzij een samenwerking tussen *Trouw* en *RTL Nieuws*. Na een stroom van media-aandacht lukte het de medewerkers van de Belastingdienst niet meer om de affaire te verdoezelen, en alles kwam naar buiten.
Onder flinke politieke druk werd de gedupeerden een schadevergoeding van 30.000 euro beloofd. Het kabinet nam – pas na deze druk – zijn verantwoordelijkheid en trad af, om enkele maanden later opnieuw te beginnen, want bij de verkiezingen van 2021 was de VVD weer de grote winnaar.
Terwijl de VVD zijn zege vierde, werd Pieter Omtzigt, het kritische Kamerlid dat de Toeslagenaffaire tot de bodem wilde uitzoeken, buitenspel gezet bij het samenstellen van het nieuwe kabinet. Hier kwam een persfotograaf per toeval achter toen hij de woorden 'Omtzigt functie elders' als notitie zag staan op het kladblok van de verkenner voor een nieuwe kabinet.
Dat de Toeslagenaffaire zo ver heeft kunnen komen, heeft misschien te maken met het feit dat de overheid al eerder ongestraft zo'n heksenjacht op Nederlanders van kleur heeft gevoerd. Daar ga ik in de volgende paragraaf op in.

De fraudejacht op Somalische Nederlanders

Lang voor de Toeslagenaffaire liet premier Mark Rutte Nederlanders van kleur al extra controleren, destijds op bijstandsfraude. De rechtbank oordeelde toen al dat dit rassendiscriminatie is. De media schreven er wel over, maar de kwestie kwam tijdens de Toeslagenaffaire niet opnieuw naar boven. Als *OneWorld Magazine* hier niet over had geschreven, had ik het niet geweten. En jij misschien ook niet.

In het artikel van *OneWorld* lees je dat Mark Rutte, die in 2003 nog staatssecretaris was, een brief naar alle gemeenten stuurde. In die brief stond dat Somalische Nederlanders massaal naar Engeland verhuisden zonder zich uit te schrijven bij uitkeringsinstanties. Alhoewel het om een kleine minderheid ging, vond Rutte dit een aanleiding om deze groep extra te laten controleren. Hij wist dat je de Somalische Nederlanders niet op basis van hun etniciteit kon opzoeken, omdat etnisch registreren in Nederland verboden is. Dus adviseerde Rutte om in het bevolkingsregister te zoeken op geboorteplaats, zodat de medewerkers toch doelgericht op zoek konden naar Somalische Nederlanders.

De gemeente Haarlem maakte op basis van dit advies een lijst met alle bijstandsgerechtigden van Somalische afkomst. Rechercheurs kregen de opdracht om huisbezoeken af te leggen en zo te controleren of de betreffende personen echt op dat adres woonden. Wie niet thuis was, werd opgezocht in de wijk: de rechercheurs spraken mensen aan van wie ze dachten dat ze Somalisch zouden kunnen zijn. Werkte je niet mee met deze - eigenlijk nogal rare - verzoeken van vreemde mensen, dan was het einde uitkering.

Deze werkwijze had ingrijpende gevolgen: zonder uitkering konden de gedupeerden hun huur en verzekeringen niet betalen en bouwden ze in no time schulden op. Een aantal van de gedupeerden kwamen bij Fischer Advocaten terecht voor hulp. Van de tien bezwaren die Fischer Advocaten indiende, werden er zes gegrond verklaard. Het huidige College voor de Rechten van de Mens (toen nog de Commissie Gelijke Behandeling) oordeelde dat het beleid - waarbij Somalische Nederlanders extra werden gecontroleerd - discriminerend is.

Zowel Rutte als de gemeente Haarlem ontsprong de dans wat betreft wettelijke consequenties. Rutte omdat hij optrad als bewindspersoon en niet als individu, en de gemeente omdat het een bestuursrechtelijke uitspraak betrof. Een bestuursrechtelijke uitspraak is een oordeel over een specifiek besluit van de overheid en geen veroordeling, en biedt daarom weinig mogelijkheden naast het herstellen van de uitkering.

Racisme op de woningmarkt

Een plek om te wonen is een fundamenteel mensenrecht, dat verankerd is in de Nederlandse Grondwet. Toch is er duidelijk sprake van racisme op de Nederlandse woningmarkt. Het is zo erg dat de VN-rapporteur voor racisme, rassendiscriminatie, vreemdelingenhaat en aanverwante onverdraagzaamheid de Nederlandse overheid vroeg om aandacht voor discriminatie op de huizenmarkt in haar rapport.

Makelaars en verhuurders wijzen nog steeds soms kandidaten af wanneer ze een niet-Nederlands klinkende naam hebben, of wanneer ze zien dat het geen witte Nederlander betreft. Het is zelfs zo extreem dat ruim 90 procent van de verhuurmakelaars bereid is om mee te werken aan discriminerende verzoeken. Soms staat het al letterlijk in de advertentietekst: 'Deze plek is alleen beschikbaar voor Nederlanders of Nederlandssprekende mensen.' Anderen zijn wat voorzichtiger met hun racisme en benoemen het tijdens het eerste gesprek.

Racisme op de woningmarkt komt in veel grotere mate voor bij particuliere verhuurders. Woningcorporaties hebben transparante, gestandaardiseerde selectieprocedures, die weinig ruimte overlaten voor persoonlijk oordeel. Maar de overheid heeft in het verleden een flinke vinger in de pap gehad omtrent racisme op de woningmarkt. Hier kwam ik achter toen ik een artikel van *The Black Archives* las, over het zwartboek 'Gesloten Wijken'.

In dat zwartboek stond dat woningcorporaties in de jaren 70 onderscheid maakten op basis van afkomst bij het toewijzen van woningen. In Amsterdam waren er acht buurten waar mensen van niet-Nederlandse afkomst een woning konden krijgen.

In de Bijlmermeer leefden duizenden Surinamers in zogeheten pensions. In werkelijkheid waren die pensions onhygiënische en brandgevaarlijke kamertjes. Ze kwamen daar terecht via particuliere exploitanten, die hier tientallen miljoenen guldens aan hebben verdiend, uitgekeerd door de Sociale Dienst via de Gemeente Amsterdam.

De andere buurten die gereserveerd waren voor 'buitenlanders' waren in Noord: de buurt van de Meeuwenlaan, Adelaarsweg en rondom de Van der Pekstraat; in Oost: de Transvaalbuurt, de Pythagorasstraat, Copernicusstraat en de Indische Buurt; in West: een deel van Bos en Lommer; in Zuid: Vlietstraat, Baarsstraat en Stadionbuurt. Dit zijn buurten die tot op de dag van vandaag voornamelijk bewoond worden door Nederlanders met een migratieachtergrond.

Het spreidingsbeleid had als doel om ervoor te zorgen dat er per portiek maar één gezin van een 'etnische minderheid' kwam te wonen. Het ironische is dat dit beleid spreiding als doel had, maar in de praktijk juist tot concentraties leidde: concentraties witte mensen in goed onderhouden woningen in 'goede buurten' en concentraties buitenlanders in vervallen woningen in 'slechte wijken'.

Als je nu denkt dat dit alleen in Amsterdam gebeurde, heb je het mis. De gemeenteraad in Rotterdam nam in 1971 ook het besluit om het aantal 'etnische minderheden' in bepaalde buurten te beperken tot maximaal 5 procent. De Raad van State vernietigde dit besluit, omdat het in strijd is met de Nederlandse wet. Toch voerden meerdere steden - los van Amsterdam en Rotterdam - tot 1978 dergelijk beleid.

De gemeente Haarlem bijvoorbeeld, waar een zegsman aan de ene kant zegt dat iedereen gelijk wordt behandeld, maar er ook op wordt gelet dat er 'niet te grote concentraties ontstaan'. Denk je dat er ook zoiets bestaat als 'een te grote concentratie witte Nederlanders'?

En ook de gemeente Den Haag geeft aan geen enkel onderscheid te maken tussen Nederlanders en buitenlanders. Dan is het zeker toeval dat er vooral Surinamers in de slechtere huizen terechtkomen.

Die slechte huizen zijn overigens ook een groot onderdeel van het probleem. Witte mensen komen in veel mindere mate terecht in die verpauperde buurten waar weinig tot niet in wordt geïnvesteerd. Tenzij er ineens welgestelde witte mensen willen komen wonen, dan wordt de buurt in zijn geheel opgeknapt. En dat is wat we gentrificatie noemen.

Een ander gevolg van het dumpen van 'buitenlanders' in 'slechte buurten' is *redlining*. Dit is een Amerikaanse praktijk waarbij vooral banken je weigeren voor een hypotheek op basis van de buurt waar je woont. Of je betaalt meer verzekeringspremie dan wanneer je in een andere buurt zou wonen. De buurten waar men minder kans heeft op een hypotheek zijn doorgaans gevuld met mensen met een migratieachtergrond. En daar hebben we hier in Nederland ook mee te maken. Zo kan je autoverzekering hoger uitkomen op basis van je postcode.

Het pensioengat van Nederlanders geboren in Suriname

Het lijkt Nederland maar niet te lukken om Surinaamse mensen op een waardige manier te behandelen. Alle ingezetenen van Nederland horen volgens de AOW (Algemene Ouderdomswet) per jaar 2 procent pensioen op te bouwen in de vijftig jaar voordat ze de pensioengerechtigde leeftijd bereiken. Alleen is dat bij Nederlanders uit Suriname niet helemaal goed gegaan.
Bij de berekening van hun pensioen tellen de jaren tussen de invoering van de AOW in 1956 en de Surinaamse onafhankelijkheid in 1975 niet. Afhankelijk van wanneer iemand is geboren, kan een Surinaamse Nederlander tot wel 36 procent aan pensioen mislopen. Dat is een groot gat voor mensen die destijds wel inwoners van het Koninkrijk der Nederlanden waren.
Ongeveer 31.000 oudere Surinaamse Nederlanders hebben een AOW-gat: ze wonen in Nederland, zijn geboren in het koninkrijk, maar hebben geen volledig aOW-pensioen. Mijn vader en schoonmoeder zijn zulke Surinaamse Nederlanders. Ook mijn tante, die vanwege een pensioengat jaren na het bereiken van 'de pensioenleeftijd' moest blijven werken om rond te komen. Veel Marokkaanse en Turkse Nederlanders hebben overigens ook te maken met een AOW-gat, maar zij waren geen Nederlanders voordat zij naar Nederland kwamen. Dit maakt de Surinaamse kwestie in wezen anders. Surinamers hadden wel AOW-rechten kunnen inkopen toen ze naar Nederland verhuisden, maar kennelijk is het misgegaan met de communicatie vanuit de overheid, want velen waren daar niet van op de hoogte.
Inmiddels heeft een commissie onder voorzitterschap van Joyce Sylvester – substituut ombudsman bij de Nationale ombudsman – op aanvraag van het kabinet in juli 2021 een advies met een oplossing voor de kwestie uitgebracht. Dat advies luidt dat het kabinet het AOW-gat dient te repareren en dat mensen die al pensioengerechtigd zijn en tot nu toe te weinig ontvangen hebben een eenmalige compensatie zouden moeten ontvangen. Dit is geen wettelijke, maar een morele verplichting.
Ik hoop dat het kabinet het advies ter harte neemt en het AOW-gat dicht. Zo niet, dan hoop ik dat dit boek heel goed verkocht wordt, zodat ik mijn ouders financieel kan ondersteunen, aangezien de Nederlandse overheid dat niet doet.

Wat kan ik doen tegen racisme in de overheid?

Als burgers kunnen wij wetten niet zomaar veranderen. Wat we wel kunnen doen, is massaal praten over dit soort kwesties, petities opzetten en op die manier media-aandacht genereren. Met die media-aandacht komen dit soort kwesties vaak terecht op de politieke agenda.
Nog effectiever is het stemmen op de juiste partij. Stem radicaal links. 'Dit land stemt al jaren steeds rechtser van rechts,' zei Seada Nourhussen, de hoofdredacteur van *OneWorld*. 'Wil je daar écht tegenwicht aan bieden (ja, vanuit de oppositie. Dat is dé tegenmacht), dan moet je radicaal links stemmen. Niet een beetje links, niet centrum-links en zeker niet centrum. Radicaal links.'
Met slechts één zetel brengt een partij zoals BIJ1 al heel veel verandering in de Tweede Kamer. En linkser dan BIJ1 ga je het niet krijgen. Tenminste, tot nu toe. Vlak voor de verkiezingen werd ik tijdens een interview door het *Algemeen Dagblad* gevraagd naar de diversiteit op de kandidatenlijsten van politieke partijen. Er zijn een heleboel linkse partijen die aangeven tegen racisme te willen strijden, maar die bestaan bijna volledig uit witte mensen. Sommige hadden wel mensen van kleur op de lijst staan, maar niet op een verkiesbare plek. Hoe links ben je dan echt? En hoe antiracistisch ben je dan echt? En hoe antiracistisch ben jij, als je op zo'n partij stemt? Dit is niet om je te *shamen*, maar om je wakker te schudden. *You gotta do better than this*, wil je echt antiracistisch zijn.
Op de dag van de verkiezingen plaatste ik de volgende tekst op Instagram, en dit is tegelijkertijd wat jij kunt doen.

> ***'Stem antiracistisch, laat dat Zwarte vierkantje ook echt iets betekenen in de praktijk.'***
> ***- @kakelversememes***

> ***'Stem strategisch, de gevestigde linksachtige partijen kunnen die zetel missen.'***
> ***- @juhanvantzelfde***

De politie

In het racismegesprek in Nederland wordt men vaak verweten dat de Amerikaanse problematiek wordt overgenomen. Dat komt doordat niet-activisten niet zien hoeveel zorgwekkende gelijkenissen er tussen Nederlandse en Amerikaanse situaties zijn. Dit zag je al bij redlining, wat in Amerika gebeurt, maar waar de Nederlandse overheid zich ook schuldig aan maakt. En je ziet het bijvoorbeeld bij etnisch profileren.

> Volgens *De Correspondent* is er 'sprake van etnisch profileren als de politie in haar werk – of dat nu is op het gebied van opsporingen, arrestaties of interne zaken – "ras", huidskleur, etniciteit, nationaliteit, taal en/of religie laat meewegen, zonder dat daar een objectieve aanleiding voor is'.

Momenteel heeft de politie een methode genaamd 'abnormaliseren', die in mijn optiek duidelijk wijst op etnisch profileren. Die methode houdt namelijk in dat men kijkt of een persoon op basis van uiterlijke kenmerken niet in een bepaalde omgeving past. In het onderzoek naar etnisch profileren dat momenteel loopt, is het belangrijk of dit als etnisch profileren geldt. Als dat het geval is, maakt de politie zich in 47 procent van de onderzochte gevallen schuldig aan etnisch profileren. Zo niet, dan is dat 'slechts' 19 procent.

Zo ziet racisme eruit bij de politie

Racistische agenten niet noemenswaardig straffen, maar de agenten die racisme aankaarten wel, etnisch profileren, en agenten die ongestraft buitenproportioneel geweld kunnen toepassen bij de arrestatie van Zwarte mensen en mensen van kleur: dit zijn allemaal voorbeelden uit de praktijk die duiden op racisme bij de politie.

Vaker mensen van kleur aanhouden

Ben je Zwart en rijd je in een dure auto? Dan heb je vaker de kans om aangehouden te worden. Agenten geven de cijfers als reden: Zwarte mannen

schijnen vaker crimineel te zijn. Maar als de coronapandemie ons iets heeft laten zien, dan is het dat je meer positieve resultaten krijgt naarmate je meer toetst in een bepaalde groep.
Onderzoek van het Sociaal en Cultureel Planbureau wijst uit dat twee derde deel van de Marokkaans-Nederlandse jongens van 12 tot 23 jaar weleens is aangehouden op verdenking van een strafbaar feit. Bij jongens van Antilliaanse afkomst is dat de helft en bij witte Nederlandse jongens slechts een kwart. Wat zal er gebeuren als de politie net zo vaak witte jongens gaat controleren als de andere jongens? Denk je dat de verschillen dan nog zo groot zullen zijn? En waarom denk je dat?

Agenten komen makkelijk weg met racisme

Ben je een witte agent en maak je racistische opmerkingen, dan is er niets aan de hand. Er zijn meerdere situaties waarbij het bewezen is dat agenten zich racistisch uitlieten. Ze kwamen er bijna altijd vanaf met een berisping. Bijvoorbeeld toen de Marokkaans-Nederlandse politieagent Anis Raiss in mei 2016 als burger naar het bureau ging om aangifte te doen met zijn vader en broer. De agenten daar, die eigenlijk Anis' collega's zijn, wilden hem niet aanhoren en geloofden niet dat hij agent was. Nadat Anis hardhandig gearresteerd werd, moest de aanwezige politie-inspecteur Herman H. voor de rechter verschijnen. Het Openbaar Ministerie oordeelde dat er inderdaad strafbare feiten waren gepleegd, maar ging niet over tot vervolging. Dat mocht de politie intern oplossen. Dat deden ze met een berisping.
In oktober 2018 gebruikten drie Haagse agenten buitenproportioneel geweld bij de aanhouding van een 18-jarige jongeman van Marokkaanse komaf. Een vierde politiemedewerker filmde de jongen in de cellengang en deelde deze beelden met collega's. Als reactie hierop verwachtte men zware straffen. De Haagse politiechef zei namelijk dat 'de politie ongepast gedrag niet tolereert'. Achteraf bleek dat toch wel het geval te zijn. Op advies van de landsadvocaat en politiejuristen werden de straffen verlaagd. De agent die ontslagen zou worden, mocht blijven en een andere agent kreeg een voorwaardelijke straf. Aanvankelijk zou hij in rang teruggezet worden, maar dat gebeurde niet.
In juli 2020 kwam de *NRC* met breaking news over de WhatsApp-groep 'Jan Smit' bij de politie. In deze WhatsApp-groep plaatsten vijf jeugdagenten

racistische berichten. Ze noemden burgers met een migratieachtergrond onder andere 'k*nkervolk', 'kut-Afrikanen' en 'pauperallochtonen op wie ze willen schieten'.
De politieleiding reageerde geschokt, maar uit een reconstructie van *RTL Nieuws* bleek dat de politieleiding allang op de hoogte was van de WhatsApp-groep. Twee klokkenluiders hadden dit in februari 2019 al doorgegeven.
Een maand na dit nieuws besloot het Openbaar Ministerie wederom niet over te gaan tot strafrechtelijke vervolging. Deze keer was de reden dat de uitingen in een besloten WhatsApp-groep zijn gedaan. De politie handelde het intern af met de lichtst disciplinaire sanctie: een schriftelijke berisping. De agent die het aan het licht bracht, mocht op de blaren zitten voor het aankaarten van racisme.

Agenten die racisme aankaarten krijgen represailles

Na het klokkenluiden is de Marokkaans-Nederlandse agent slachtoffer van ernstig pesten. Zijn collega, de langst dienende wijkagent van hun bureau, alarmeerde de politiebaas Fred Westerberke via een e-mail over de agressie tegen de klokkenluider. Hij schreef daarin onder andere: 'We worden geregeerd door extremistische minderheden.' Ook zei hij dat de klokkenluider 'op ijzingwekkende manier wordt genegeerd'. Dit kwam doordat 'er wat ploegleden zijn die er moeite mee hebben dat hij er is'. De klokkenluider moest 'apart eten in de kantine' en mocht 'niet te veel aan het bureau komen'. Ook gaf de wijkagent aan 'diepe plaatsvervangende schaamte te hebben' omdat een collega weggepest werd. De politiebaas reageerde op de pers door te zeggen dat de mail was geschreven 'door iemand in emotie'. Dit deed daarom 'geen recht aan wat er precies is gebeurd'. Wederom komen witte agenten weg met racisme en zijn agenten van kleur slachtoffer nadat zij racisme aankaarten.
Een andere agent die de dupe werd van pestgedrag na het aankaarten van racisme is Fatima Aboulouafa. Via een open brief vroeg deze voormalig politiechef in 2019 aan de politieorganisatie of zij aandacht wilde besteden aan racisme, machtsmisbruik en pesten. Drie maanden na haar openbare verzoek werd ze op non-actief gesteld. Kort daarna werd het haar duidelijk dat ze niet meer kon terugkeren bij haar politie-eenheid in Den Haag. Haar kritiek zorgde namelijk voor te veel interne spanningen. Met oud-politie-

medewerker en burgemeester van Arnhem, Ahmed Marcouch, werd gekeken naar een nieuwe functie binnen de politie voor Fatima. Helaas lukte dat niet. Ze kon naar eigen zeggen geen garantie krijgen dat ze niet 'op enig moment teruggepakt gaat worden door het old boys network'. Na vijfentwintig jaar in dienst te zijn verliet Fatima de politie.
Deze gebeurtenissen gaan niet onopgemerkt voorbij. Agenten van kleur zijn ervan overtuigd dat racisme geaccepteerd wordt bij de politie. Hierdoor voelen zij zich niet veilig om met hun verhalen over racisme of uitsluiting naar de leiding te stappen. De korpsleiding gaat nu samen met de politiechefs van de korpsen Midden-Nederland en Noord-Nederland onderzoeken of de manier waarop sancties worden bepaald nog wel van deze tijd is. Hint: dat is het niet! Terwijl we wachten op het actieplan van de korpsleiding, moeten wij als burgers kijken wat wij kunnen doen.

Wat kan ik doen tegen racisme bij de politie?

Je zou denken dat je als gewone burger niet echt wat kunt doen aan racisme bij zo'n machtig instituut als de politie, een van de weinige in ons land die het recht heeft om geweld toe te passen. Maar als zelfs een 12-jarig kind in actie komt, mag jij niet verstek laten gaan. Illias kwam in actie nadat zijn oudere broer etnisch geprofileerd werd, tijdens een Black Lives Matter-protest nota bene. Hij postte online over het voorval en stuurde de politie een e-mail. Inmiddels hebben ze goed contact en gaat Illias een kinderraad opzetten om jongeren en de politie met elkaar in verbinding te brengen. Aan de ene kant is het belachelijk dat zoiets nodig is: hij hoort gewoon kind te zijn, aan de andere kant moet dit ervoor zorgen dat ook wij als volwassenen ons gaan uitspreken tegen de politie en kijken wat we nog meer kunnen doen. Gelukkig is er een groep die ons daarin kan begeleiden: Control Alt Delete.

Control Alt Delete steunen

Control Alt Delete is een onafhankelijke organisatie die als doel heeft dat wetshandhavers alle mensen in Nederland gelijk behandelen. Zij zijn logischerwijs tegen etnisch profileren en buitenproportioneel politiegeweld. Op hun website vind je vijf diensten die zij in samenwerking met andere partners hebben ontwikkeld voor organisaties en buurten. Ook kun je je aanmelden voor hun nieuwsbrief, waarmee ze je op de hoogte houden van acties die je zelf kunt ondernemen. Zo kwam ik via hen achter een nieuwe politiewet waarmee agenten meer bevoegdheden hebben gekregen voor bijvoorbeeld vuurwapengebruik. Of het feit dat agenten nadat deze wet werd aangenomen niet meer vervolgd kunnen worden voor 'gewone' delicten. Bij dergelijke nieuwsitems over nieuwe politiewetten bijvoorbeeld, legt Control Alt Delete uitvoerig uit waarom zo'n wet onwenselijk is, welke andere organisaties zich ertegen hebben uitgesproken – denk hierbij aan Amnesty International – en geeft ze nog meer achtergrondinformatie.

Kijk verder dan de politie

Niet alleen bij de politie heerst een cultuur die volledig afgebroken moet worden om vervolgens opnieuw opgebouwd te worden. De brandweer heeft er ook een handje van. De Amsterdamse brandweercommandant Leen Schaap moest een einde aan racisme en uitsluiting binnen het korps maken. Hij besefte op zijn eerste werkdag al dat het 'foute boel' was. Brandweermensen met een migrantenachtergrond hebben het daar zwaar te verduren: 'Ze lijden enorm onder pestgedrag en racisme. De enige manier om te functioneren, is om altijd die vrolijke allochtoon uit te hangen, die lekker eten meebrengt voor zijn collega's, anders word je niet gepruimd. Meerdere allochtone brandweermannen zijn bang en altijd alert. Eén uitspraak heeft me bijzonder geraakt. Een Marokkaanse man zei: "Als ik in het vuur val, ben ik bang dat ze me er bewust niet uit halen. Dan overlijd ik op papier aan een bedrijfsongeval."'
Daarnaast vindt dit gedrag ook plaats bij Defensie. In juni 2021 werden zes mariniers geschorst vanwege het delen van racistische afbeeldingen in een dienstgerelateerde appgroep. Zij zijn niet strafrechtelijk vervolgd, omdat de uitlatingen niet in het openbaar zijn gedaan. Het ministerie van Defensie is vervolgens zelf gaan kijken naar eventuele maatregelen, omdat 'er geen plaats is voor discriminerende uitlatingen, of deze nu in het openbaar zijn gedaan of niet'.
Blijf het verhaal volgen om erachter te komen wat die eventuele maatregelen zijn. Kijk bij welke instituten racisme nog meer een agendapunt is, of zou moeten zijn, en houd in de gaten wat er wordt gedaan om het te bestrijden. Kijk ten slotte wat jij kunt doen om dit probleem op te lossen, of juist aan te kaarten.

De zorg

Bij geen enkele andere vorm van racisme is het verschil van leven of dood zo groot als bij racisme in de zorg. Daarom probeer ik met man en macht de gedachte dat er verschillende menselijke rassen bestaan en het gebruik van het woord 'ras' met betrekking tot mensen uit onze samenleving te bannen.
In het hoofdstuk *Waar komt racisme vandaan?* legde ik al uit dat door middel van pseudowetenschap de verschillen tussen mensen werden verklaard als biologische en genetische verschillen. Dit idee zit zo diepgeworteld in de maatschappij dat 40 procent van de Amerikaanse eerste- en tweedejaars geneeskundestudenten geloven dat mensen met een zwarte huid een dikkere huid hebben dan witte mensen. Bovendien geloven deze geneeskundestudenten dat de zenuwuiteinden van Zwarte mensen minder gevoelig zijn dan die van witten en dat het bloed van Zwarte mensen sneller stolt dan dat van witte mensen.
Of Nederlandse geneeskundestudenten ook dit soort ideeën hebben, kan ik niet met zekerheid vertellen, want dit is in Nederland niet onderzocht. Toch heb ik mijn twijfels over de manier waarop sommige geneeskundestudenten in Nederland leren kijken naar patiënten van niet-Nederlandse afkomst.
In het boek *Pijn en cultuur* koppelt de auteur pijnbeleving aan culturen. Je kunt je voorstellen dat dit niet bijdraagt aan een eerlijke en mensgerichte behandeling van patiënten. Toch werd dit boek bejubeld als 'interessant, buitengewoon informatief en goed geschreven' op medischcontact.nl, een website van de Koninklijke Nederlandsche Maatschappij tot bevordering der Geneeskunst (KNMG).
Als Medisch Contact, een platform voor artsen en andere werkers in en rond de gezondheidszorg, al geen onderscheid kan maken tussen feiten en racisme, waarbij pijnbeleving in alle culturen, behalve de Nederlandse, wordt vergeleken met – Ja, waarmee eigenlijk? De norm, de witte, westerse en in dit geval misschien zelfs Nederlandse cultuur? – hoe kunnen wij dan beter van studenten verwachten? En erger nog: wat moeten we van artsen verwachten?

Zo herken je racisme in de zorg

Er zijn te veel voorbeelden van racisme in de zorg. De meeste daarvan ontdekte ik door Amerikaanse onderzoeken, waarna ik keek of wij in Nederland dezelfde methoden hanteren, of dat er hier ook onderzoek is gedaan. Helaas wordt racisme hier zeer zelden onderzocht als mogelijke indirecte factor voor slechtere zorg. Er wordt misschien niet eens over nagedacht. Racisme in de zorg uit zich in statistieken met significante verschillen als je filtert op etniciteit, in de procedures en diagnostisering, en in de manier waarop met zorgmedewerkers van kleur wordt omgegaan. Dat laatste kun je wellicht ook zien als 'racisme op de werkvloer'. Dit komt later aan bod in het hoofdstuk *De arbeidsmarkt*. Laten we verdergaan met de statistieken.

Zwarte vrouwen sterven vaker tijdens of na de bevalling

Zwarte vrouwen hebben drie keer zoveel kans om te sterven tijdens de zwangerschap, of vlak erna, ten opzichte van witte vrouwen. Om precies te zijn hebben vrouwen van Surinaamse en Antilliaanse afkomst een 2,6 keer zo hoge kans en andere immigranten (onder wie Zwarte vrouwen uit Sub-Sahara Afrika) een 3,4 keer zo hoge kans om te sterven tijdens de zwangerschap of vlak erna ten opzichte van vrouwen van Nederlandse afkomst.
Dat dit in Amerika zo was, wist ik al. Toen ik tijdens het Share The Mic Now-initiatief, waarbij witte vrouwen hun platform delen met Zwarte vrouwen voor een groter bereik, het Instagram-account van SEH-arts dr. Heleen Lameijer overnam, stuurde ze mij de cijfers uit Nederland.
Een groot deel van de vrouwen sterft aan een longembolie. Dit is een aandoening die vaker voorkomt tijdens de zwangerschap, maar zich afwijkend presenteert, waardoor klachten soms moeilijk te duiden zijn. Zwarte vrouwen hebben echter geen andere symptomen dan witte vrouwen, dus daar zal het verschil niet mee te verklaren zijn.
Een andere doodsoorzaak, zij het indirect, zijn hart- en vaatziekten. Ook dit is moeilijk te herkennen, maar doorgaans wel vaker aanwezig in de Zwarte gemeenschap. Dit komt overigens door slechte sociaal-economische omstandigheden en niet door 'Zwarte genen'.
Krijgen Zwarte vrouwen vaker ondermaatse zorg en hebben zij daardoor een hoger risico op overlijden?

Slecht advies over zonnebrandcrème

In 2020 kreeg ik een tweet onder ogen van een geneeskundestudent die haar beklag deed omdat ze continu racistische triggers kreeg tijdens de

opleiding, want ten eerste: 'Waarom praten mensen die opgeleid worden als dokters die op wetenschappelijk niveau van alles moeten weten over het menselijk lichaam nog steeds over ras'? Ten tweede, 'waarom leren studenten niet om kwaadaardige aandoeningen te herkennen op de donkere huid?' En ten derde, 'waarom wordt studenten aangeleerd dat Zwarte mensen geen zonnebrandcrème nodig hebben?'
Zelf maak ik me al een paar jaar hard voor het gebruik van zonnebrandcrème onder Zwarte mensen, maar dat gaat lastig als er huisartsen en zelfs huidartsen zijn die zeggen dat dat niet nodig is. Zo staat er op huidarts.com een artikel waarin het volgende staat: 'Mensen met een huidtype 6 (negroïde huid) hoeven zich per definitie nooit in te smeren. De natuurlijke zonbescherming van een huidtype 6 is hoog genoeg.' Op de website huidziekten.nl staat iets vergelijkbaars: 'Zwarte huid, zeer goed bestand tegen zon. Hoeft geen anti-zonnebrandmiddelen te gebruiken.' Alsof wij niet kunnen verbranden en alsof huidkanker bij Zwarte mensen denkt: die sla ik over.

Rascorrectie

Via de Amerikaanse geneeskundestudent Joel Bervell kwam ik het fenomeen 'rascorrectie' tegen. Rascorrectie is het gebruik van 'ras' of etniciteit om zo te bepalen welke behandelmethode je moet volgen. Het ziet er als volgt uit: tijdens medische onderzoeken en diagnostiek vinden correcties plaats op basis van ras. Deze correcties beïnvloeden het resultaat van het onderzoek.
Ik zeg niet dat we afkomst moeten negeren in medisch onderzoek. Als we daar niet naar zouden kijken, is niet te zien hoe racisme de gezondheid beïnvloedt. Maar dat is het punt: 'ras' beïnvloedt de gezondheid niet, racisme wel. Rascorrectie is ontstaan op basis van correlatieve onderzoeken die een verband vonden tussen ras en medische uitkomst, zonder daarbij rekening te houden met bijvoorbeeld sociaal-economische status of toegang tot gezondheidszorg.
Het is schrikbarend hoeveel voorbeelden van rascorrectie te vinden zijn. Ik schrik niet snel van racisme-gerelateerde zaken, want het is mijn dagelijks leven, maar dat dit nog steeds in de medische wereld gebeurt en artsen niet massaal afstand doen van deze methode van diagnosticering is verbijsterend!

Rascorrectie vindt plaats bij de longfunctie-inhoudbepaling, nierfunctietesten en de risicoberekening omtrent hartfalen en osteoporose.

Hartfalen

De Get with the Guidelines - Heart Failure Risk Score is een manier om te voorspellen wat het risico van sterfte is bij ziekenhuispatiënten met acuut hartfalen. Deze rekenmethode telt 3 punten op bij niet-Zwarte patiënten. Een hogere score betekent dat het risico op overlijden hoger is. Artsen verwijzen patiënten met een hogere score sneller door naar een cardioloog en deze patiënten krijgen mogelijk eerder medicatie dan patiënten met lagere scores. En dat zijn dus de Zwarte patiënten.

Nierfunctietest

Het Nederlands Huisartsen Genootschap (NHG) is de wetenschappelijke vereniging van huisartsen. Hun doel is om een wetenschappelijk gefundeerde uitoefening van de huisartsgeneeskunde in de praktijk te bevorderen. Zij geven richtlijnen voor de diagnostiek en behandeling van veel aandoeningen die in de huisartsenpraktijk voorkomen.
In de NHG-Standaard Chronische nierschade staat dat je, bij het gebruik van de formule voor nierfunctietesten, de uitslag van Zwarte patiënten moet vermenigvuldigen met 1,159. Of zoals ze het in medische termen zeggen: de uitslag corrigeren met de factor 1,159. Dit moet omdat spiermassa de hoogte van het creatininegehalte beïnvloedt. Maar dat er een verschil in spiermassa is gevonden tussen de onderzochte mensen in het eerste onderzoek in de VS, betekent niet dat dit ook iets zegt over Nederlandse patiënten. Recente onderzoeken in Ghana, Nigeria en Brazilië wijzen uit dat de formule juist zonder 'rascorrectie' de meest accurate resultaten geeft, in elk geval voor de mensen daar. Maar als wij hier de uitslag vermenigvuldigen met 1,159 betekent het dat Zwarte mensen hogere waarden hebben. En hogere waarden staan gelijk aan een betere nierfunctie. Dit is misleidend en kan leiden tot vertraagde zorg, omdat het lijkt alsof de nierfunctie goed is.

Osteoporose

Osteoporose is een chronische aandoening van het skelet, waarbij de botsterkte afneemt. Het *Nederlands Tijdschrift voor Geneeskunde* zegt hierover het volgende: 'Mannen hebben over het algemeen een grotere botmassa dan vrouwen. Tevens bestaan er raciale verschillen. In vergelijking met het blanke ras is bij het negroïde ras de botmassa groter.' Bij het maken van een schatting van het risico op osteoporose krijgen patiënten die niet Zwart zijn daarom vijf extra punten. Dat betekent dat iedereen die niet Zwart is, meer kans heeft om verder geëvalueerd te worden, want de resultaten zullen eerder alarmerend zijn. Tegelijkertijd betekent dit dus dat de kans bestaat dat artsen geen reden zien om Zwarte patiënten verder te evalueren, waardoor de diagnose en mogelijke interventie vertraging op kunnen lopen.

Longfunctie

Mijn laatste voorbeeld over rascorrectie is de spirometrie-test. Dit is een test waarbij de longfunctie wordt bepaald aan de hand van hoeveel lucht iemand kan uitblazen na een diepe ademhaling. Bij deze test vindt een correctie plaats die tot 15 procent kan oplopen. Dit betekent dat bij een bepaalde longfunctie alarmbellen gaan rinkelen als de patiënt wit is, maar dat er niets aan de hand is als die patiënt Aziatisch of Zwart is.
Toen ik het TikTok-filmpje van Joel Bervell voorbij zag komen, ging ik meteen op zoek naar de procedures bij spirometrie-testen in Nederland. Op huisartsopleiding.nl staat bij de presentatie over spirometrie dat je bij de voorbereiding het volgende moet noteren: 'leeftijd, geslacht, ras, gewicht en lengte (Gemeten! Niet volgens opgave van patiënt), rookstatus' Velen volgen deze instructie zonder te beseffen wat er in het apparaat gebeurt. Joel Bervell kaart terecht aan dat dit kan leiden tot verkeerde behandeling van patiënten. Ook geeft hij aan dat men dit koppelt aan raciale ongelijkheden in het herstel van COVID-19.
In Nederland schreef Lizzy Brewster op de website van Medisch Contact een artikel over de oversterfte van Surinaamse Nederlanders, specifiek afkomstig uit West-Afrika en Zuidoost-Azië. Net zoals in Amerika sterven in Nederland Zwarte mensen (in elk geval Zwarte Surinamers) en Aziatische mensen (in elk geval Surinamers afkomstig uit Zuidoost-Azië) noemenswaardig vaker aan COVID-19. Misschien betekent dit dat we in Nederland ook bij de cijfers over het herstel na COVID-19 zouden moeten kijken naar de cijfers per groep.

Slechte ervaringen van mensen van kleur

Cijfers en dit soort 'droge informatie' zijn soms te abstract. Persoonlijke ervaringen zijn concreter en maken het echt, tastbaar. Helaas heb ik er voldoende, van mezelf en van mijn dierbaren. Ook heb ik ervaringen van mensen die me volgen op Instagram en zich eindelijk gehoord voelden toen ik racisme in de Nederlandse zorg besprak.

Verloskundigen denken dat je afkomst de zwangerschap beïnvloedt
'Wat is je afkomst?' vroeg de verloskundige tijdens ons uurtje. 'Hoezo?' was mijn reactie. 'Mensen van een bepaalde afkomst hebben een grotere kans op zwangerschapsdiabetes en dit kan gevaarlijk zijn.' Ik wilde natuurlijk niet dat het kind waar ik al jaren op zat te wachten mogelijk iets overkwam, dus deelde ik mijn afkomst: ouders geboren in Suriname. Dan had ik dus een grotere kans op zwangerschapsdiabetes en moest ik een glucosetolerantie-test doen. Eerst kreeg ik een smerig suikerdrankje, dat smaakte als extra sterk geconcentreerde limonade. Dit moet je als zwangere ook binnen zien te houden, anders moet je het opnieuw drinken. Na een uur meten ze je bloedglucosewaarde om te kijken of je lichaam genoeg insuline aanmaakt. Ik had gelukkig goede uitslagen.
Ruim nadat ik was bevallen, deed ik mijn eerste onderzoek naar racisme in de zorg. Toen kwam ik erachter dat de prognose van zwangerschaps-diabetes daar mijn meest expliciete persoonlijke voorbeeld van is. Het is namelijk niet zo dat mijn 'Surinaamse genen' ervoor zorgen dat ik een grotere kans heb op zwangerschapsdiabetes. Het is een typisch Surinaams dieet - specifieker nog een Hindoestaans-Surinaams dieet - dat de kans vergroot. Als de arts mij had gevraagd naar mijn eetpatroon en levensstijl, wist ze dat ik heel gezond eet en veel sport, waardoor de kans op zwanger-schapsdiabetes juist klein is. Maar ze deed het gewoon volgens de manier waarop het haar is aangeleerd en maakte daardoor onbewust de connectie tussen Surinaamse roots en het volgen van een 'typisch Surinaams dieet'. Dit is een voorbeeld van waar het misgaat met het onderwijs. Mijn Turks-Nederlandse vriendin, die gepromoveerd voedingswetenschapper is, reageerde namelijk op de 'afkomstvraag' door uit te leggen dat zij geen extra kans heeft op zwangerschapsdiabetes, omdat zij een gezond eetpatroon heeft, er geen familiehistorie is en er ook geen andere symptomen zijn.

Alsnog pushte de verloskundige haar om de test te doen: 'Want ja, je Turkse afkomst betekent toch dat je meer kans hebt op zwangerschapsdiabetes.'

Naar huis gestuurd na een beroerte

De manier waarop het OLVG-oost met mijn vader omging nadat hij een beroerte had gehad, was ook typisch en op meerdere manieren racistisch.
In de zomer van 2019 merkte ik tijdens mijn zondagmiddagbezoek op dat mijn vader raar sprak, alsof hij dronken was. Aanvankelijk dacht ik: 'Hoezo is deze man dronken om twee uur 's middags?' Maar al snel besefte ik dat dit zijn tweede beroerte was.
We gingen direct naar het ziekenhuis om de hoek. Ik schetste het tijdsverloop. Hij had me aan het eind van de ochtend gebeld, om te vragen hoe laat ik kwam en ik was twee uur daarna bij hem thuis. Kort daarna waren we in het ziekenhuis. Dat tijdsverloop is belangrijk omdat de gevolgen van een beroerte soms beperkt kunnen worden door binnen vierenhalf uur na de eerste uitvalsverschijnselen speciale medicatie toe te dienen.
Ik hoorde de artsen praten over het gebrek aan ruimte voor een scan. Ze hebben er zo lang over gedaan dat de vierenhalf uur zeker verstreken waren. In de tussentijd kwamen ze vooral zijn kracht testen en kreeg hij steeds te horen hoe sterk hij was. Diezelfde middag werd hij ontslagen.
Als autist met beperkte kennis van beroerten ging ik mee in het besluit van de artsen. Mijn oudere zus bracht hem linea recta terug. 'Hoezo ontslaan jullie iemand die net een beroerte heeft gehad, zonder plan van aanpak?' Dankzij haar volharding werd hij weer opgenomen. De volgende ochtend mocht hij alsnog naar huis. Ik vroeg om verduidelijking en een uitleg. Die kreeg ik niet. De arts was niet beschikbaar.
Met restschade waarvan zelfs de huisarts schrok, kreeg hij alleen een verwijzing voor logopedie. Fysiotherapie en mentale begeleiding: ho maar. Pas na dik een maand was het weer tijd voor een afspraak in het ziekenhuis. Ik wees de artsen op hun eigen protocol en vroeg waarom dat niet was gevolgd bij mijn vader. Hij had namelijk meteen moeten beginnen met fysiotherapie volgens hun protocol. De arts, die op het moment van de opvolgafspraak niet meer in dienst was, had een inschatting gemaakt dat mijn vader dat allemaal niet nodig had. Waar dat op gebaseerd was, konden ze niet uitleggen.

Het had vast niets te maken met hoe sterk iedereen hem vond en hoe men letterlijk aan zijn spierballen zat. Het is vast niet zo dat de arts hem daarom zag als iemand die zo'n behandeling niet nodig had, zelfs als hun eigen protocol zegt dat je die procedure bij iedereen moet volgen die een beroerte heeft gehad. En dan kun je je nu afvragen of ze hetzelfde hadden gedacht bij een witte gespierde man, maar het punt is dus dat mijn vader helemaal niet zo gespierd is (sorry papa), maar dat de artsen Zwarte mensen, al helemaal mannen, gewoon eerder als sterk, atletisch en gespierd zien en op basis daarvan foute inschattingen kunnen maken.
Mocht je nu denken: ja, maar jij focust zo sterk op racisme, jij ziet overal racisme in. Dan is dat ten eerste gaslighting (zie pag. 166) en ten tweede heb ik in de volgende paragraaf nog wat ervaringen voor je van volgers die zo getraumatiseerd zijn, dat ze hun eigen ervaringen delen met de eerste de beste vreemde persoon die eindelijk racisme in de zorg aankaart.

Zorgmedewerkers geloven vrouwen van kleur niet

'In het ziekenhuis ben ik ingeleid. Hoewel dit mijn eerste bevalling was, voelde ik op de derde avond dat de bevalling was begonnen. Ik drukte meerdere keren op de bel. "Ga maar slapen," zei de verpleegkundige die kwam kijken. Ik had veel pijn, dus belde ik weer. Na lang wachten kwam er opnieuw iemand kijken. Ik gaf aan dat ik het gevoel had dat de baby kwam. Slapen kon ik in elk geval zeker niet. De verpleegkundige lachte me nog net niet uit. "Neem maar een slaappil, want dat kan niet," zei ze. Ze liet me wederom alleen. Ik had zoveel pijn. Als dít niet de bevalling was, kon ik een echte bevalling zeker niet aan. Weer drukte ik op de bel. Deze keer kreeg ik pijnstilling om te kunnen slapen. De verpleegkundige liep net de kamer uit toen ik persdrang voelde. Ik hield mijn vinger non-stop op de bel. De verpleegkundige kwam geïrriteerd binnen. "Ik kijk nog één keer en dan ga je echt slapen! O shit, ik zie het hoofdje inderdaad al, ga maar snel liggen." Een paar minuten later was mijn zoon er. Achteraf kreeg ik excuses, maar ook de opmerking dat het toch echt aan mij lag. Ik was zo rustig, dus het leek er niet op dat ik aan het bevallen was. Dat ik het letterlijk zei, dat maakte niet uit. Ze geloofden mij toch niet.'
Zwarte vrouwen over de hele wereld delen hun verhalen over artsen die hen niet geloven. Alsof artsen beter denken te weten wat wij voelen dan wijzelf.

Nu is dit bij bevallende mensen sowieso een probleem, maar dit probleem is dus vele malen groter en letterlijk dodelijker bij Zwarte vrouwen.

Kraamverzorgers werken liever niet bij 'buitenlanders'

Bij haar tweede kindje had mijn Instagram-volger een ontzettend fijne tijd met de kraamhulp. Dat vond de kraamhulp zelf ook. Tijdens haar afscheidsspeech vertelde ze dat dit gezin in haar top tien van favoriete gezinnen staan. 'Het is altijd leuk bij buitenlandse mensen. Mijn collega's vinden dat niet, daarom sturen ze mij. Ik ben er blij mee!' Dit moest een compliment voorstellen.

Er zijn talloze voorbeelden

Eigenlijk zou ik een heel boek kunnen schrijven over racisme in de zorg, gevuld met de geschiedenis die uitlegt hoe dergelijke methoden van diagnostisering tot stand zijn gekomen, waar de vooroordelen vandaan komen, aangevuld met ervaringen van patiënten en zorgmedewerkers, waarbij ik dan ook racisme in de geestelijke gezondheidszorg kan aankaarten.
Helaas is daar geen ruimte voor in dit boek, maar dat betekent niet dat jij dat zelf niet kunt doen. En er is nog meer wat je kunt doen tegen racisme in de zorg, als patiënt, maar helemaal als medewerker.

Wat kan ik doen tegen racisme in de zorg?

Antiracisme in de zorg vereist het herkennen en aanpakken van impliciete vooroordelen in de hoofden en harten van zorgverleners. Als je zelf niet in de zorgsector werkt, kun je niet veel meer doen dan dit boek kopen voor iemand die je kent die wel in de zorg werkt.
Het actieonderdeel van dit hoofdstuk is daarom gericht aan mensen die werkzaam zijn in de zorg en patiënten van kleur. Het gaat erom hoe mensen enerzijds van binnenuit de zorg beter kunnen maken en anderzijds hoe je je kunt beschermen tegen racisme in de zorg.

Patiënt, ken je rechten. Laat alles noteren

Weigert een arts om je serieus te nemen? Wordt de diagnose of het behandeltraject waar jij om hebt gevraagd niet uitgevoerd? Zeg dan: 'Ik wil dat u in mijn dossier vastlegt dat u de diagnose/het medicijn/het behandelings-

traject dat ik heb aangevraagd weigert en de reden waarom u dit doet.' In de tussentijd ga je naar een andere arts voor een second opinion.
Doe daarnaast onderzoek naar het gebruik van rascorrectie bij jouw aandoening of ziekte. Ik heb een aantal voorbeelden genoemd, maar ik weet dat er veel meer zijn. Opzoeken kun je het best doen in het Engels, om vervolgens te kijken of Nederland dezelfde methode hanteert.

Zorgmedewerker, wees antiracistisch

Behandel al je patiënten als individu. Stap af van wat je hebt geleerd over mensen met een bepaalde afkomst. Als je een bepaalde behandeling wel of niet zou moeten geven op basis van ras, graaf dan dieper om te kijken wat de echte reden is voor dit onderscheid. Huidskleur alleen is het in elk geval niet.

Deel nieuwe kennis met je opleidingsinstituut

Deel je opgedane inzichten met je opleidingsinstituut. Geef aan hoe je nieuwe kennis verschilt ten opzichte van het studiemateriaal. Vraag om de mogelijkheden studiemateriaal te updaten. En hoe zijn ze van plan om medische kennis vanaf nu juist aan te leren? Ik schrijf bewust 'vanaf nu' in plaats van 'in de toekomst', omdat er geen seconde te verliezen is.

Draag bij aan bewustwording op je werkplek

Na je opleidingsinstituut is de zorgorganisatie waar je nu werkzaam bent aan de beurt - en dan de top, zodat de bewustwording naar beneden doorsijpelt. Zorg ervoor dat de paar zeer belangrijke lessen die je in dit hoofdstuk hebt geleerd ook terechtkomen bij je collega's. Kijk op welke manier institutioneel racisme zich heeft gemanifesteerd binnen jouw specifieke tak van zorg en bespreek dat met je collega's. Ga in mijn schoenen staan en *educate them*. Spreek je collega's ook aan als je merkt dat ze niet-kloppende informatie gebruiken of verspreiden en als je ziet dat zij een bepaalde patiënt anders behandelen dan zou horen. Het zijn moeilijke gesprekken, maar liever een moeilijk gesprek dan dat iemand inadequate zorg krijgt, zieker wordt, of in het ergste geval sterft, terwijl jij er wat aan had kunnen doen.

Het onderwijs

Antiracisme moet je er met de paplepel in gieten. Dat begint thuis met antiracistisch opvoeden en moet doorgetrokken worden op school, want ook daar wordt de toekomstige generatie opgevoed. Momenteel zitten de wortels van racisme verspreid in ons onderwijssysteem en zijn er al behoorlijk wat vertakkingen ontstaan.
Racisme in het onderwijs gaat enerzijds over de inhoud van ons onderwijs: welke lesstof wordt in het curriculum opgenomen? Daarnaast gaat het ook over het schoolbeleid en persoonlijke acties van leerkrachten. Hoe gedragen zij zich ten opzichte van de leerlingen? Wie krijgt welk middelbare-schooladvies? En zit er een verschil in intelligentieniveau tussen leerlingen met verschillende afkomsten, of is er een verschil in kansen, passende lesstof en eigenlijk het algehele plaatje van de kwaliteit van de pedagogiek die leerlingen aangeboden krijgen?

Zo ziet racisme in het onderwijs eruit

> ***'Diversiteit zou gewoon realiteit moeten worden genoemd. Boeken, tv-programma's, films, artikelen en curricula moeten de realiteit weerspiegelen.'***
> *– Tananarive Due*

Racisme in het onderwijs begint al bij baby's, peuters en kleuters. Wie zien ze in de kinderboeken? Welke poppen liggen er in de poppenhoek? Gebruiken jullie de term 'huidskleur' voor het zalm- of crèmekleurige potlood? Dit zijn allemaal vragen waarvan het antwoord laat zien hoe het gesteld is met de mate van representatie van mensen van kleur.

Neurodiversiteit over het hoofd zien

Welke kinderen zien onderwijzers als te druk of vervelend? In de praktijk zie je dat dit voornamelijk kinderen van kleur en Zwarte kinderen zijn. Bij witte kinderen met hetzelfde gedrag wordt er algauw een vermoeden van ADHD, autisme of wellicht een disharmonisch profiel geuit. In plaats van genegeerd te worden, krijgen die kinderen juist extra begeleiding. Je kunt je voorstellen hoeveel verschil deze extra begeleiding teweegbrengt op

de lange termijn op het gebied van zelfvertrouwen, algemene persoonlijke ontwikkeling, opleidingsniveau en baankansen.
Bij mij duurde het ruim dertig jaar voordat mijn autisme werd gediagnosticeerd. Als Zwarte vrouw trok ik twee keer aan het kortste eind: de professionals die het horen te ontdekken, wisten te weinig over hoe autisme zich bij vrouwen manifesteert, en hadden onbewust vooroordelen over Zwarte mensen en te weinig ervaring met autisme bij Zwarte mensen en mensen van kleur.

Namen verkeerd uitspreken

Van welk kind kan de leerkracht de naam wel uitspreken, en bij wie wordt de moeite niet eens meer gedaan? In het hoofdstuk *Micro-agressies* ga ik hier dieper op in, maar het komt erop neer dat als je geen 'typisch westerse naam' hebt, de kans vele malen groter is dat je gedurende het hele jaar met de verkeerde naam wordt aangesproken of dat je een bijnaam krijgt voor het gemak van de leerkracht.

Weinig representatie van geschiedenishelden

Kennen leerlingen helden van kleur? Uitvinders van kleur? Zwarte kunstenaars? Gaan zij op schooltripjes naar culturele instellingen waar het werk van Zwarte makers en makers van kleur tentoongesteld staat? Het zijn net die kleine dingen waar men eigenlijk niet bij stilstaat die bepalen in hoeverre een onderwijsinstelling antiracistisch is.

Zelden aandacht voor belangrijke momenten waar witheid niet centraal staat

De verhalen waar witte mensen niet de hoofdrol of een slachtofferrol in spelen, krijgen veel minder aandacht, alsof ze niet belangrijk genoeg zijn. Alhoewel de Trans-Atlantische slavernij vierhonderd jaar duurde en de Tweede Wereldoorlog 'slechts' vijf, telt het hoofdstuk over de slavernij maar een paar pagina's in het geschiedenisboek, terwijl de Tweede Wereldoorlog in minstens één en soms zelfs meer hoofdstukken aan bod komt. Is dat logisch? Is dat fair?

De geschiedenis door een witte lens bekijken

En als die onderwerpen waar mensen van kleur de hoofdrol in spelen dan

aan bod komen, worden impactvolle gebeurtenissen uit de geschiedenis vaak bekeken door een witte lens. Dit betekent dat de misstappen en misdrijven heel anders worden verteld dan dat ze zijn gebeurd. Zaken worden gebagatelliseerd, onvolledig verteld en soms ronduit verzwegen. Het lesmateriaal over de Trans-Atlantische slavernij stelt momenteel het verhaal van witte mensen centraal. Dat komt voort uit dagboeken en documentatie van de slavendrijvers. Logischerwijs geeft dit de indruk dat de slavernij niet zo erg was.
Degenen die het verhaal vertellen, geven vorm aan de manier waarop we ons ons verleden herinneren. En als dat witte mensen zijn, in plaats van de nazaten van tot slaaf gemaakte mensen, is de kans groot dat de onmenselijke behandeling en de wrede aard van de slavernij wordt verzwegen. Daarom is het cruciaal dat we Zwarte stemmen centreren wanneer we vertellen over dit deel van de geschiedenis.

Een ander voorbeeld van de westerse blik op de geschiedenis is de manier waarop verteld wordt over de beëindiging van de Molukse treinkaping. Deze treinkaping was het gevolg van gefaald Nederlands beleid. Zuid-Molukkers kwamen naar Nederland onder het voorwendsel dat zij op de Molukken hun eigen staat zouden kunnen stichten. Dit was een belofte van de Nederlandse regering. De Zuid-Molukkers hebben vijfentwintig jaar lang gewacht en onder erbarmelijke omstandigheden geleefd, totdat enkelen van de jongere generatie het heft in eigen handen namen.
Op maandagochtend 23 mei 1977 kaapten zij de intercity Assen-Groningen. Na een – in meerdere opzichten – illegale bevrijdingsactie, waarbij zes van de negen kapers zijn geëxecuteerd, kwam de treinkaping tot een eind op 11 juni. Een van de illegale methoden tijdens de bevrijdingsactie was dat mitrailleurschutters de slaapplaatsen heel laag horizontaal beschoten, zodat ook iedereen die plat op de grond bleef liggen geraakt zou worden. Nu kan ik tot in detail verdergaan over de kaping, maar de vraag is óf en hóé dit onderwezen wordt. Gaat het vooral over hoe afschuwelijk en tergend de treinkaping van drie weken voor de Nederlanders was? Of wordt ook besproken dat dit een tegenreactie was op 'honderden jaren van koloniale excessen, waarover Nederland nog steeds geen rekenschap heeft afgelegd'?

Andere onderwerpen uit de geschiedenislessen die vanuit verschillende ervaringen bekeken kunnen worden zijn: de rol van het Nederlandse Dutchbat in Srebrenica en het verhaal over Jan Pieterszoon Coen. Hoe krijg je het echte verhaal boven water? Luister je ook naar de slachtoffers of alleen naar de daders? Blijf je J.P. Coen beschrijven als held, of als degene die de genocide op Banda heeft laten uitvoeren, waarbij 14.000 mensen zijn vermoord? Of in het geval van Srebrenica: luister je naar de nazaten van de mensen uit Srebrenica, of vooral naar de mensen die deels verantwoordelijk zijn voor de dood van 350 moslimmannen[1]?

Ook de VN-rapporteur over wie ik het al eerder had, oordeelde in haar rapport dat Nederland in het onderwijs meer aandacht moet besteden aan het koloniale verleden. De bijdragen van Turkse en Marokkaanse gastarbeiders verdienen meer aandacht in het lespakket. En daar ben ik het mee eens. Hoe vaak wordt er over en tegen Turkse en Marokkaanse Nederlanders gezegd dat zij terug moeten naar hun eigen land? Ik vraag me af of de mensen die dit zeggen wel weten dat Turken en Marokkanen hier zijn vanwege een wervingscampagne van de Nederlandse overheid in de jaren 60. Dat zij hier zijn omdat Nederlanders geen interesse hadden in fabriekswerk. Uiteindelijk kwamen er dan wel veel meer mensen dan verwacht, de aanleiding blijft toch een Nederlandse wervingscampagne.

Te lage middelbareschooladviezen

Het middelbareschooladvies bepaalt voor vele leerlingen de rest van hun leven. Het is al jaren bekend dat zowel leerlingen met praktisch geschoolde ouders als leerlingen van kleur stelselmatig een schooladvies krijgen dat onder hun niveau ligt. Hun slagingskans in de maatschappij wordt niet alleen ingeschat op basis van hun intelligentie, maar ook op basis van hun thuisomgeving. Dat is oneerlijk, onterecht en soms ook racistisch.
Deze leerlingen kiezen door dit foute advies voor een ander carrièrepad of bewandelen een veel langere route dan nodig om uit te komen waar ze willen. Of ze er uiteindelijk komen, wordt beïnvloedt voor de manier waarop mensen van kleur worden behandeld op de arbeidsmarkt. Worden

[1] In het hoofdstuk *Islamofobie* (p. 131) staat uitgelegd waarom islamofobie ook racisme is.

zij überhaupt uitgenodigd voor een gesprek voor die uitdagende baan? En zo ja, hoeveel kans maken zij daarna op promotie? Dit komt in het volgende hoofdstuk aan bod.

Vooroordelen op basis van afkomst

Soms is een leerkracht open in diens vooroordelen, maar vaak zijn dit stille gedachten. *Als je uit een Afrikaans land komt, spreken je ouders vast niet zo goed Nederlands. Ze zijn waarschijnlijk praktisch geschoold en zijn te druk of niet slim genoeg om je te helpen met je huiswerk. Heb je Marokkaanse ouders, dan zijn ze vast gereserveerd en conservatief. Als meisje mag je weinig en als jongen word je te vrij gelaten.*
Deze voorbeelden gaan over de thuissituatie van leerlingen, maar de vooroordelen betreffen soms ook de leerling zelf. Dat hoor en zie je terug in subtiele opmerkingen en acties. Een leerkracht die erop blijft hameren dat een Chinese leerling geen bijles nodig heeft, maar gewoon een paar toetsen heeft verpest. Hij kan echt wel goed rekenen, hoor. *Want Chinezen zijn van nature slim.*
Van Zwarte leerlingen wordt vaak gedacht dat zij veel temperament hebben. Daardoor zien leerkrachten bij hen vaak agressie en woede waar die er niet is. Een boze bui wordt bij deze leerlingen als uiting van een groter probleem bestempeld. Een niet-Zwarte boze leerling is gewoon met het verkeerde been uit bed gestapt.

Strenger optreden bij kinderen van kleur

Als we rangschikken op basis van kleur, wie krijgt er dan vaker straf? Spreek je witte leerlingen die door je les heen kletsen net zo snel aan als leerlingen van kleur? Zo ja, hoe streng spreek je beide groepen aan?
Bij de een ben je waarschijnlijk net wat toegeeflijker dan bij de ander en geloof me, het verschil in optreden valt de leerlingen zelf ook op. Emir en Elif weten dat zij aangesproken zullen worden als zij in de klas zitten te smoezen, terwijl het geen probleem lijkt te zijn als Willem en Marietje het doen.

Opmerkingen over uiterlijk

Mijn zoon van 2,5 jaar werd onlangs liefkozend aangesproken met 'kleine gangster'. Het was echt lief bedoeld, maar laat wel zien dat een donkere

huidskleur wordt gekoppeld aan gangsters, wat weer gelijkstaat aan agressie en geweld. Men kijkt naar een Zwarte peuter en ziet meteen een gangster! Hij had een sweater aan met een short en Crocs. Het was voor mij een reminder om erop te letten hoe ik hem aankleed. Hoody's zijn niet weggelegd voor Zwarte kinderen, ook niet als zij nog een peuter zijn.
Traditionele kleding kan trouwens ook zorgen voor spot, gewoon voor de hele klas. Je zal maar in je prachtige kaftan naar school gaan, omdat je na een halve dag school het offerfeest gaat vieren, en de juf vraagt: 'Wat heb jij nou weer aan?'

Racisme door klasgenoten niet aanpakken

Je zult zien dat als mensen op racisme worden gewezen, zij het zelf allesbehalve racisme zullen noemen. 'Zwarte aap' zeggen tegen een Zwart kindje is volgens hen helemaal niet zo erg: 'Het is gewoon pestgedrag dat bij de leeftijd hoort. Jordy wordt toch ook een kabouter genoemd?' Toch vereist het vergelijken van een Zwart kind met een aap of Zwarte Piet een andere aanpak dan pestgedrag op basis van uiterlijke kenmerken die eventueel ooit nog kunnen veranderen.

Klachten over racisme worden niet erkend

Als je als ouder of verzorger een klacht over een racistische opmerking indient, krijg je vaak te maken met een bijna volledig witte schoolleiding die de kwestie totaal niet serieus neemt. Er wordt nog net niet tegen je gezegd dat je ze ziet vliegen. De klacht wordt voor de vorm in behandeling genomen, maar de uitkomst kun je al raden. Het probleem wordt niet bestempeld als een racismeprobleem. 'Hij zou hetzelfde reageren bij een witte leerling. Hen[2] had goede intenties en heeft de beste bedoelingen met alle leerlingen.' En de grootste dooddoener? 'Zij bedoelde het niet zo!'
Tijd voor verandering!

Wat kan men doen tegen racisme in het onderwijs?

Waar sommige ouders en verzorgers denken dat ze er al zijn met het kiezen van een 'zwarte' school, is een 'zwarte' school niet per se bevorderend voor

[2] Persoonlijk voornaamwoord om non-binaire mensen aan te duiden.

antiracisme. De mate waarin diversiteit binnen een school wordt omarmd door de leerlingen, hangt nauw samen met de moeite die leerkrachten

steken in het laten slagen ervan. Zijn de leerkrachten in staat om verschillende culturen samen te brengen of vindt er juist groepsvorming plaats? Overigens mag het duidelijk zijn dat voor een 'witte' school kiezen 'omdat je die beter vindt' waarschijnlijk racistisch is.
Maar als een 'zwarte' school kiezen niet automatisch bijdraagt aan antiracistisch onderwijs, wat doet dat dan wel?

1. Antiracisme onderdeel van het lespakket maken.
2. Antiracisme in het schoolbeleid opnemen.
3. Het curriculum dekoloniseren.
4. Antiracisme opnemen in de professionele ontwikkeling van medewerkers.

Concreet betekent dit het volgende:

Antiracisme onderdeel van het lespakket maken

De eerste stap is dat antiracisme onderdeel wordt van het lespakket. Hier gaat de 60.000 keer ondertekende petitie 'Racisme moet verplicht behandeld worden op school' zeker verandering in brengen.
Momenteel is racisme een verzwegen onderwerp op scholen. Als er al aandacht is voor discriminatie en racisme, gaat het vooral om bewustwording. Dit werkt niet. Het werkt zelfs averechts. Bij bewustwording bespreek je stereotypen en als je stereotypen blijft herhalen, worden ze juist beter onthouden. Daarnaast vinden er vooral discussies plaats. Bij discussies is de kans groot dat leerlingen of studenten racisme bagatelliseren of zelfs goedpraten.
Wat wél werkt is het stimuleren van empathie. Laat leerlingen zich inleven in iemand die gediscrimineerd wordt. Kijk naar films of theatervoorstellingen waarin dit het hoofdthema is en start vervolgens een dialoog. Stel vragen zoals: 'Hoe denk jij dat de hoofdpersoon zich voelt?' en: 'Hoe zou jij je voelen als je keer op keer met discriminatie te maken krijgt?'
Wat ook werkt is studenten met aanzien zich laten uitspreken tegen discri-

minatie en racisme. Uit onderzoek van het Sociaal en Cultureel Planbureau blijkt dat als je populaire leerlingen traint en motiveert om een sociale norm tegen racisme uit te dragen, de rest volgt.

Antiracisme in het schoolbeleid opnemen

Antiracisme in het schoolbeleid opnemen is de tweede stap. Hiervoor hoef je niet werkzaam te zijn bij de betreffende school. Word lid van de ouderraad. Wees betrokken. En ook als je geen lid van een ouderraad bent, kun je in actie komen. Geef als ouder, voogd of verantwoordelijke verzorger je opmerkingen of wensen aan. Vraag in hoeverre de school antiracisme in het beleid heeft opgenomen en geef aan waar je verbeterpunten ziet. Over het huidige beleid kun je dan de volgende vragen stellen:

- Zijn er haar- en kledingvoorschriften? In hoeverre houden jullie daarbij rekening met cultuur, religie en etnische afkomst? Kunnen leerlingen worden geschorst vanwege 'brutaal gedrag' of 'een grote mond'? En hoe definiëren jullie dat dan?
- Wat zijn de kaders voor uit de les wegsturen, schorsen en van school sturen? Hoe vaak vindt een schorsing plaats? Zijn de gegevens hierover inzichtelijk?
- Werken jullie samen met de politie? Zo ja, wanneer wordt die erbij betrokken?

Deze vragen beschrijven situaties die voor leerlingen van kleur en vooral Zwarte leerlingen vaak slechter uitpakken dan voor witte leerlingen. Ga met het schoolbestuur om de tafel om nieuw beleid vorm te geven. Dat begint bij het huidige beleid onder de loep (laten) nemen en vervolgens te herzien naar een rechtvaardiger beleid. Ben je een witte ouder? Dan heb jij het witte privilege dat men je eerder serieus neemt. Maak daar gebruik van en ontneem ouders van kleur deze last. Neem het stokje van hen over bij dit gedeelte van de strijd.

Het curriculum dekoloniseren

Momenteel is het curriculum wit gecentreerd. De verhalen worden verteld door witte mensen en gaan ook over witte mensen. Zoals eerder beschre-

ven, wordt zelfs de geschiedenis bekeken en aangeleerd vanuit een wit perspectief. Bekijk de boekenlijst en wijs leerkrachten op ontbrekende verhalen. Denk hierbij aan auteurs van kleur of Zwarte historische figuren die een bijdrage hebben geleverd aan de wereld.
Geen idee waar te beginnen? Google is altijd de beste plaats. Daarnaast heeft het onderwijsprogramma Fawaka WereldBurgerschap het boek *Tien keer meer geschiedenis - Les-inspiratie* ontwikkeld. In dit boek staan voorstellen om de lesinhoud aan te vullen.

Andere ideeën om aan te dragen zijn:

- Surinaamse, Antilliaanse en Marokkaanse veteranen die tijdens de Tweede Wereldoorlog hebben gestreden om Nederland te bevrijden.
- Imhotep, de eerste bekende architect, de eerste bekende medicus en volgens sommigen de eerste bekende wetenschapper.
- Tula en Boni, verzetshelden tijdens de slavernij.
- Hermine en Otto Huiswoud, een revolutionair en activistisch Zwart echtpaar.

Antiracisme opnemen in de professionele ontwikkeling

Ook leerkrachten zelf hebben onderwijs nodig, dus neem antiracisme op in de professionele ontwikkeling van medewerkers. Als onderwijsinstelling is het belangrijk om een klimaat te creëren dat leerkrachten stimuleert om zich professioneel te blijven ontwikkelen. De manier waarop zij naar de wereld kijken, bepaalt voor een groot deel hoe ze invulling geven aan het bestaand curriculum. Bied daarom een cursus aan over onbewuste vooroordelen en antiracisme, zodat alle collega's zich bewust worden en weten hoe antiracisme er in de praktijk uitziet. Hier is natuurlijk ook intrinsieke motivatie voor nodig, maar door het op te nemen in het beleid, kun je de professionele nieuwsgierigheid aanwakkeren.

Reflecteren op het gedrag van jezelf en je collega's

Pas de genoemde tips toe in je eigen manier van lesgeven, zelfs als het nog niet is opgenomen in het beleid. Bij lesgeven is er altijd ruimte voor jouw eigen invulling. Als er in het beleid staat dat er jaarlijks twee culturele uitjes

moeten plaatsvinden, heb jij de ruimte om te kiezen voor tentoonstellingen of andere culturele evenementen waar mensen van kleur centraal staan.
Sta ook regelmatig stil bij je gedrag. Kun je het beter vinden met bepaalde leerlingen? Of ben je aardiger of makkelijker tegen bepaalde studenten? Kun je uitleggen hoe dat komt? Hoe zien zij eruit? Kun je alle namen na een maand goed uitspreken?
Probeer niet neutraal te zijn in situaties waar neutraliteit eigenlijk bepaalde machtsstructuren in stand houdt. Sterker nog: het is bevorderlijk om te delen hoe jij zelf moeite hebt met het vormen van een standpunt vanwege onbewuste vooroordelen en de manier waarop jij de wereld hebt meegekregen. Het maakt je menselijker als docent en het kan herkenbaar zijn voor studenten en leerlingen. Dit maakt het voor hen makkelijker om zich ook open op te stellen.
Afhankelijk van de leeftijd kunnen leerlingen en studenten zelfs nog waardevolle inzichten met je delen en samen kritisch meekijken naar je reflectieproces.
Tot slot is het belangrijk om je collega's mee te nemen in jouw ontwikkeling of op zijn minst een vuurtje aan te wakkeren op het gebied van antiracisme.

De arbeidsmarkt

Na je opleiding – en soms al tijdens je opleiding – kom je op de arbeidsmarkt terecht. Ook hier is de kans groot dat je als persoon van kleur te maken zult krijgen met racisme.
Dit hoofdstuk schreef ik in de eerste instantie als open brief aan ondernemers, mensen op machtsposities binnen bedrijven en de mensen binnen bedrijven die meer diversiteit willen binnen hun organisatie, maar 'de juiste mensen niet kunnen vinden'. Echter besefte ik daarna dat racisme op de arbeidsmarkt juist een duidelijk voorbeeld is van hoe racisme in onze systemen is vertakt.

Zo herken je racisme op de arbeidsmarkt

Om racisme op de arbeidsmarkt aan te pakken, is het goed om te begrijpen waar werknemers van kleur mee te maken krijgen. Het begint al bij werving en selectie.

Mensen van kleur hebben minder kans op sollicitatiegesprekken

Ik denk dat ik inmiddels al tien jaar lang jaarlijks in de krant lees dat mensen met een migratieachtergrond minder vaak worden uitgenodigd voor een sollicitatiegesprek.
Heb je een Nederlandse achtergrond? Dan heb je 30 procent meer kans dat een werkgever jou benadert voor een sollicitatiegesprek dan kandidaten met een migratieachtergrond. Hoe groot of klein de kans is dat je als sollicitant met een migratieachtergrond wordt uitgenodigd, hangt ook weer samen met welke migratieachtergrond je hebt.
Met een Turkse, Marokkaanse of Antilliaanse achtergrond heb je de minste kans om aangenomen te worden. Heb je een westerse migratieachtergrond, dan hebben kandidaten met Nederlandse roots 'slechts' een voorsprong van 20 procent.

Werken in een giftige bedrijfscultuur

Stel je nu voor dat je als kandidaat je sollicitatiegesprek genaild hebt. Je begint met frisse moed en enorm veel zin aan je nieuwe functie. Vervolgens kom je terecht in een *toxic* cultuur waar de micro-agressies je dagelijks om de oren vliegen. Helaas heb jij geen witte tranen om in te zetten als offensief.
Ik verval in antiracismejargon. Maak je geen zorgen: er is een hoofdstuk over micro-agressies en over witte tranen inzetten als offensief, maar ik leg het alvast uit aan de hand van een voorbeeld.
Is er een dispuut? Dan krijg je als persoon van kleur niet het voordeel van de twijfel. Kleed je je niet zoals de huidige norm vindt dat een professional zich moet kleden? Dan word je daarop aangesproken. Zeg je er wat van? Dan vindt men je ineens aanvallend. Een witte, vrouwelijke collega moet er zelfs van huilen en ineens ben jij de boeman. De enige keuze lijkt om je te conformeren of weer te vertrekken.

Minder kans om door te groeien

Je hebt een ijzersterk doorzettingsvermogen en conformeert niet en vertrekt ook niet. Je weet waar je uiteindelijk wilt belanden en werkt daar keihard voor. Hoe groot is de kans dat jij als collega van kleur doorgroeit? Wie krijgen de promoties? Wie zie je in jouw organisatie op leidinggevende posities?

Dit zijn een heleboel vragen waar Zwarte lezers of lezers van kleur in hun hoofd al antwoord op hebben gegeven. Een witte lezer vraagt zich wellicht af of dit hoofdstuk niet heel erg pessimistisch is opgesteld. Voor het antwoord moet je goed naar de bedrijven om je heen kijken, en kritisch naar je eigen organisatie kijken. Is het echt zo pessimistisch? Of is dit voor sommige van jouw collega's de realiteit?

Slechtbetaalde functies ter bevordering van diversiteit

Tot slot zijn traineeships of andere slechtbetaalde functies ter bevordering van de diversiteit ook een vorm van racisme op de arbeidsmarkt. Toen ik het Van Gogh Museum interviewde als een van de culturele instellingen in Nederland die mooie stappen maakt op het gebied van diversiteit en inclusie, vertelde de manager over hun Beeldbrekers: 'De Beeldbrekers vertegenwoordigen jongvolwassenen met een biculturele achtergrond. Ze vormen een brug tussen het Van Gogh Museum en een nieuwe generatie museumbezoekers.'
Volgens eigen zeggen is het de bedoeling dat de groep 'hun perspectieven en expertises gaat inzetten om het Van Gogh Museum inclusiever te maken en relevant te houden voor iedereen'. Best een flinke taak met een groots effect, waar helaas geen passende compensatie voor wordt gegeven. 50 euro vrijwilligersbijdrage voor tien uur per maand. 5 euro per uur voor mensen in de leeftijd van 18 tot 30 die gaan zorgen voor het bestaansrecht van je organisatie.
Aan de andere kant zie je organisaties die blijven volhouden dat je bepaalde functies alleen kunt bekleden als je een zekere opleiding hebt gedaan. Behoor je tot de groep mensen die van jongs af aan benadeeld wordt door institutioneel racisme en heb je (daardoor) minder kans om die opleiding succesvol af te ronden, dan willen ze jou wel helpen aan een baan in de vorm van een traineeship. En als ik mijn klanten mag geloven, monden die traineeships zelden uit in volwaardig betaalde functies.

Wat kan men doen tegen racisme op de arbeidsmarkt?

De adviezen die ik in dit hoofdstuk geef, overstijgen het interpersoonlijke niveau. Het gaat er echt om wat je op managementniveau kunt doen tegen racisme op de arbeidsmarkt. Als je advies zoekt over micro-agressies op de werkvloer en tone policing en gaslighting, verwijs ik je door naar de gelijknamige hoofdstukken.

Zie diversiteit niet als liefdadigheid

Een bondgenoot zijn in de strijd tegen racisme op de arbeidsmarkt betekent dat je eigenlijk moet afstappen van het idee van een bondgenoot zijn. Tenminste, een bondgenoot die vooral bezig is in de naam van 'een goed mens zijn'. Diversiteit is geen liefdadigheid, alhoewel het zeker haar oorsprong kan vinden in gelijke kansen willen creëren. Diversiteit gaat ook niet om het aannemen van mensen vanwege hun afkomst. Het gaat erom dat je stopt met mensen níét aannemen vanwege hun afkomst. Bovendien is diversiteit een keiharde business case en organisaties die dit niet verankeren in hun identiteit zullen uitsterven.
Wist je dat culturele en etnische diversiteit nog meer kans bieden op bovengemiddelde winstgevendheid dan genderdiversiteit doet? Dus super als je voor vrouwen aan de top gaat, maar kijk dan wel voorbij witte vrouwen.
Dus neem diversiteit serieus en houd deze twee regels daarbij in je achterhoofd:

1. Diversiteitsplannen zijn alleen effectief wanneer ze een onderdeel vormen van het strategisch beleid.
2. Zonder een inclusieve cultuur is diversiteit zo weer weg.

Zorg voor een basiskennis van antiracisme

Om een diverse organisatie te runnen, moet iedereen in het bedrijf basiskennis hebben over antiracisme en antidiscriminatie. Huur een professional in voor de mensen die nu in dienst zijn en organiseer een interactieve manier van leren waarbij mensen vragen kunnen en dúrven te stellen. *I know they want to*, want ik ben zo'n professional en krijg de meest schaamteloze vragen. En dat is juist goed, want dat betekent dat deelnemers zich op hun gemak voelen om eerlijk te zijn.
Nieuwe collega's moeten ook snel hetzelfde basisniveau bereiken. Maak het daarom een verplicht onderdeel van het onboardingprogramma. Dit kan door middel van een online leeromgeving, regelmatige antiracismelezingen of door hun dit boek cadeau te geven en achteraf te bespreken.

Stel beleid op voor antidiscriminatie, diversiteit en inclusie

Net zoals onboarding een onderdeel van het beleid is, moet het thema 'antidiscriminatie, diversiteit en inclusie' dat ook zijn. In dit deel van het beleid staat duidelijk vermeld wat jullie standpunten zijn over verschillende onderwerpen: hoe definiëren jullie discriminatie? Hoe ziet dat eruit in de praktijk en wat zijn de consequenties van discriminerende opmerkingen en acties?
Ik adviseer ten zeerste om een zerotolerancebeleid te hanteren. Bij micro-agressies kun je een waarschuwing geven, maar ook hier moet duidelijk zijn wat er gebeurt bij *three strikes*. Hint: *you're out*.
Novum Juristen zegt het volgende over eventuele consequenties: 'In de regel hoeft een werkgever racisme niet te tolereren en kan bij constatering daarvan overgaan tot ontslag op staande voet.' Zorg er wel voor dat er voldoende documentatie is over het voorval. Begin 2021 moest een werkgever het ontslag op staande voet terugdraaien, omdat een zware waarschuwing volgens de kantonrechter ook had volstaan. Daarnaast kon de werkgever niet hardmaken dat de werknemer al eerder een officiële waarschuwing had ontvangen. Documentatie is dus van belang, ook bij micro-agressies.

Betrek de hr-afdeling bij alle processen

De hr-afdeling moet op de hoogte zijn van het beleid en de juridische mogelijkheden bij de overtredingen. Daarnaast moeten zij – net als de vertrouwenspersoon – sensitief kunnen omgaan met dit soort precaire situaties. Deze afdeling is er juist om jou als slachtoffer te ondersteunen. Het is al erg genoeg om racisme op de werkvloer te ervaren. Het is afschuwelijk als je daarbovenop tijdens het aankaarten ervan te maken krijgt met iemand die doet alsof het geen racisme is – gaslighting en micro-agressie – of je aanspreekt op de manier waarop je hebt gereageerd – tone policing. Mochten er trainingen worden gegeven aan het bedrijf, zorg er dan zeker voor dat hr erbij betrokken is.
Om bij te blijven is een regelmatige apk wenselijk, oftewel een discriminatie-, diversiteits- en inclusiekeuring. Hier krijgen werknemers een opfrisbeurt op het gebied van onbewuste vooroordelen en wordt gekeken naar hoe zij in de praktijk zullen handelen in bepaalde situaties. Pas als de interne situatie goed geregeld is, kun je beginnen met diversiteit aantrekken.

Wees waakzaam voor schijndiversiteit

Zorg ervoor dat jouw diversiteits- en inclusieteam geen pr-stunt is, maar dat je dit team de macht geeft om echte veranderingen door te voeren. Veel bedrijven hebben D&I-teams alleen om te kunnen zeggen dat ze die hebben. Naar de buitenwereld toe lijkt het alsof ze bezig zijn met D&I, terwijl ze intern geen echte stappen zetten om het structurele racisme binnen de organisatie aan te pakken. En de mensen die dat wel willen hebben vaak geen macht om dat daadwerkelijk voor elkaar te krijgen.

Maak van D&I een aparte functie

Meestal zijn D&I-teams werknemersinitiatieven, opgericht door medewerkers die het persoonlijk raakt en onderdeel zijn van gemarginaliseerde groepen. Je hebt zojuist gezien dat het juist deze mensen zijn die minder kans maken op promotie, en dus vaak geen leidinggevende functie hebben. Hoe moeten zij dan zorgen voor verandering? Geef deze medewerkers daarom ook de macht om daadwerkelijke beslissingen door te kunnen voeren. Daarnaast is werken aan D&I emotionele arbeid en werk dat zij boven op hun gebruikelijke werklast krijgen en dan ook nog eens onbetaald. Creëer daarom een budget. Betaal voortaan de mensen die het werk doen om het bestaansrecht van de organisatie te versterken. Zo kondigde LinkedIn in juni 2021 aan dat zij voorzitters van deze werknemersinitiatieven 10.000 dollar per jaar gaan betalen. Dit komt voor velen als mosterd na de maaltijd. Betaal daarom met terugwerkende kracht de mensen die dit al jarenlang belangeloos doen.

Maak D&I-doelstellingen meetbaar

De doelstellingen die vele D&I-teams momenteel opstellen zijn helemaal niet SMART. En dan bedoel ik niet slim, maar doel ik op een techniek van doelen stellen die ik leerde tijdens mijn studie. Specifiek, meetbaar, acceptabel, realistisch en tijdsgebonden. En dan geen slappe doelen zoals: *wij gaan maandelijks bijeenkomen en praten over diversiteit*. De tijd van praten is bij dezen voorbij.
Niet-performatieve SMART-doelstellingen op het gebied van D&I zien er als volgt uit: 'We beloven de representatie van gemarginaliseerde groepen op senior niveau in de komende twaalf maanden met 25 procent te verhogen.'

Betaal de medewerkers die met eigen diversiteits-initiatieven starten voor hun *emotional labour*.

Bedenk na het opstellen van de doelen een actieplan en volg dat op. Door echt actie te ondernemen, met duidelijke doelen en transparantie, wordt D&I een onderdeel van je strategie en kunnen medewerkers, stakeholders en klanten je verantwoordelijk houden.

Zorg voor ondersteuning op seniorniveau

Zoals eerder aangegeven zijn diversiteitsplannen alleen effectief als ze deel uitmaken van de strategie. Dezelfde strategie die werknemers op senior niveau gebruiken om hun werk en hun team richting te geven. Als D&I door hen wordt ondersteund, weet je dat er binnen alle teams aandacht zal zijn voor jullie visie en strategie. Mensen op senior niveau hebben een sterke stem binnen het bedrijf, kunnen bepalen wat prioriteit heeft en ervoor zorgen dat D&I top of mind blijft. Net zoals bij het advies om racisme te bestrijden op scholen, is hier mijn advies ook om leiders te motiveren en de rest te laten volgen.

Werk aan een inclusieve cultuur

Diversiteit aantrekken is geweldig, maar als nieuwe werknemers in een *toxic workplace* terechtkomen, zijn ze zo weer weg. Kijk met een kritische blik naar de cultuur en werksituaties binnen de organisatie. Houd de werknemerstevredenheid van gemarginaliseerde groepen goed in de gaten en blijf leren om een goede werknemer te kunnen zijn voor alle verschillende mensen die er zijn. Is er een loonkloof? Standaardiseer promotieprocessen, zodat promoties niet meer geschieden op basis van een gunfactor, maar op basis van meetbare kwaliteiten. En ga zo alle werkprocessen af om te kijken of het wel rechtvaardig verloopt. Of huur een professional in, die het voor je doet, of met de organisatie meekijkt.

De media

De Nederlandse media bestaan momenteel vooral uit witte mensen. Deze witte mensen zetten hun witte netwerken in en vertellen verhalen vanuit een wit perspectief. Dit resulteert in ogenschijnlijk kleine misstappen die grote gevolgen hebben.
Hierbij is het belangrijk dat je beseft dat het gaat om institutioneel racisme,

waar interpersoonlijk racisme - het een-op-een racisme - een klein deel van is. Het gaat juist om het grote geheel. Aan de hand van verschillende vragen laat ik zien hoe racisme in de media eruitziet.

Zo herken je racisme in de media

Wie zien we terug in de media? En hoe zien we hen terug? Welke verhalen worden verteld, vanuit welk oogpunt en vanuit wiens perspectief? Het antwoord op deze vragen openbaart het probleem van racisme in de media.

De extreem lage aanwezigheid van mensen van kleur

Momenteel is de diversiteit in de Nederlandse media nog ver te zoeken. De laatste cijfers komen uit 2020. Slechts 9 procent van de mensen in de Nederlandse media zijn mensen van kleur. De intersectie tussen gender en afkomst werd niet gemaakt, dus hoeveel vrouwen van kleur je bijvoorbeeld in de media ziet, weet ik niet. Ik weet alleen dat je ze amper ziet.

De onderwerpen die mensen van kleur mogen bespreken

Als mensen van kleur dan wel worden uitgenodigd om deel te nemen aan media-items, is dat vooral op basis van vermeende expertise die ze hebben vanwege hun huidskleur. Ben je Zwart? Dan mag je komen praten over racisme. Ben je moslim? Dan mag je komen praten na een terroristische aanslag. Ben je Aziatisch? Dan vlogen de mediaverzoeken je in het jaar van de opkomst van het coronavirus vast om de oren.
Ik hoop dat de dag komt dat het normaal is om een kleurrijk gezelschap aan tafel te hebben bij een praatprogramma, waarbij al deze mensen experts zijn die vanwege hun vakgebied zijn gekomen. En dan mag hun vakgebied niet antiracisme of diversiteit zijn. Alsof je als persoon van kleur niet gewoon een econoom, historicus, trendvoorspeller of expert in literatuur kan zijn.

Negatieve framing van mensen van kleur

Wat ook bijdraagt aan racisme vanuit de media, is de framing bij mensen van kleur. Zo kreeg een inhoudelijk sterk interview dat ik had met *De Kanttekening* de titel 'Niet voor wit-fragiele zieltjes: Chanel Lodiks Instagram-strijd tegen racisme' - een afschuwelijke titel die had kunnen zorgen voor een heleboel dreigementen, vooral omdat het interview een paar

dagen voor Sinterklaas online kwam te staan. Het was voor mij een reden om daarna geen interviews meer te geven. Dit heb ik volgehouden tot ik aan de promotie van dit boek begon.
Het probleem hier is dat de mensen die de kop bij interviews bedenken niet inzien hoe gevaarlijk dit is voor Zwarte mensen. Of misschien is het probleem dat ze het gevaar juist wel inzien, maar ze vooral denken aan welke kop voor heel veel clicks zal zorgen en het daarbij niet uitmaakt wat het effect is voor de persoon uit het interview.
Dit was ook het geval bij *NRC*-columnist Sabrine Ingabire. In een uitgebreid interview met de Belgische krant *De Morgen* deed zij haar verhaal over haar uitputting, haar leed en haar strijd. Bij het gedeelte over haar strijd tegen racisme deed ze een aantal uitspraken over witte mensen – niet geheel vreemd. Lachend vroeg ze nog om geen kop te maken van de uitspraak dat alle witte mensen racistisch zijn. De redacteur die de koppen bij het interview maakte, had daar geen boodschap aan. Die koos onder andere voor de kop 'Ik date niet met witte mannen' en een groot citaat dat eindigde met 'Alle witte mensen zijn racistisch'. De bedreigingen en intimidaties die daarop volgden liepen dusdanig uit de hand dat de hoofdredacteur een publiek statement moest maken.
Maar ook zonder geïnterviewd te zijn, kun je als persoon van kleur slachtoffer worden van framing op een negatieve manier. Zo deelde het *Algemeen Dagblad* een foto van Aziatische mensen die voor de Spaanse Trappen in Rome stonden bij een nieuwsbericht over een negatief reisadvies naar Noord-Italië. Ten eerste is Rome niet in Noord-Italië, dus hoort die foto sowieso al niet bij het bericht. Waarom dan toch?
Is het omdat degene die de foto koos onbewust Aziatische mensen koppelt aan het coronavirus? Of omdat degene het effect van dergelijke foto's niet kan inzien, zelfs niet na al het nieuws over oplaaiend anti-Aziatisch geweld tijdens de pandemie?
Dezelfde krant deelde een halfjaar erna een paginagroot artikel over Akwasi, een Zwarte man die had aangegeven een fictief figuur (Zwarte Piet) te zullen trappen, en deelde op dezelfde pagina een klein item over de rechtszaak van Clarice Gargard, een Zwarte vrouw die na achtduizend bedreigingen te hebben ontvangen vijfentwintig mensen had aangeklaagd. Het is maar net wat je nieuwswaardiger vindt: achtduizend voornamelijk

witte mensen uit onze maatschappij die één Zwarte vrouw bedreigen, of één Zwarte man die een fictief figuur bedreigt.
Het recentste racistische dat ik op hun website zag, was een artikel over het overlijden van een 18-jarige Zwarte jongen: 'Of en in hoeverre hij in de drugshandel verwikkeld was geraakt, zoals veel jongens en jonge mannen uit Zuid-Oost, onderzoekt de politie nog.' Wat hebben de jongens en jonge mannen uit Zuid-Oost met deze jongeman te maken en wat is 'veel'? Om welk percentage jongeren gaat het? Zou zo'n stigmatiserende opmerking ook staan in een artikel over witte jongeren?
Nee, bij witte jongeren gaan we vooral op zoek naar de achterliggende reden. Zo stond het artikel 'Grensoverschrijdend gedrag Urker jongeren is een moeilijk vraagstuk' op de website van Omroep Flevoland, plaatste *NRC* nadat Carlo Heuvelman werd doodgetrapt door jongeren uit het Gooi een artikel met daarbij de quote 'Als we dit soort jongerengeweld niet kunnen begrijpen, kunnen we het ook niet bestrijden' en deelde *de Volkskrant* aanvankelijk een reportage met de titel 'Wat bezielde de rellende betogers in Harskamp: racisme of toch gewoon baldadigheid?', nadat Afghaanse vluchtelingen daar werden onthaald met leuzen als 'Eigen volk eerst' en 'Auschwitz back for blacks'. Je zou denken dat de vraag of het racisme is niet nodig is, met dat soort leuzen.

Terug naar het *Algemeen Dagblad*-artikel. Ik deed mijn zegje en de redacteur die mijn commentaar las, vond mijn kritiek terecht en paste het artikel aan. De aanpassing was niet veel beter, maar minder overduidelijk racistisch naar jongeren uit Zuid-Oost dan ervoor.
In het hoofdstuk *Islamofobie* vind je nog meer voorbeelden van institutioneel racisme in de media. Zo worden witte aanslagplegers met veel woorden omschreven, alleen bijna nooit met terrorist. Maar zodra het een bruin iemand is, zul je het woord 'terrorist' of 'terrorisme' in het artikel of de kop vinden.
Reinier Kist schreef in 2017 een artikel voor *NRC* met als titel: 'En zo schrijft de pers over "de" Nederlander'. In dit artikel kaart hij stereotypen in de media aan. 'Herhaald negatief nieuws voedt vooroordelen en kan leiden tot discriminatie, stellen media-onderzoekers.' Helaas hebben de media er duidelijk niet van geleerd.

Items worden gemaakt vanuit een wit perspectief

De Evangelische Omroep ziet na een gigantische blunder hopelijk ook het belang in van een diverse redactie. Trots deelden zij een video van hun programma *Metterdaad*, waarin redacteur Elise een dag als Pakistaanse vrouw gaat leven.
Het inmiddels offline gehaalde filmpje begint met een gesprek waarin Elise haar vader lachend toestemming vraagt om naar haar werk te gaan. Haar vader weet niet wat hij hoort en geeft lachend toestemming. Vervolgens zie je Elise wederom lachend vertellen dat ze toestemming heeft en naar het werk gaat.
Op kantoor aangekomen gaat ze in gesprek met campagnecoördinator Lieneke van Buuren. Lieneke 'weet alles over de rechten van de Pakistaanse vrouw', aldus haar aankondiging. Ze vertelt in stellige bewoordingen over de situatie van Pakistaanse vrouwen: daar 'mag je niet naar school als meisje, kun je je niet ontwikkelen. Laat staan dat vrouwen een baan hebben.'
In de tussentijd haalt Elise thee en koffie, 'want dat is haar taak als vrouw'. Als het tijd is om te lunchen, belt ze haar broer om toestemming te vragen om met een mannelijke, alleenstaande collega te lunchen. De toestemming krijgt ze. Bij de lunch mag haar mannelijke collega natuurlijk eerst kiezen wat hij wil eten. Aan het eind van de dag uit Elise haar dankbaarheid voor de Nederlandse vrijheid. Ze beseft nu pas dat ze die heeft. Ze eindigt de video met: 'Ik kan me niet voorstellen hoe het moet zijn voor Pakistaanse vrouwen', en dit is zo ongeveer het enige wat klopt in deze video.
Ik kan uitleggen wat er mis is met deze video: ten eerste het niet-informatieve karakter, maar letterlijk lacherig doen over een cultuur die ze duidelijk inferieur vinden. Verder hoef ik mijn eigen woorden niet te gebruiken, want Haroon Ali, de schrijver die het filmpje deelde, heeft het al perfect omschreven met zijn commentaar:

> *'Prima als je aandacht wilt vragen voor de problemen in Pakistan, want die zijn er. Maar doen alsof dit de standaard is voor alle vrouwen op een bevolking van 220 miljoen mensen, laat zien dat je niets van dit land begrijpt. Van de rol die klasse speelt, van de enorme verschillen tussen vrouwen in de steden en op het platteland. En dan worden al die complexe problemen van vrouwen ook nog eens bekeken door de lens*

van wit, arrogant paternalisme. Shame on you, EO. Met deze actie maken jullie veel meer kapot dan dat jullie redden.'

Redacties zijn bijna volledig wit

Al deze misstappen komen voort uit een gebrek aan divers perspectief. Het is zeker niet zo dat er niemand is die begrijpt hoe het dan wél moet, maar het is echt nog even wachten tot de redacties gevuld zijn met mensen die antiracisme goed begrijpen.

Zo kreeg ik tijdens het schrijven van dit boek een e-mail van de hoofdredacteur van een dagblad. Of ik 'allochtone journalisten' in mijn netwerk heb die zich aan zijn dagblad willen verbinden. Volgens hem was de etnische diversiteit aan de journalistieke opleiding in zijn regio slechts 2 procent. Nu zijn er vele factoren die hieraan bijdragen, waarvan je sommige als redacteur niet zo een, twee, drie kunt veranderen. Hoe minder mensen van kleur in de omgeving, hoe minder mensen van kleur bij die opleiding bijvoorbeeld. Maar er zijn ook factoren waar je rekening mee moet houden en die je kunt beïnvloeden. De opleiding Journalistiek is zo'n factor.

Wat leer je tijdens de opleiding Journalistiek? Hoe wordt er gesproken over de groep mensen bij wie jij je thuis voelt? Denk je dat ik me veilig zou voelen op een opleiding waar het n-woord wordt gebruikt, of waar er andere termen worden gehanteerd waarvan algemeen bekend is dat ze niet wenselijk zijn, zoals allochtoon? Zou jij interesse hebben in een opleiding die onderwerpen die voor jou van belang zijn, niet of zeer weinig behandelt, terwijl ze wel horen bij het land waar je in woont?

Als hoofdredacteur kan hij zijn status gebruiken om invloed uit te oefenen op de opleiding, zodat die populatie omhooggaat en er uiteindelijk meer mensen beschikbaar zijn voor zijn dagblad. Nu moet hij eerst nog leren hen geen allochtoon te noemen.

Gelukkig is er ook vooruitgang te zien. Het 'stop racisme in de media'-manifest is door meer dan driehonderd mediamakers ondertekend. De ondertekenaars eisen concrete veranderingen en pleiten voor een Media Meldpunt Racisme & Discriminatie. De website nu.nl geeft aan vanaf juni 2021 bewuster om te gaan met beeldvorming en representatie, en met Omroep Zwart zullen we ook een enorme sprong vooruit zetten. Daar hoef jij echter niet op te wachten. Jij kunt nu al aan de slag.

Wat kan ik doen tegen racisme in de media?

Tenzij je in de media werkzaam bent, kun je aan de media zelf weinig veranderen, behalve niet engageren met exclusieve programma's. Als zij slechtere kijk- en luistercijfers krijgen, moeten de gevestigde media wel verandering doorvoeren. Wat je kunt doen, is kritisch zijn op de media die je tot je neemt. Kijk naar je boekenplank, de programma's die je op televisie of on demand bekijkt. Welke films heb je bekeken? Naar welke podcasts luister je en door wie worden de items gemaakt?

Diversifieer je eigen media-inname

Tijd voor een nieuw geluid. Ga op zoek naar media-items: podcasts, films, boeken, tijdschriften, online artikelen, Instagram- en TikTok-accounts van de mensen die je tot nu toe veel te weinig hebt gehoord. Maak hierin niet dezelfde fout die de media maakt. Ga juist op zoek naar een pedagoog, een viroloog, een finance influencer. En let erop dat je deze mediamakers niet volgt om te leren over hun afkomst, of ervaringen vanwege hun afkomst. Ik snap dat veel mensen mij bijvoorbeeld volgen vanwege mijn antiracisme-onderwijs, maar Zwarte mensen zijn meer dan antiracisme-onderwijzers.

Sharing is caring

Zelf deel ik graag boeken die ik mooi vind, stuur ik playlists met mooie uziek door en tag ik vrienden in online content. Ook deel ik vaak content van makers van kleur op mijn eigen platform. Zo kun jij ook je vrienden, familie en collega's meenemen in jouw eigen proces. Neem ze figuurlijk mee en ook letterlijk, naar een expositie of het theater of een ander uitje.

Betaal makers van kleur

Tot slot wil ik je op het hart drukken dat het belangrijk is om makers van kleur te betalen voor hun content. Ik weet dat we in een tijdperk leven waarin veel gratis content voor handen is, maar betaal mensen van kleur alsjeblieft voor het werk dat ze doen. Word lid van hun Patreon (een betaald lidmaatschap op content), koop een muziekalbum, of op zijn minst één nummer. Exploiteer mensen van kleur niet nog meer. Dat gebeurt al genoeg op de arbeidsmarkt, zoals je al hebt gelezen.

De sportwereld

Bij racisme in de sportwereld denk je waarschijnlijk aan apengeluiden en racistische spreekkoren. Of je denkt aan hoe Marcus Rashford, Jadon Sancho en Bukayo Saka van het Engelse voetbalteam het mikpunt werden van racistische verwensingen na het niet scoren tijdens de finale van het EK-voetbal in juli 2021. Of heel misschien denk je aan Sanja Djurdjevic, de Servische volleybalspeler die haar Aziatische tegenspelers racistisch bejegende door het straktrekken van haar ogen. Dit zijn echter vormen van interpersoonlijk racisme – racisme van de ene persoon naar de ander – die plaatsvonden in de sportwereld.
Als we het over institutioneel racisme hebben, moeten we een niveau hogerop kijken. We moeten kijken naar de top, de regels en richtlijnen, en naar hoe deze impact hebben op sporters van kleur.

Zo ziet racisme in de sportwereld eruit

De reactie van de Servische volleybalbond op de ophef na het racistische gebaar van Djurdjevic is een vorm van institutioneel racisme. Zij riepen op om 'het incident niet verder op te blazen'. Hiermee willen zij bepalen hoe slachtoffers van racisme ermee omgaan, terwijl ze aan de kant van de dader staan. Alsof racisme geen big deal is. Dat een persoon zich beroept op het niet hebben van kwade intenties: oké. Dat de bond zijn status misbruikt om ophef over racisme in de kiem te smoren, is institutioneel racisme.

Nadelig beleid voor Zwarte deelnemers van de Olympische Spelen

Wat zich bij de Olympische Spelen afspeelt, getuigt ook van institutioneel racisme: badmutsen voor afrohaar werden verboden, omdat ze 'niet passen bij de natuurlijke vorm van het hoofd'. Sha'Carri Richardson, de grootste kanshebber op Olympisch goud, is geschorst omdat ze positief testte op cannabis, dat ze kort na het overlijden van haar moeder heeft gebruikt. En de Namibische atleten Christine Mboma en Beatrice Masilingi mogen niet meedoen, omdat zij een van nature hoog testosterongehalte hebben.
Hoewel het geval van Sha'Carri is te betwisten – cannabis is voor iedereen verboden – zijn de andere gevallen duidelijke voorbeelden van hoe de professionele sportwereld niet ingericht is voor mensen van kleur, in het bijzonder Zwarte mensen. Het is van de zotte dat een badmuts verboden

wordt, omdat het 'niet past bij de natuurlijke vorm van het hoofd'. Hiermee zegt de internationale zwembond Fina eigenlijk dat de natuurlijke vorm van het hoofd van mensen die zo'n badmuts nodig hebben onnatuurlijk is. Het is alsof we teruggaan naar de tijd waarin men nog dacht dat Zwarte mensen geen menselijke wezens waren.
En dat de Zwarte atleten Christine en Beatrice net als Semanya Caster niet mogen meedoen vanwege een van nature hoog testosterongehalte is op z'n zachtst gezegd opmerkelijk, want het Olympisch comité prees Michael Phelps juist vanwege zijn 'waanzinnige genetische voordeel'. Michael is in staat om zijn gewrichten te overstrekken, waardoor zijn benen een 15 graden grotere zwaai kunnen maken dan die van een gemiddeld persoon. De afstand tussen zijn ribben en heupen is 10 centimeter groter dan gemiddeld. De gemiddelde concentratie melkzuur in het bloed ligt bij de doorsnee topsporter gemiddeld 10 tot 15 millimol per liter, terwijl dit bij Michael na een wedstrijd 5 millimol per liter is. En de spanwijdte van zijn armen is 8 centimeter langer dan zijn lichaamslengte, terwijl dit bij een gemiddeld persoon een een-op-een-verhouding is. Dit genetische voordeel heeft Michael aan drieëntwintig gouden medailles en de titel 'Beste Olympiër aller tijden' geholpen. Overigens leken sportjournalisten dat niet als doorslaggevend te zien. Zij hadden het vooral over hoe hij werd gecoacht, de steun die hij van kleins af aan al van zijn moeder kreeg en zijn gedrevenheid. Bij Zwarte, succesvolle Olympiërs weten sportjournalisten geen andere redenen voor hun succes te bedenken, dan het hebben van 'goeie genen'. Dit zien we ook in de Nederlandse sportwereld.

Stereotyperend commentaar op Zwarte voetbalspelers

In eerste instantie had ik slechts anekdotisch bewijs van stereotyperend commentaar op voetbalspelers, dat ik zelf meekreeg als ik programma's zoals *Veronica Inside* passief meekeek. *Veronica Inside* is een programma waar de tafelheren in het verleden vooral het voetbalnieuws bespraken, maar waar tegenwoordig ook allerlei andere onderwerpen aan bod komen. Maar er is ook een Europese studie gedaan over voetbaluitzendingen, waarbij de onderzoekers een structureel patroon van raciale vooroordelen ontdekten in de manier waarop voetbaluitzendingen betekenis geven aan kleur en etniciteit. Hier kwam ik achter via een artikel van Naïm Derbali in

De Groene Amsterdammer.
In het artikel schrijft Debali dat voetbalcommentaar nog steeds vol zit met deze stereotypen en dat Zwarte spelers systematisch geroemd worden om hun kracht, atletisch vermogen en snelheid. Witte spelers worden daarentegen vooral om hun creativiteit en intelligentie geroemd.
Wat maakt dat uit, zul je misschien denken? Het heeft invloed op de carrièrekansen van Zwarte voetballers. 'Een derde deel van de Premier League is zwart, maar er is geen enkele zwarte coach,' constateerde Raheem Sterling, aanvaller van Manchester City. Slechts 1,7 procent van de coaches in toplanden is Zwart. Net als in het bedrijfsleven is het in de voetbalwereld moeilijk om als persoon van kleur door te groeien. Als Nederlander met Afro-Surinaamse roots zei oud-international Clarence Seedorf het ook al: 'Zwarte trainers krijgen geen kans in het voetbal.'
Volgens Raheem Sterling komt dit doordat witte mensen Zwarte mensen als bedreiging zien. Jacco van Sterkenburg heeft daar een andere verklaring voor. 'Onbewust wordt toch weer die associatie gereproduceerd dat Zwarte spelers niet kunnen leiden en bij de hand moeten worden genomen door witte spelers.' Als wetenschapper doet hij al jaren onderzoek naar de multi-etnische samenleving en de rol die voetbal en de bijbehorende media-aandacht spelen. De associatie dat witte spelers de Zwarte spelers moeten leiden, is het gevolg van stereotyperende sportjournalistiek. Tijdens de voorbeschouwing van de groepswedstrijd tussen Hongarije en Frankrijk zei NOS-studiopresentator Gert van 't Hof dat de Fransen echt een Wesley Sneijder missen. Zijn gasten vielen hem bij. 'Ja, ze missen een echte leider, een spelverdeler.' Van Sterkenburg vraagt af waarom Sneijder wordt genoemd, want de Franse, Zwarte spelers Pogba en Kanté hadden die rol prima op zich kunnen nemen.

Stereotypen over voetballers van kleur

Voetballers van kleur komen er ook niet goed vanaf in de sportjournalistiek. Voetballers met een Marokkaanse of Turkse achtergrond worden bestempeld als 'grillig, egoïstisch, niet te coachen of zelfs lastig'. En *Trouw* beschreef Dusan Tadic als een 'Servische vulkaan die uitbarstte', terwijl hij toch voor wit kan doorgaan. Maar net zoals de Italianen en Joden voldoen mensen uit de Balkanlanden nog niet aan normen voor witheid, dus is Tadic toch anders en geniet hij niet alle witte privileges.

Wat kan ik doen tegen racisme in de sportwereld?

Tegen racisme in de sportwereld kun je twee dingen doen: je eigen stereotypen en vooroordelen confronteren en anderen aanspreken op die van hen.

Betwist je eigen gedachten

Na zoveel jaren onbewust geïndoctrineerd te zijn met het idee dat Zwarte spelers genetisch sterker zijn, heb je dat niet zo een-twee-drie uit je hoofd. Maar dat betekent niet dat je er niets aan kunt doen. Krijg je zo'n gedachte? Ga dan op zoek naar het verhaal van de sporter in kwestie. Lees interviews, zodat je zelf ziet hoe hard en slim iemand heeft gewerkt om topsporter te worden. Ook bij Zwarte mensen is hun sportsucces te danken aan doorzettingsvermogen, hard trainen en strategisch denken.

Bespreek het met anderen

Sport kijken we vaak gezellig samen. Let op wat voor opmerkingen je gezelschap maakt, *in the heat of the moment*. Is het stereotyperend commentaar? Zeg er dan wat van tijdens jullie nabespreking. Je kunt de voorbeelden aan het eind van het boek gebruiken om iemand aan te spreken op racisme. Of je doet wat onderzoek via Google, zodat je kunt vertellen over wat diegene heeft gedaan om dat niveau van topsport te bereiken.

INTERPERSOONLIJK RACISME

Interpersoonlijk racisme is de vorm van racisme die we het meest herkennen in de maatschappij. Het zijn de eerdergenoemde racistische spreekkoren, iemand belachelijk maken om diens afkomst, schelden met het n-woord en meer.

> Interpersoonlijk racisme bestaat uit racistische uitingen die de ene persoon – bewust of onbewust – naar de ander maakt.

De ene racistische opmerking is eenvoudiger te herkennen dan de ander. Woorden zoals het n-woord, 'spleetoog' of 'terrorist' zijn bijvoorbeeld makkelijk te herkennen. Maar er zijn er ook racistische opmerkingen waarvan sommige mensen niet eens doorhebben dat het racistisch is. Noem het onwetendheid of het gevolg van institutioneel racisme.

Onbewust racisme

Ook de onbewuste opmerkingen zijn dus racistisch. Het woord 'zigeuner' is daar een goed voorbeeld van. Het is racisme door onwetendheid. 'Zigeuner' wordt in de volksmond gebruikt om iemand uit de Roma- en Sinti-gemeenschap te omschrijven, maar voor mensen uit die gemeenschap is dit een scheldwoord en voor ons daarbuiten zou het dit ook moeten zijn. Het woord 'zigeuner' komt namelijk van de Duitse term 'Ziehende Gauner', wat 'rondtrekkende dief' betekent.
Als we meer wisten over de geschiedenis van de Roma- en Sinti-gemeenschap en de Duitsers, hadden we kunnen weten dat 'zigeuner' geen neutrale benaming is. Tijdens de Tweede Wereldoorlog werden niet alleen Joodse mensen, maar ook mensen uit de Roma- en Sinti-gemeenschap vergast in concentratiekampen. Zij kregen de letter Z op hun rug als gevangenen-nummer.

Interpersoonlijk racisme als gevolg van institutioneel racisme

Vaak is interpersoonlijk racisme ook het gevolg van institutioneel racisme. Opmerkingen over Chinese mensen als veroorzaker van het coronavirus bijvoorbeeld. In de haast om met een primeur te komen, hebben weinig tot geen media gewacht op degelijk onderzoek over de oorsprong van het

virus. Dus brachten zij naar buiten dat het virus is ontstaan vanwege het eten van vleermuizen in de Chinese stad Wuhan.
Tot op het moment van het schrijven van dit boek is het niet bewezen dat het coronavirus is verspreid door het eten van vleermuizen. Sterker nog: uit onderzoek blijkt dat er niet eens met zekerheid gesteld kan worden dat de markt in Wuhan de plek is waar het virus op de mens is overgegaan. Het blijkt ook zeer waarschijnlijk te zijn dat het virus is overgebracht via een ander dier dan een vleermuis. De variant van het coronavirus dat in vleermuizen leeft, staat evolutionair gezien 'verschillende tientallen jaren' af van het coronavirus waar de mensen mee besmet is geraakt.
Het ging in de media echter vooral over het eten van vleermuizen en vervolgens worden Chinezen belachelijk gemaakt en gestereotypeerd. Zo plaatste dj Dennis van der Geest bij een Instagram-foto, waaronder letterlijk stond dat het om een Afrikaanse vleermuis ging, de opmerking: 'Die belandt op de Chinese barbecue!' En daar heb je racisme vermomd als 'grap', geïnspireerd door de media.
Zo zijn er talloze voorbeelden van interpersoonlijk racisme om uit te lichten. In plaats van al die voorbeelden op te sommen, gebruik ik dit hoofdstuk om specifieke vormen van interpersoonlijk racisme toe te lichten, waaronder micro-agressies, 'voorkeuren' in de datingwereld, culturele toe-eigening en positieve vooroordelen.

Micro-agressies

Bij interpersoonlijk racisme denkt men al snel aan uitschelden, of het gebruik van fysiek geweld. Helaas is dit alleen het topje van de ijsberg; onder het water zit nog een gigantische berg aan alledaags racisme. Dit zijn onder andere micro-agressies: een vorm van gedrag dat zo vaak voorkomt dat het sociaal geaccepteerd is.

> Micro-agressies zijn bewuste en onbewuste beledigende, denigrerende, vijandige opmerkingen die zo alledaags zijn dat wij het in onze maatschappij amper opmerken.

Micro-agressies vinden overigens niet alleen plaats in de raciale context. Ze kunnen ook gericht zijn op andere gemarginaliseerde groepen, zoals vrouwen, mensen uit de lhbti+-gemeenschap en mensen met een beperking. In dit hoofdstuk zal ik inzoomen op raciale micro-agressies die voortkomen uit zowel negatieve als positieve stereotypen en vooroordelen gebaseerd op huidskleur, etniciteit of dat wat wij in de huidige maatschappij 'ras' noemen.

Het effect van micro-agressies

Onze maatschappij accepteert deze subtiele vormen van racisme, waardoor ze niet zo schadelijk lijken. 'Het is toch maar een grapje? Waar maak je je druk om?' wordt er vaak gevraagd. Maar hoe subtiel het ook lijkt, micro-agressies kunnen net zo pijnlijk zijn als openlijk racisme is.
Uit onderzoek blijkt dat micro-agressies de herinnering aan traumatische, racistische incidenten triggeren. Dat betekent dat je bij micro-agressies niet alleen een pijnlijke gebeurtenis uit het verleden opnieuw ervaart, maar dat je daarbovenop een nieuwe traumatische ervaring erbij krijgt.

Onderzoek toont ook aan dat het ondergaan van micro-agressies leidt tot hoge niveaus van depressie en trauma. Dit was de ontbrekende schakel voor een ander onderzoek dat de relatie tussen raciale micro-agressies en zelfdoding onderzocht. Het bleek namelijk dat mensen die regelmatig micro-agressies meemaken vaker zelfmoord plegen. Iets wat heel extreem lijkt als je micro-agressies als 'een onschuldig grapje' ziet, maar makkelijker te begrijpen is als je leest hoe depressief mensen ervan kunnen worden. Een ander effect van micro-agressies is dat zij het verouderingsproces op celniveau versnellen. *Black <u>does</u> crack*, blijkt dus tegen de populaire mening in.
Micro-agressies zijn zeer schadelijk, maar als persoon van kleur ben je vaak de enige of een van de weinigen die het herkent. Waar iedereen je verdedigt als het om overduidelijke discriminatie en racisme gaat, herkent het gros van de mensen micro-agressies niet als racisme. Zelfs wij als Zwarte mensen en mensen van kleur twijfelen nog weleens, doordat de mening van de meeste mensen die 'tegen' zijn zo sterk is.

Zo herken je micro-agressies

Op Instagram beschrijft socioloog Jacquelyn Ogorchukwu Iyamah drie type micro-agressies: micro-invalidaties, micro-beledigingen en micro-aanvallen.

Micro-invalidaties

Micro-invalidaties draaien om het ontkennen, bagatelliseren of tegenspreken van de ervaringen, gevoelens of gedachten die mensen van kleur hebben. Dit gebeurt subtiel, of juist heel duidelijk. Het kan ervoor zorgen dat je je als persoon van kleur niet gezien en gehoord voelt, wat natuurlijk erg frustrerend is.

'Waar kom je vandaan?' is een micro-invalidatie waar ik zelf erg slecht tegen kan. Als ik aangeef dat ik deze vraag onprettig vind, zeggen mensen meestal dat het een vraag is uit interesse, om mij beter te leren kennen. Er is natuurlijk niets mis met mij beter willen leren kennen. Ik ben in Nederland geboren en geef dus aan dat ik Nederlands ben, maar dat wordt dan als een niet-bevredigend antwoord gezien. Dat ik mezelf terecht als Nederlander identificeer, vindt de ander niet correct: 'Nee, waar kom je écht vandaan?' Wat je er echter mee zegt is: 'Jij ziet er niet Nederlands uit. Jij bent niet van hier en ik heb het recht om te weten waar je wél vandaan komt.'
Wat mij ook is opgevallen, is dat mensen je afkomst vooral gebruiken om je in een hokje te stoppen met eigenschappen die ze aan je afkomst koppelen: 'O, je ouders komen uit China? Daarom ben je zo ingetogen!'
Een ander voorbeeld van een micro-invalidatie is: 'Doe niet zo gevoelig, het was maar een grapje', of: 'Het is gewoon toeval dat uitgerekend jij omvergeduwd werd door dat groepje'. Dit soort opmerkingen ondermijnen jouw realiteit met betrekking tot racisme.
Nu we het steeds vaker over racisme hebben, ontstaan er ook discussies over opmerkingen zoals 'ik zie geen kleur', 'we zijn allemaal mensen' en 'all lives matter'. Ook dit zijn micro-invalidaties. Deze opmerkingen impliceren dat het onderscheid dat jij als Zwart persoon of persoon van kleur elke dag ervaart niet bestaat. Ja, alle mensenlevens zijn belangrijk, maar niet iedereen heeft minder kansen in de maatschappij. En niet iedereen trekt structureel aan het kortste eind. Laten we ons daarom focussen op de levens die continu onder bedreiging staan: Black Lives.

Micro-beledigingen

Micro-beledigingen zijn verbale opmerkingen of non-verbale acties die mensen vernederen of in het diskrediet brengen. Dit gebeurt vaak onbewust en subtiel. Het beïnvloedt de manier waarop mensen van kleur naar zichzelf kijken en kan (onopgemerkt) zorgen voor onzekerheid.
Bijvoorbeeld: 'Je bent mooi voor een Zwart meisje.' Dit klinkt voor sommigen als een compliment, maar is een belediging aan een gigantische groep vrouwen. Zijn Zwarte meisjes dan per definitie niet mooi?
'Je spreekt echt goed Nederlands.' Alsof het niet normaal is voor een Nederlander om goed Nederlands te spreken. Men ziet dit als compliment, omdat ze niet beseffen dat je hiermee impliciet zegt dat het wonderbaarlijk is dat iemand die er niet-Nederlands uitziet wel de taal kan spreken, zonder daarbij rekening te houden met het feit dat er al generaties lang mensen in Nederland zijn die afkomstig zijn uit andere landen. Waarom zou je geen Nederlands kunnen spreken als je hier bent opgegroeid?
Een andere micro-belediging die je kunt verwachten als je Nederlands *on point* is, is: 'Je praat als een blanke.' Dit is een micro-belediging die meestal binnen gemeenschappen van kleur voorkomt. Zelf kan ik soms een Nederlands accent hebben en spreek ik Standaardnederlands (voorheen bekend als Algemeen Beschaafd Nederlands). Ook ik krijg dergelijke opmerkingen regelmatig naar mijn hoofd geslingerd. Maar dit soort taalgebruik is niet voorbehouden aan enkel witte mensen, hoor!
'Hoe ben je aan die baan gekomen?' is een micro-belediging vermomd als vraag. Dit geldt overigens voor alle verbaasde vragen over prestigieuze prestaties. Waarom ben je verbaasd dat een persoon van kleur bewonderenswaardige dingen kan bereiken?
Tot slot is het niet correct willen uitspreken van iemands naam ook een micro-belediging. Dat iemand geen Hollandse of 'witte naam' heeft, maakt het niet meteen een moeilijke naam. Ik zeg daarom bewust 'niet correct willen uitspreken', want men kan het echt wel. Het is een kwestie van een paar keer oefenen. Dit hoofdstuk schreef ik terwijl ik een dag ervoor de eerste EK-wedstrijd van Nederland heb bekeken. Als de witte, Nederlandse commentator de namen Sjevtsjenko, Malinovskij, Zintsjenko en Jarmolenko zonder moeite kan uitspreken, kunnen wij dat ook leren bij andere namen die in Nederland nog niet veel voorkomen.

Als je naam stelselmatig gedurende je gehele leven verprutst wordt, heeft dat een negatieve impact op je zelfbeeld. Dit is een belangrijke les voor leerkrachten die jaarlijks weer nieuwe leerlingen in de klas krijgen. Het is vermoeiend om als leerling elk schooljaar weer de strijd aan te gaan om erkenning te krijgen. Respect tonen voor de naam en afkomst van je leerlingen kan een ontzettend groot verschil maken, zelfs al is je rol als leerkracht tijdelijk.

Micro-aanvallen

Micro-aanvallen zijn expliciete verbale of non-verbale aanvallen op mensen van kleur. Slachtoffers worden opzettelijk gekleineerd of geschaad, waardoor zij zich ongewenst of onveilig voelen. Dat hoeft niet fysiek te zijn. Een onveilig gevoel heeft niet altijd te maken met de angst voor fysieke schade. Mentale schade is net zo erg.

Micro-aanvallen zijn doorgaans makkelijker te herkennen als racisme, maar ook niet altijd. Zo gaan bij sommige mensen de wenkbrauwen omhoog staan bij opmerkingen zoals: 'Ik durf niet alleen langs een groep Marokkaanse jongens te lopen', of: 'Ik voel me niet veilig als er een Zwarte man achter mij loopt', maar kunnen anderen dat wel begrijpen.

Toch was ik de enige die twee witte tieners aansprak toen de een lachend tegen de ander zei: 'Check je zakken, er liep net een Marokkaan langs!' En heb ik helaas ook nog nooit iemand een vrouw zien aanspreken die haar tas wat strakker vasthield als een Zwarte man voorbijliep of in de buurt kwam zitten. Ook heb ik niemand ooit de beveiliging zien aanspreken op het achtervolgen van klanten van kleur.

Gelukkig komt het steeds vaker voor dat men zich wel uitspreekt. Collegezalen zijn vooralsnog vooral gevuld met witte, niet-islamitische studenten, maar inmiddels herkennen een aantal van die studenten islamofobie als zij het horen en zeggen ze er ook wat van. Docenten komen steeds minder weg met islamofobe opmerkingen.

Wat kan ik doen tegen micro-agressies?

Je kunt je niet uitspreken tegen iets waarvan je niet weet dat het fout is. Daarom glippen micro-agressies tot nu toe vaak onopgemerkt ertussendoor. Ze zijn nog sociaal aanvaardbaar. Dat moet stoppen. Ga via Google op zoek naar zo veel mogelijk micro-agressies, zodat je ze steeds beter leert herkennen. En dan is het natuurlijk tijd om je uit te spreken.

Vraag om opheldering

Pas op het moment dat je je uitspreekt, kan iemand beseffen dat hetgeen wat die persoon zei verkeerd is. In het geval van micro-agressies is het echter van belang dat men zelf dat gedachteproces doorloopt, zelfs bij micro-aanvallen die vrij duidelijk lijken te zijn. Diegene denkt kennelijk dat het geoorloofd is om te zeggen, anders zou het niet zijn gebeurd.
Vragen die een gedachteproces op gang brengen zijn: *Waarom zeg je dat?, Wat bedoel je precies?, Ik snap het niet, kun je dat uitleggen?, Hé, ik zie dat je je tas wat steviger vastpakt, waarom is dat?* Dit zijn vrij neutrale vragen die de persoon in kwestie de kans geven om zelf na te denken over wat er net is gebeurd en zelf tot de conclusie te komen die jij al in je hoofd hebt.

Vertel waarom het racistisch is

Het merendeel van de mensen vindt het bijzonder moeilijk om toe te geven dat iets wat zij hebben gedaan racistisch is. Dat je iets racistisch hebt gedaan, betekent echter niet dat je een hardcore racist bént. Houd dit aan, terwijl je vertelt waarom datgene wat de persoon zei - of deed - racistisch is. Herhaal hierbij de woorden die de persoon gebruikte en vertaal dit naar wat het impliceert. Dit helpt om de fout te begrijpen en verkleint de kans dat diegene de fout opnieuw zal maken. 'Als je nog een keer vraagt waar hij vandaan komt, terwijl hij al heeft aangegeven dat hij uit Nederland komt, zeg je eigenlijk dat jij van mening bent dat hij niet Nederlands is.'

Geef uitleg over de impact

Waarom iets racistisch is, zegt natuurlijk niets over het effect. Waar je nog kunt betwisten of iets racistisch is of niet, kan men de impact ervan niet betwisten. Veel mensen gebruiken hiervoor de persoonlijke ervaringen van anderen. Ik daag je uit om af te stappen van 'gekwetste gevoelens' en juist de stap te maken naar de impact op hoger niveau.
Gebruik hierbij bijvoorbeeld de racismepiramide uit het gelijknamige hoofdstuk. Of leg het verband tussen interpersoonlijk racisme en institutioneel racisme uit. Als niet-Zwarte mensen negatieve opmerkingen blijven maken

over afrohaar, blijven Zwarte mensen last hebben van het feit dat hun haar in de maatschappij niet als professioneel wordt gezien en blijven zij minder kans hebben op werk.

Weet dat niet iedereen voor rede vatbaar is

In dit soort gesprekken gebeurt het heel erg vaak dat iemand weigert te luisteren, of het gewoon oneens is met wat je zegt. Dat is niet erg. Je hebt je uitgesproken en het zaadje is geplant. Ooit zal het ontkiemen. Verdoe je tijd niet met halen en trekken, en beëindig het gesprek op dat moment. Ik weet het: ik zei dat iemand racisme kan betwisten, maar racisme is geen mening.

Vergeet jezelf niet ook te corrigeren

Alhoewel ik het vooral heb over hoe je anderen aanspreekt, is het belangrijk om ook te bedenken welke micro-agressies jij weleens hebt geuit en hoe jij reageert als je daarop wordt aangesproken.

Culturele toe-eigening

ook wel bekend als: cultural appropriation en cultuurkaping

In Nederland zien we culturele toe-eigening steeds vaker voorbijkomen in het nieuws. Terwijl het vijf of zes jaar geleden vooral in Amerika een nieuwsitem was, hebben we het nu ook in Nederland massaal over de *cornrows* van Victoria Koblenko, de *bantu knots* van Adele en de dreadlocks van Justin Bieber.
Nu het bekend is dat het ongewenst is om zomaar aspecten uit een andere cultuur over te nemen, krijg ik steeds vaker de vraag: 'Hoe kan ik, als mijn intenties goed zijn, wél de stoffen, haarstijlen of gerechten uit een andere cultuur gebruiken?' Met andere woorden: hoe doe ik aan culturele waardering in plaats van toe-eigening? In dit hoofdstuk leer ik je het verschil.
Er zijn meerdere definities van culturele toe-eigening. Geïnspireerd op de definities die ik in de loop der jaren heb gelezen, waarbij steeds verschillende zaken meewogen, maakte ik mijn eigen versie.

> Culturele toe-eigening vindt plaats op het moment dat iemand uit een dominante cultuur aspecten van mensen uit een niet-dominante cultuur toepast op diens eigen leven. Hierbij komt het vaak voor dat degene die zich de aspecten toe-eigent niet weet uit welke cultuur ze afkomstig zijn, of daar niet naar verwijst.

Zoals je leest, heb ik het hier over dominante culturen. Volgens de definities die ik tot nu toe voorbij heb zien komen, zou het ook culturele toe-eigening zijn als iemand uit een niet-dominante cultuur de gebruiken uit een dominante cultuur zou toepassen op diens leven. Dan is er echter vaak eerder sprake van assimilatie dan toe-eigening. Bij assimilatie ga je op in de dominante cultuur, terwijl je die van jezelf opzijschuift.

Zo herken je culturele toe-eigening

Het grootste voorbeeld van culturele toe-eigening is yoga, en hoe de wereld van deze heilige hindoeïstische praktijk een sport heeft gemaakt. Maar yoga is zeker niet het enige voorbeeld.

Het Caribische kookboek, geschreven door een witte Nederlander

Het Caribische kookboek laat goed zien hoe culturele toe-eigening er in de praktijk uitziet. Op basis van de titel zou je denken dat het boek is geschreven door een persoon afkomstig uit de Caraïben en over de traditionele Caribische keuken gaat. *Guess again.*

Dit kookboek is geschreven door Helmi Smeulders, een witte Nederlandse kok die na vijftien jaar actief te zijn in de culinaire wereld 'de unieke smaken van de Caraïben heruitvindt'. Voor de duidelijkheid: dit zijn haar eigen woorden, niet de mijne.

Nu is er natuurlijk niets mis met het heruitvinden van smaken. Ik heb er zelf ook een handje van. Ik maak Surinaamse stamppot van zoete aardappel, zoutvlees en amsoi in plaats van kruimige aardappels, rookworst en andijvie. Ook gooi ik gehaktballetjes in mijn variant van *sopi di galiña*, dat is nota bene Antilliaanse kippensoep. Zo creëer ik nieuwe gerechten die ik heerlijk

Het grootste voorbeeld van culturele toe-eigening is hoe de wereld van de heilige praktijk yoga een hippe sport heeft gemaakt.

vind. Ik noem het gerecht dan echter niet bij de traditionele naam, maar geef aan waar dit fusion gerecht op gebaseerd is.
Mag dit boek dan niet in de winkels liggen? Natuurlijk wel. Mijn advies is om alleen niet te spreken van 'hét Caribische kookboek', maar van 'een kookboek vol gerechten met ingrediënten die je in de Caraïben vindt'. Of korter en pakkender: 'fushion kitchen, Caribbean edition'.
In dit voorbeeld zie je ook het pijnlijke van toe-eigening. Pas wanneer de dominante cultuur bepaalde aspecten gebruikt, worden die aspecten gewaardeerd. 'Helmi Smeulders tilt de Caribische keuken naar een hoger niveau,' zei de internationaal bekende chef-kok Jonnie Boer. Dat verbaast me niets, want westers - oftewel wit - is in de ogen van witte mensen meestal beter en van een hoger niveau. Of het nu over gerechten, kleding, talen, tradities, muziek of iets anders gaat. De gerechten zullen vast heerlijk zijn, dat betwist ik niet. Maar waren de oorspronkelijke gerechten dan van een lager niveau? 'Helmi Smeulders creëert nieuwe smaakcombinaties in de Caribische keuken' is wellicht een meer passende recensie. 'Nieuwe smaakcombinaties creëren' klinkt in elk geval een stuk minder denigrerend naar de traditionele Caribische keuken.

Het kopiëren van traditionele Afrikaanse haarstijlen

Een ander voorbeeld van culturele toe-eigening dat je de laatste tijd tegenkomt, zijn traditionele Afrikaanse vlechtstijlen. Cornrows hebben een eeuwenoude betekenis. Je kunt onder meer zien van welke Afrikaanse stam iemand onderdeel is, bijvoorbeeld bij Fulani Braids, die Kim Kardashian overigens 'Bo Derek braids' noemt.
Daarnaast waren cornrows ook een hulpmiddel van Zwarte tot slaaf gemaakte mensen die zichzelf bevrijdden door te vluchten. Ons haar was letterlijk een ontsnappingskaart waarmee onze voorouders de plantages en het huis van hun ontvoerders konden verlaten. In Colombia vind je hier nog documentatie over. Benkos Bioho, een koning die als gevangene door de Portugezen uit Afrika werd ontvoerd, creëerde zijn eigen taal- en inlichtingennetwerk. Ook kwam hij op het idee om vrouwen kaarten te laten maken en te communiceren via hun haar.
Schrijven en lezen konden tot slaaf gemaakten niet, dus via bepaalde vlechtstijlen gaven ze aan dat ze wilden ontsnappen. Had een vrouw het departes-

kapsel - dikke, strakke vlechten, dicht tegen de hoofdhuid gevlochten en aan de bovenkant in knotjes vastgebonden - dan wist je dat ze wilde ontsnappen. Bovendien werden vlechten gebruikt om goud, rijst en zaden in te verstoppen die de zelfbevrijde Afrikanen op de lange termijn hielpen te overleven.

De kapsels op de catwalk bij Marc Jacobs

Marc Jacobs heeft flink wat ervaring met culturele toe-eigening. De *mini buns* die zijn modellen op de catwalk in hun haar hadden zitten, zijn in feite bantu knots. Van dreads maakte Marc Jacobs ineens een hip en vooraanstaand kapsel, door de dreads een grote rol te laten vervullen tijdens zijn modeshow vol witte modellen. Bij Zwarte mensen worden dezelfde dreads gezien als getto, lelijk, vies en onprofessioneel.
Toen Marc Jacobs werd aangesproken op de culturele toe-eigening, wees hij op het feit dat Zwarte vrouwen hun haar vaak steil dragen en dat dat ook een vorm van toe-eigening zou zijn. Dit is de reden dat het belangrijk is om het aspect van de dominante cultuur toe te voegen aan jouw definitie van culturele toe-eigening.
Anders gaan wij - net zoals Marc Jacobs - voorbij aan het feit dat Zwarte vrouwen zijn begonnen met hun haar steil te maken, omdat hun eigen haar door witte mensen zo sterk gestigmatiseerd is dat zij er zélf in geloofden dat hun haar moest voldoen aan het westerse schoonheidsideaal om enigszins normaal door het te leven te kunnen gaan: assimilatie dus. Bovendien komt steil haar ook van nature voor bij Zwarte mensen en kun je niet iets toe-eigenen dat al bij je cultuur hoort.

Witte mensen bepalen de trends

Voor het volgende voorbeeld blijven we in de fashionsferen hangen. Het gaat namelijk om een artikel in de *NRC* door een van mijn favoriete journalisten: een artikel over modetrends, deze keer het vissershoedje.
en trend? Die dingen zijn nooit *out of fashion* geweest bij Zwarte mensen. Culturele toe-eigening is ook: iets pas als een trend bestempelen wanneer witte mensen ermee aan de haal gaan. Overigens stond in het artikel wel dat het dragen van een vissershoedje als trendy accessoire refereert aan de hiphopcultuur uit de jaren negentig. Deze journalist wist dus in elk geval wél waar het vissershoedje vandaan komt en benoemt dat ook. Dat is een plus.

Eetstokjes in je haar gebruiken en nog meer

Andere vormen van culturele toe-eigening in fashion zijn eetstokjes gebruiken om je knot mee vast te zetten, een ao dai (traditioneel Vietnamees kledingstuk) kopen bij een *fast fashion*-bedrijf en dragen als mini-jurk, zonder te weten waar het vandaan komt, of dat er eigenlijk een broek bij hoort.
En culturele toe-eigening is ook de Aziatische TikTokker die zegt dat ze haar cornrows eruit gaat halen, omdat ze morgen een sollicitatiegesprek heeft. Ze wil wel de lusten van de Zwarte cultuur (een mooi kapsel), maar niet de lasten (het risico lopen als onprofessioneel te worden gezien).

Afrikaanse en Javaanse stoffen uit Nederland

Culturele toe-eigening reikt verder dan het gebruiken van aspecten uit een andere cultuur in het dagelijkse leven. Je ziet het zelfs terug op bedrijfsniveau.
Het grootste voorbeeld van culturele toe-eigening op hoog niveau zijn wellicht de werkzaamheden van Vlisco, een textielfabrikant uit Helmond. Ik ken ze vooral vanwege de Afrikaanse stoffen die zij nu verkopen. De culturele toe-eigening van Vlisco begon echter al vele decennia geleden.
In 1846 werd het bedrijf overgenomen door Pieter Fentener. Het bedrijf groeide met het imiteren van de Javaanse batikstof, die in eerste instantie in Nederlands-Indië werd verkocht. Toen er pakweg vijfentwintig jaar later goedkopere manieren werden uitgevonden om textiel te bedrukken en Nederlands-Indië niet meer vrij was van invoerrechten, moesten zij op zoek naar andere inkopers. Die vonden ze in West-Afrika.
Met een slim marketingbeleid werden zij als Hollands bedrijf marktleider voor Afrikaanse stoffen in West-Afrika. Dit zijn zij nog steeds, tot ongenoegen van West-Afrikaanse textielproducenten en de mensen die hen aan werk helpen. 'Nederlanders maken al meer dan honderd jaar grotendeels mechanische kopieën van ons inheemse textiel zoals adire, en verkopen ze vervolgens aan ons terug als een Europees luxegoed. Alle winst investeren ze in Europa, waardoor Afrika onderontwikkeld blijft en onze lokale textielmarkt vernietigd wordt,' aldus Mariama Kamara. Zij koppelt lokale textielproducenten met internationale merken om zo de markt enigszins te herstellen.
In 2021 zou Vlisco voor het eerst in 176 jaar in Afrikaanse handen zijn. Een groep Afrikaanse investeerders, Made in Africa (MIA), zat midden in het

proces om Vlisco over te kopen van het moederbedrijf, de Britste *privaty equity*-firma Actis. Er stonden nog maar twee punten op de planning: toestemming van de ondernemingsraad van Vlisco in Nederland en het contract ondertekenen. Maar Actis trok zich plotseling terug.
Kennelijk dacht de huidige CFO, Leendert van Reeuwijk, daar anders over. De plannen om te zorgen voor diversiteit op leiderschapsniveau bevielen hem niet. Van Reeuwijk heeft nog steeds de ambitie om CEO van het bedrijf te worden, alhoewel er in 2019 onder zijn toezicht fraude plaatsvond. Toen hij zijn plannen om CEO te worden zag sneuvelen, heeft hij Actis weten te overtuigen om voor een andere kandidaat te kiezen, terwijl deze kandidaat volgens de nieuws- en mediawebsite *The Guardian* een aanzienlijk lager bedrag bood dan de Afrikaanse investeerders. Van Reeuwijk wilde met deze nieuwe kandidaat samenwerken, omdat die ermee instemde om hem de controle over Vlisco te laten behouden na het vertrek van de huidige CEO.
Zo blijven witte mensen aan de top van een bedrijf dat bekendstaat om het imiteren en exploiteren van traditionele stoffen uit een cultuur die hun niet toebehoort, zonder ook maar iets te investeren in die culturen zelf.
Overigens haalde *The Guardian* het artikel een maand na het plaatsen offline, omdat zij 'inmiddels hebben ingezien dat het opinieartikel feiten bevat die niet de stand van zaken weergeven'. Vlisco en Actis blijven stil over het bod van ParCom. Het enige wat ze te zeggen hebben is het volgende: 'Het is misleidend om de twee bedragen met elkaar te vergelijken als het eerste bod, hoe aantrekkelijk ook, nooit werkelijkheid geworden is.'

Yoga neerzetten als hippe sport

Zoals ik al zei, is het grootste voorbeeld van culturele toe-eigening de manier waarop yoga nu gebruikt wordt over de hele wereld. Ik doe al langer dan tien jaar aan yoga en heb me pas tijdens het schrijven van dit boek goed verdiept in de oorsprong. Zo kwam ik terecht bij Hindu Samata, een platform voor empowerment van Hindoes. In een paar tweets wisten zij mij meer te leren over yoga dan alle witte yogadocenten die ik in de afgelopen tien jaar heb gehad.

'Yoga is een heilige hindoeïstische beoefening die wordt gedaan om moksha (spirituele emancipatie) te bereiken. Het is om ons te bevrijden van karma, eenheid te bereiken met Brahman (de ultieme, onveranderlijke werkelijkheid, die uit het zuiver zijn en bewustzijn bestaat), mantra's te zingen en door te gaan met het reïncarnatieproces. De hindoeïstische oorsprong van yoga ontkennen is hindoefobie.
De toe-eigening van yoga zie je terug in het verwijderen van de Sanskriet-terminologie, het elimineren van het chanten en de mantra-aspecten, en het hernoemen van de mudra-posities. Dit alles wordt gedaan in een gezamenlijke inspanning om het hindoeïsme in diskrediet te brengen. Het zou niet nodig moeten zijn om de Sanskriet-terminologie of de authentieke versie van yoga te wissen. Door dit te doen, wordt een inheems geloof uitgewist dat het afgelopen millennium voor zijn bestaan heeft gevochten.'

Tegelijkertijd profiteren witte mensen tegenwoordig het meest van een hindoeïstische praktijk, die dankzij witte mensen uit het verleden bijna niet meer bestond. Zij mochten yoga namelijk niet uitoefenen en het christendom werd als 'het juiste geloof' geïntroduceerd.

Culturele uitwisseling

Naast culturele toe-eigening is er ook de situatie dat mensen aspecten van elkaars cultuur gebruiken in overeenstemming met elkaar. Dit heet culturele uitwisseling.

> Bij culturele uitwisseling waarderen twee of meer mensen elkaars cultuur openlijk. Vanwege wederzijds begrip, gelijkheid en respect is er geen dominante cultuur meer.

De 'internationale lunch' die maandelijks plaatsvindt op mijn werkplek is een goed voorbeeld van culturele uitwisseling. Tijdens die lunch bereiden mensen uit verschillende culturen gezamenlijk traditionele gerechten uit elkaars cultuur. Hier gaat het echt om het uitwisselen van recepten en culturen. Geen van de culturen is dominant, iedereen is gelijk. En iedereen heeft oprechte interesse om van elkaars cultuur te proeven. Letterlijk.

Een interculturele bruiloft

Culturele uitwisseling vindt ook plaats bij een huwelijk tussen twee mensen uit verschillende culturen. Omdat beiden uit een andere cultuur komen, hebben twee verschillende culturen invloed op hoe de huwelijksceremonie eruit komt te zien. Stel je voor dat een Ghanese vrouw met haar Marokkaanse vriend gaat trouwen. Dan moet je qua kleding denken aan djellaba's (een lang, los vallend gewaad met lange mouwen en een capuchon), kaftans, maar ook aan jurken en toga's van Kente-stof. Beiden delen hun cultuur met wederzijds begrip en respect voor elkaars tradities. In veel gevallen kleden zelfs de ouders zich volgens een andere culturele traditie. Dit overstijgt de persoonlijke behoefte om eraan deel te nemen; je doet het echt voor de ander. Je doet het om te laten zien hoeveel respect je hebt voor de cultuur van de ander.

Culturele waardering

Tot slot hebben we ook nog culturele waardering.

> Culturele waardering vindt plaats wanneer je de cultuur van een ander probeert te begrijpen en erover leert. Niet zozeer voor persoonlijk gewin, maar echt uit interesse voor verschillende culturen.

Sinds 2014 doe ik mee met de heilige maand Ramadan. Dit doe ik enerzijds vanwege eigen gewin op het gebied van persoonlijke ontwikkeling: ik leer mezelf discipline aan, ik heb meer focus en raak minder afgeleid door onbelangrijke dingen, en ik ben een maand lang de beste versie van mijzelf, zonder te schelden, kwaad te spreken (roddelen) of zelfs kwaad te denken. Dat probeer ik in elk geval en het lukt me steeds beter.
Maar boven alles doe ik mee met de Ramadan om me te kunnen inleven in een andere cultuur. En alhoewel de Ramadan onderdeel is van de islam en

niet van een cultuur, is het nauw verwant aan verschillende culturen waar de islam het grootste geloof is.
Er zijn verschillende manieren om je in te leven in een andere cultuur. Ik gebruik hiervoor het stappenplan van Carlos Nunez, Raya Nunez Mahdi en Laura Popma, uit het boek *Interculturele communicatie*. In dit boek staat dat je interculturele sensitiviteit bereikt door:

1. cultuurverschillen te erkennen en te waarderen
2. je mentaal te verplaatsen in het waarden- en normensysteem van een andere cultuur en
3. meerdere referentiekaders te gebruiken om cultuur te evalueren.

Dit laatste betekent eigenlijk dat je de wereld kunt bekijken vanuit de normen en waarden van verschillende culturen. Meedoen aan de Ramadan is voor mij dé manier om te leren kijken vanuit dat referentiekader. Alhoewel ik niet bid, houd ik me wel aan de gebedstijden en gebruik ik die tijden om te reflecteren op mijn doen en laten, en in hoeverre dit bijdraagt aan wat ik tijdens de Ramadan probeer te bereiken.
In 2021 koos ik er voor de tweede keer voor om gedurende de Ramadan mijn haar te bedekken met een hoofddoek. 'Is dat dan geen vorm van culturele toe-eigening?' vroeg een Instagram-volger. Er zijn meerdere redenen waarom dit niet onder toe-eigening valt.

- Ik draag geen hijab, niqaab of chador, maar bind hoofddoeken, die ook nog eens erfstukken zijn van mijn oma's, op een manier die uit mijn eigen cultuur komt. Je hebt logischerwijs het recht om je eigen cultuur uit te dragen.
- Vele moslims nodigen niet-moslims uit om op hun eigen manier deel te nemen aan de Ramadan. Bijvoorbeeld een dag meedoen met vasten, of door hen te betrekken bij de feestactiviteiten bij Eid-Ul-Fitr, de viering van het eind van de Ramadan.
- Ik bevind me niet in een dominante cultuur.

Eetstokjes gebruiken om Aziatisch te eten

Culturele waardering vindt ook plaats wanneer je eetstokjes koopt bij een Aziatische winkel om er daadwerkelijk mee te eten. Als je kunst koopt bij een persoon van kleur, daar een eerlijke prijs voor betaalt en je de geschiedenis en het verhaal achter het kunstwerk ook omarmt. Als je je bedekt voordat je een moskee binnengaat. Als je chebakia probeert te bakken om je Marokkaanse buurman te verrassen voor de iftar-maaltijd.

Wat kan ik tegen culturele toe-eigening doen?

Ik ben geneigd om te zeggen dat culturele waardering pas kan plaatsvinden als de mensen uit die cultuur zelf worden gerespecteerd en geen nadeel ondervinden aan het uitdragen van hun cultuur.
Dus wil jij twerk-les geven als niet-Zwarte vrouw? Vraag je dan af of Zwarte vrouwen dit net zo vrij kunnen opzetten, zonder ordinair genoemd te worden, terwijl het bij jou ineens artistiek is.
Vind jij het hip om 'straattaal' te gebruiken? Weet op zijn minst welke woorden Surinaams of Marokkaans zijn. En vraag je af of Surinamers en Marokkanen ook als zo trendy worden gezien als zij hun eigen taal spreken. Zo was Sranan Tongo spreken *not done* toen ik jonger was en heb ik het mezelf op latere leeftijd aangeleerd. Nederlands was een nette taal, Sranan Tongo niet. Sommige Surinamers hebben nog steeds die koloniale gedachte geïnternaliseerd en door het hier als straattaal te bestempelen wordt dit niet beter.Houd je er ook van om helemaal in trend met de New Age de *bad vibes* weg te *smudgen* met witte salie? Besef dan dat het tot 1978 verboden was voor oorspronkelijke Amerikanen om dit te doen, en zij nu nog steeds problemen ondervinden als zij hun rituele praktijken willen uitvoeren in ziekenhuizen.
Vind jij dreads prachtig en wil je nog steeds graag *faux locs* (nep dreads) dragen tijdens een festival? Lees dan het gedeelte over culturele toe-eigening opnieuw.
En doe daar vervolgens wat mee.

Draag bij aan positieve connotaties

Deel je positieve gedachten over andere culturen. De negatieve connotaties die men heeft wanneer mensen hun cultuur uitdragen moeten verdwijnen.

Iemand vroeg op Instagram hoe hij als witte man een Zwarte vrouw kan complimenteren met haar kapsel zonder dat het raar overkomt. Ik begrijp dat er gevoeligheid rondom het onderwerp ligt, maar het antwoord is vrij simpel: 'Wat zit je haar mooi.'
Komt er een Zwarte sollicitant of een sollicitant van kleur die dreads heeft op gesprek en vond je het een goede, professionele kandidaat? Zeg dat dan ook! Beschrijf de sollicitant letterlijk met het woord 'professioneel' tijdens de nabespreking. Zo geef je jezelf én je collega's op een subtiele manier een nieuw beeld van professionaliteit.

Maak culturele toe-eigening bespreekbaar

Als je het idee hebt dat er sprake is van culturele toe-eigening, kun je gewoon een simpele vraag stellen. 'Hé, wat een bijzonder motief is dat op je shirt. Waar komt het vandaan?' Met deze openingsvraag peil je of de ander op zijn minst onderzoek heeft gedaan naar de geschiedenis van dit culturele aspect dat diegene toepast op diens eigen leven.
Het antwoord maakt niet uit, je hebt een voet tussen de deur en kunt het onderwerp culturele toe-eigening inkoppen. Er kan een interessant gesprek uit voortkomen waar jullie beiden van leren.
Als de ander geen zin heeft om het gesprek voort te zetten, laat je het zitten. Het zaadje is geplant. Je gesprekspartner heeft van culturele toe-eigening gehoord en zoekt het misschien een keer op.

Wees ook kritisch naar jezelf

Ga eerst je eigen kennis na voordat je iets uit een andere cultuur gebruikt voor je eigen gewin. Stel jezelf een paar vragen: *Wat voor betekenis heeft deze klederdracht in de cultuur waar het uit komt? Hoe staan de mensen uit die cultuur tegenover anderen die het willen dragen? Wanneer kan dat wel en wanneer niet? Wil ik echt respect tonen, of gaat het er vooral om dat ík het mooi vind?*
Om eerlijk te zijn, schreef ik dit hoofdstuk terwijl ik een gekregen blouse droeg met een geborduurd motief waarvan ik me afvroeg uit welke cultuur het zou komen. Mijn Instagram-volgers hielpen mij aan de geschiedenis. Het lijkt sterk op de kleding van de oudste bewoners van Mexico, maar nog meer op Slavische en dan specifiek Bulgaarse kleding. Toevallig kreeg ik te

horen dat het in die cultuur juist wordt gewaardeerd als je deelneemt aan culturele gebruiken, maar dat had ook anders kunnen zijn. Stel je voor, dat ik - antiracisme-onderwijzer nota bene - aangesproken zou worden op culturele toe-eigening? Dan had ik gezegd: 'Dat zou nog kunnen kloppen ook.' Zo simpel is het. Want ook ik maak fouten in mijn reis naar antiracisme. Maar ik geef niet op.

Positieve vooroordelen

Waar alledaags racisme soms al moeilijk te herkennen is, is het bij positieve vooroordelen nog moeilijker te bevatten dat die racistisch zijn. Maar positieve vooroordelen zijn ook racistisch. Zo positief is het namelijk niet als mensen je eigenschappen toekennen vanwege je afkomst. En het is nog pijnlijker als je dan niet aan het beeld voldoet dat de maatschappij van je heeft. Ook mensen uit gemarginaliseerde groepen willen als individu worden gezien.

Zo herken je positieve vooroordelen

Positieve vooroordelen herken je aan goedbedoelde complimenten die de complimentengever koppelt aan afkomst. Het zal je overigens opvallen dat de kopjes hieronder niet als complimenten klinken. Dit komt omdat ik de stereotyperende complimenten niet in een kop wil herhalen. In het hoofdstuk *Het onderwijs* heb je al gelezen dat het herhalen van stereotypen deze beelden juist versterkt.

Niet alle Surinamers kunnen goed dansen

Ik vind het bijvoorbeeld niet fijn dat men er vanwege mijn Surinaamse achtergrond van uitgaat dat ik goed kan dansen. Ik kan toevallig wel goed dansen, maar dat is niet omdat ik Surinaams ben. Dat ik goed kan dansen, komt doordat ik jarenlang tijd stak in het ontwikkelen van mijn dansvaardigheden. Toch wordt het niet gezien als iets waarvoor ik hard heb geoefend, want 'het zit toch in mijn DNA'. Hier had ik het ook al over in het hoofdstuk *De sportwereld* uit het onderdeel *Institutioneel racisme*. Het harde werken, het strategische inzicht en het doorzettingsvermogen van Zwarte topsporters worden ontkend door hun succes te koppelen aan hun genen en dat gebeurt hier ook.

Niet alle Zwarte mensen houden van 'typische' gezelligheid
Ook vind ik het niet fijn als men ervan uitgaat dat ik van 'typische' gezelligheid en luid praten houd, omdat mijn ouders in Suriname zijn geboren. Ik kan juist heel slecht tegen luid praten en drukte, en voor mij ziet gezelligheid er heel anders uit. Ik wil me daar niet voor hoeven te verantwoorden. Helaas is dat vaak wel nodig.

Niet alle Zwarte mensen houden van hetzelfde type eten
Ik houd niet van rijst met kip, alhoewel veel mensen dat wel denken vanwege mijn achtergrond. Ik ben een echte aardappeleter en eet mijn biefstuk medium, zoals het hoort. Kun je je voorstellen hoe vervelend het is dat je je moet verantwoorden aan de ober in een restaurant, omdat je bestelling van een medium gebakken biefstuk niet rijmt met zijn beeld van Zwarte mensen? En dit is me echt overkomen

Niet alle Surinaamse vrouwen kunnen goed koken
Tot slot is het ook geen positief vooroordeel dat ik van koken houd. Ik kan best koken, hoor. En het is zeker ook lekker, maar ik heb er geen genetische aanleg voor. En ik haat het eerder dan dat ik ervan houd.
Dit was vooral een teleurstelling voor de Tinder-matches die met mij wilden daten, zodat ik lekker voor hen kon koken. 'Je kunt vast lekkere saoto maken,' zei een van mijn matches. Hij zou van een koude kermis zijn thuisgekomen als ik de match niet per direct had opgeheven.
Mijn potentiële dates hadden al een beeld over mij gevormd voordat ze me ooit gesproken hadden. Ze wilden met mij daten omdat ze dachten dat ik vanwege mijn afkomst lekker kon koken. En saoto is trouwens Javaans-Surinaams, niet Afro-Surinaams.

Wat kan ik doen tegen positieve vooroordelen?
Om positieve vooroordelen tegen te gaan, moet je weten welke vooroordelen je hebt. Maak een lijst met verschillende afkomsten en schrijf op welke eigenschappen als eerste in je opkomen als je een bepaalde afkomst ziet. Zo zie je terug welke negatieve en positieve vooroordelen je hebt. Als je het weet, moet je jezelf ervan weerhouden om het aan mensen te koppelen. We zijn allemaal individuen!

Spreek anderen erop aan

En natuurlijk is het ook de bedoeling dat je mensen aanspreekt die positieve vooroordelen uiten. Reageer met 'maar dat geldt toch niet voor alle Congolezen/Syriërs/Vietnamezen'. Vervolgens kun je uitleggen hoe vervelend het is als iemand op een bepaalde manier over je denkt, simpelweg omdat jij of je ouders in een bepaald gebied zijn geboren.

Voorkeur of racisme?

In de relatie- en datingwereld is racisme vaak vermomd als 'voorkeur'. Mensen gaan vooral op zoek naar dates met mensen van een bepaalde afkomst, of ze kiezen er bewust voor om niet te daten met mensen van een bepaalde afkomst.
Niet willen daten met mensen omdat ze een bepaalde afkomst hebben, is racistisch en geen voorkeur. Een voorkeur betekent dat je het één boven het ander verkiest. Racisme vindt plaats wanneer je alleen voor het één kiest en het ander uitsluit. Hieronder valt ook geïnternaliseerd racisme van mensen van kleur die alleen met witte mensen willen daten.
Vooral met iemand willen daten vanwege iemands 'exotische afkomst' is fetisjisme of exotisering en in deze context ook een vorm van racisme. Waar de voorkeur voor karaktereigenschappen en sommige uiterlijke kenmerken afkomst-overstijgend is, komt de voorkeur voor een bepaalde afkomst – zoals witte mensen – vaak voort uit een wereldwijd schoonheidsideaal en bij mensen van kleur komt het voort uit fetisjisme.

Zo ziet racisme vermomd als een voorkeur eruit

Racisme vermomd als een voorkeur is eigenlijk vrij makkelijk te herkennen. Het woord 'niet' of een variant ervan komt vaak voor in de uiting.

'No Asians. No blacks.' Deze disclaimer zie je vaak staan in de bio van mannen op Grindr, een datingapp voor gay, bi, trans en queer mensen.

'Je mag niet thuiskomen met een n*r.'** Dit wordt zeker niet alleen gezegd door witte mensen. In meerdere gemeenschappen van mensen van kleur hebben ouders iets tegen een Zwart persoon als schoondochter, schoonzoon, of schoonkind.

En soms zijn het niet eens je ouders die het niet eens zijn met je Zwarte partner. Dit ondervond een 26-jarige Amsterdammer in 2012. De zwangere vrouw van Marokkaanse komaf liep met haar Surinaamse vriend op de Amsterdamse Nieuwendijk. Vijf Marokkaans-Nederlandse jongemannen, rond de twintig, liepen achter hen aan en scholden haar uit voor 'n****rhoer'. Hierna ontstond een gevecht waarbij de vrouw ook klappen en schoppen kreeg. Ze beviel kort erna veel te vroeg van haar baby, die kwam te overlijden. En dit alleen omdat ze met haar Zwarte vriend aan het wandelen was.

'Ik ben niet racistisch, maar heb liever niet dat mijn zus/dochter thuiskomt met een Marokkaan.' Dit is net zo racistisch als het vorige voorbeeld, alleen hier met een niet-kloppende disclaimer.

'Ik wil dat mijn kinderen op mij lijken, dus ik date niet buiten mijn ras.' Newsflash: kinderen kunnen ook op je lijken als ze niet jouw huidskleur hebben.

Fetisjisme

Fetisjisme is minder expliciet dan het uitsluiten van bepaalde groepen mensen. Dit komt doordat het soms nog op een compliment kan lijken, net als positieve vooroordelen. Maar er is niets positiefs aan gereduceerd worden tot je uiterlijk en je afkomst.

'Exotisch snoepje' of 'tropische verrassing'. Mensen zijn geen dieren, planten of eten. Omschrijf ze dan ook niet zo.

'Ik vind halfbloedjes zo mooi!' of 'Wij krijgen vast mooie, gemengde kindjes samen.' Het combineren van etniciteiten staat niet garant voor een mooi kind. Al is het maar net hoe je het bekijkt. Vanwege exotisering worden kinderen van gemengde afkomst over het algemeen als mooi gezien, vooral als een van de ouders wit is.

'Ik heb het nog nooit met een Zwarte gedaan.' Dit is een fetisjerende opmerking waarvan mijn haren echt recht overeind gaan staan en meteen ook eentje die wat makkelijker te herkennen is. Het is een bericht dat een Marokkaans-Nederlandse Tinder-match me stuurde, in de korte periode dat ik Tinder had.

'Ik heb yellow fever/jungle fever.' Gele koorts is een term waarmee men de aantrekkingskracht van Oost- en Zuidoost-Aziatische mensen omschrijft. Jungle fever verwijst naar de onbedwingbare aantrekkingskracht van Zwarte mensen. Overigens is het feit dat je Zwarte mensen gelijkstelt aan de jungle en daarmee aan wild en ongeciviliseerdheid op zich al problematisch en zeer racistisch.

Per se een witte partner willen hebben

Tot slot wil ik het ook nog hebben over het geïnternaliseerde racisme waarbij mensen van kleur - in dit specifieke geval Zwarte mannen - per se een witte partner willen hebben. Het probleem hier is niet dat Zwarte mannen ook met witte vrouwen daten. Het probleem is dat ze alléén met witte vrouwen willen daten, of in elk geval niét met Zwarte vrouwen. Het probleem is de grote groep Zwarte mannen die witte vrouwen ophemelen, terwijl ze Zwarte vrouwen neerhalen door Zwarte vrouwen te koppelen aan negatieve (karakter)eigenschappen.
Wat je ook vaak merkt, is dat Zwarte mannen bij het stijgen naar een bepaalde sociale klasse ook van *datingpool* veranderen. Dit fenomeen is zo vaak besproken dat er letterlijk boeken over zijn: *Why Black Men Love White Women* van Rajen Persaud bijvoorbeeld.
In zijn boek beantwoordt hij vragen zoals: waarom daten en trouwen zoveel spraakmakende Zwarte mannen met de meest gewone witte vrouwen? Waarom verlangen en begeren zoveel andere Zwarte mannen het gezelschap van witte vrouwen? Ook bespreekt hij de relaties (van huwelijken tot affaires) van bekende Zwarte mannen. Tot slot gaat hij ook dieper in op de vraag: kiezen Zwarte mannen voor witte vrouwen, of wijzen ze Zwarte vrouwen af?
Dat ik hier specifiek Zwarte mannen bespreek, betekent overigens niet dat er binnen andere gemeenschappen van mensen van kleur geen mensen zijn die vanwege geïnternaliseerd racisme per se een witte partner willen hebben. Het is alleen opvallend hoe dit zich bij een grote groep Zwarte mannen uit in het neerhalen van Zwarte vrouwen.

Wat kan ik doen tegen racisme vermomd als voorkeur?

Zelfs voor mensen die op andere vlakken erg antiracistisch zijn, is het erg moeilijk om kritisch te zijn op de zogenaamde voorkeur die iemand in relaties heeft. Je kunt mensen immers niet dwingen om voor iemand te vallen. Gelukkig is dat ook niet het doel van antiracisme op dit vlak.
Het gaat erom dat je jezelf en anderen ervan bewust maakt waar die voorkeuren vandaan komen. Hierbij is het belangrijk om ook te begrijpen dat mensen van kleur in veel gevallen bewust daten met mensen met dezelfde afkomst om fetisjisme te voorkomen. De voorbeelden die ik hiervoor gaf zijn een paar van de tenenkrommende opmerkingen die ik als Zwarte vrouw op Tinder kreeg, bijna elke keer dat ik een match had met iemand die niet Zwart is. In zulke gevallen is het dus zelfbescherming, geen racisme.
Maar heel vaak komt het voort uit het beeld dat de maatschappij schetst van wat mooi en begeerlijk is. Met die invloed en de invloed van onze opvoeding vormen wij uiteindelijk een zogenaamde voorkeur.
Besef dat je met zulke raciale voorkeuren in relaties over een hele groep mensen zegt dat zij het niet waard zijn om (door jou) geliefd te worden. Of zoals Katya van *RuPaul's Drag Race* zegt tegen mensen die 'gewoon niet op Zwarte mannen vallen':

> *'Dus zou je zeggen dat de gehele Zwarte bevolking in de wereld volledig gedeseksualiseerd is? Allemaal? Denk je niet dat het iets te maken heeft met een beetje racisme? Het druipt door ons heen, omdat het ons is aangeleerd. En het privilege van witheid stelt ons in staat om ermee weg te komen. Dat culturen afwijzen of fetisjiseren, omdat witheid gewoon "normaal" is.'*

RACISME TEGEN SPECIFIEKE GROEPEN

Soms is racisme heel specifiek gericht op een bepaalde groep mensen in de maatschappij. Antisemitisme is zo'n vorm van racisme. Het is gericht op Joden en heet dan ook wel Jodenhaat. Alhoewel we op Nederlandse scholen weinig leren over het hedendaagse antisemitisme, leren we over het algemeen toch best veel. Daarom beperk ik me in dit boek tot de specifieke haat en discriminatie waarmee Aziaten, vermeende moslims en Zwarte mensen te maken hebben: anti-Aziatisch racisme, islamofobie en anti-Zwart racisme.

Anti-Aziatisch racisme

Lang voordat we in China een virus ontdekten dat het leven van iedereen op deze wereld op zijn kop zou zetten, hadden we al te maken met anti-Aziatisch racisme.

> Het woord anti-Aziatisch racisme maakt al duidelijk dat het om racisme jegens mensen van Aziatische afkomst gaat. Een specifieke vorm van anti-Aziatisch racisme is sinofobie: de angst voor of haat tegenover China, Chinezen en/of de Chinese cultuur in het bijzonder.

Alhoewel we een overkoepelende term gebruiken, is er toch een verschil van racisme in de diverse Aziatische landen. Pakistan ligt bijvoorbeeld ook in Azië, maar mensen van Pakistaanse afkomst ervaren andere vormen van racisme dan mensen met Japanse roots. Ook zien vele mensen geen verschil tussen de mensen uit verschillende Oost- en Zuidoost-Aziatische landen. Ze zien deze mensen bijna allemaal als Chinees. Het gevolg is dat je niet eens Chinees hoeft te zijn om sinofobie te ervaren.
In Nederland bleef racisme jegens Aziaten lange tijd onopgemerkt. Zo werd het bijvoorbeeld niet onderzocht door platforms die discriminatie en racisme in kaart brengen. De afgelopen tien jaar heeft het Sociaal en Cultureel Planbureau meerdere onderzoeken gedaan naar racisme, maar daarbij zijn (Oost- en Zuidoost-)Aziatische Nederlanders niet meegenomen. Dit werd

duidelijk toen het Kennisplatform Integratie & Samenleving onderzocht hoe Oost-Aziatische Nederlanders discriminatie ervaren, maar dit onderzoek werd pas in 2020 uitgevoerd.
Gelukkig – of eigenlijk helaas – zijn er inmiddels duidelijke voorbeelden van anti-Aziatisch racisme.

Zo herken je anti-Aziatisch racisme

Waar anti-Aziatisch racisme eerst vooral bestond uit subtiele uitingen, vaak vermomd als grap, worden Aziaten inmiddels wereldwijd uitgescholden en zelfs fysiek aangevallen. Hoe kan dit gebeuren? Hoe loopt iets zo uit de hand? Het zijn de subtiele vormen van racisme die mensen stap voor stap naar ernstigere vormen brengen. Het zijn de terloopse opmerkingen en 'onschuldige grapjes' die een domino-effect hebben en uiteindelijk leiden tot daar waar we nu ook in Nederland staan: fysiek geweld. Aan de hand van de racismepiramide geef ik je een beeld van anti-Aziatisch racisme in Nederland.

Onverschilligheid over racistische 'grapjes'

Van 1999 tot 2002 zagen wij op televisie dat de Hollandse Wendy van Dijk vermomd ging als Ushi, een stereotype Japanse vrouw die Nederlanders in de maling nam. Om niet herkenbaar te zijn, moest Wendy zich wel verkleden. Maar een cultuur en afkomst zijn geen kostuum.
Destijds ontstond daar geen ophef over. Ook niet toen er in 2008 herhalingen werden uitgezonden. We waren onverschillig en zagen het als onschuldig grapje.

Minimaliseren en verkapt racisme

Toen Gordon in 2013 als jurylid van het programma *Holland's Got Talent* aan een kandidaat met Aziatische roots vroeg of hij 'Nummer 39 met rijst?' kwam zingen, ontstond er wél ophef. Volgens Gordon was deze ophef onnodig en onbegrijpelijk. 'Amerika, een land waar de Ku Klux Klan nog aanwezig is, heeft pas een racismeprobleem.' Zijn opmerking was geen racisme, maar gewoon humor, vond hij. Dat dit gaslighting en een micro-invalidatie is, wist Gordon destijds niet. Hij was juist blij dat hij in Nederland leeft, 'waar je dit soort dingen gewoon kunt zeggen'. Hij vond het heel onschuldig, want

heel veel Nederlanders maken weleens een grapje, zoals: 'Sambal bij?' 'Ni hao', 'spleetoog' en 'sambal bij', allemaal opmerkingen waar grote groepen mensen het kwaad niet van inzien. Maar allemaal opmerkingen waarbij je mensen op een vervelende manier reduceert tot hun roots met een negatief bedoelde omschrijving van hun uiterlijke kenmerken, of een stereotype uitspraak die ooit gedaan is.
Met dit soort opmerkingen en de reactie die je krijgt als je je ertegen uitspreekt, zijn we bij de volgende lagen van de racismepiramide aangekomen: het minimaliseren van de ervaring van gemarginaliseerde mensen en verkapt racisme.
Een andere vorm van verkapt racisme is het liedje 'Hanky Panky Shanghai'. De kans is groot dat je dit liedje op de basisschool hebt gezongen, soms zelfs met het straktrekken van je ogen erbij. Ik in elk geval wel. En ik geloofde ook echt dat dit de Chinese versie van 'prettige verjaardag' was, net als dat er een Surinaamse versie van is. Zo bracht de juffrouw het destijds ook. Onlangs was mijn nichtje jarig en zette mijn nicht 'Hanky Panky Shanghai' in na de Surinaamse versie, 'A di mi yere yu friyari'. Na de eerste regel zei ze zelf: 'O nee, dat is racistisch!'
Ook Gordon zag uiteindelijk in dat zijn opmerking bij *Holland's Got Talent* wel degelijk racistisch is. Daarom bood hij in 2020 bij het televisieprogramma *De Wereld Draait Door* zijn excuses aan:

> *'Ik heb me er ook schuldig aan gemaakt. Je denkt, in al je ignorance: o, dat kan wel. Kijk nu, en de afgelopen jaren, met de discussie over Zwarte Piet en moorkoppen, besef ik dat mensen erdoor gekwetst raken en er enorm gestigmatiseerd door worden. Ik wil er bij deze mijn diepe, diepe excuses voor aanbieden en ervoor zorgen dat dit nooit meer gebeurt in Nederland.'*

Zijn excuses vind ik mooi om te zien. Het illustreert de onwetendheid rondom de impact van onverschilligheid en verkapt racisme. Maar het laat ook zien wat die impact is: de stigmatisering van een groep mensen, die op haar beurt weer leidt tot openlijke discriminatie.

Openlijke discriminatie

De openlijke discriminatie van Aziatische Nederlanders is op te delen in verschillende vormen. Bij Chinese Nederlanders zie je het namelijk ook in de vorm van positieve vooroordelen. Waar andere groepen veel te maken hebben met discriminatie op de arbeidsmarkt en etnisch profileren, worden Chinese Nederlanders juist gezien als beter, als 'modelminderheid'. Zij spraken zich tot 2020 amper uit over discriminatie, komen weinig in aanraking met justitie en hebben een betere sociaal-economische status vergeleken met andere Nederlanders met een migratieachtergrond. Gelukkig weet je inmiddels hoe schadelijk positieve vooroordelen kunnen zijn en dat ze bovendien net zo racistisch zijn als negatieve vooroordelen.
Aan de andere kant hebben Chinezen zeker ook te maken met discriminatie met negatieve bedoelingen. Dit is met de komst van het coronavirus alleen maar erger geworden. Het liedje 'Voorkomen is beter dan chinezen' van radio-dj Lex Gaarthuis is een voorbeeld van openlijke discriminatie. In het nummer zegt hij onder andere 'Hé jongens, dat virus neemt geen pauze. We motten dat niet hebben in ons land. Het komt allemaal door die stink-Chinezen', en 'Vreet geen chinees, dan heb je niks te vrezen, want voorkomen is beter dan chinezen.'
Meer dan 58.000 mensen tekenden een petitie 'Wij zijn geen virussen', honderden mensen deden een melding bij de politie en Meldpunt Discriminatie, en vijf mensen deden echt aangifte. Het Openbaar Ministerie besloot om niet over te gaan tot vervolging, omdat de dj zijn excuses heeft aangeboden en het binnen de artistieke vrijheid past. Ook zou het lied niet onnodig beledigend zijn. 'Stink-Chinezen' vindt het Nederlandse OM niet onnodig beledigend. Laat dat even tot je doordringen.

Oproep tot geweld en fysiek geweld

Als zulke openlijke discriminatie met een sisser afloopt, zijn de bovenste lagen van de racismepiramide in zicht: oproep tot geweld en fysiek geweld. Zo liep de Amsterdamse Kelly richting het metrostation toen ze zag dat twee mannen iets naar haar riepen met een boos gezicht. Met haar oortjes in liep ze verder, tot ze iets op haar rug voelde. Ze werd op klaarlichte dag bekogeld met onder andere een steen en een fietsbel, terwijl ze werd uitgescholden voor 'Chinese k*nkerhoer'. Gelukkig kreeg ze hulp van een

toevallige voorbijganger, Tessely.
Alhoewel het gevaarlijk was, besloot Kelly toch een foto te maken van haar belagers. Ze wist dat het nodig was, omdat de politie bij eenzelfde soort gebeurtenis niets kon betekenen voor haar Aziatische vrienden vanwege een gebrek aan bewijs.
Gelukkig was er bij de mishandeling van de 16-jarige Zaandammer Yanii wel bewijs. Een gezellig middagje chillen met vrienden in het park eindigde in mishandeld worden door een stel jonge racisten. De jonge racisten scholden Yanii uit vanwege zijn Aziatische roots, 'k*nkerchino' welteverstaan. Al snel haalde de groep er nog meer jongeren bij en gristen ze een telefoon weg waarvan ze dachten dat die van Yanii was. Toen Yanii aangaf dat ze deze terug moesten geven, werd hij gemaand om zijn excuses aan te bieden. 'Je moet sorry zeggen. Zeg: "Sorry, baas."'
De jonge racisten liepen scheldend weg en kwamen vervolgens voor de derde keer terug, met een nog grotere groep. Yanii moest onder dwang sorry zeggen voor het terugpakken van een telefoon die niet eens van de racisten was. Uiteindelijk kreeg hij ook een flinke trap in zijn gezicht. Beelden die een 13-jarige medeplichtige van deze mishandeling maakte, gingen viraal en Yanii ontving steunbetuigingen vanuit de hele wereld. Een paar weken later werd een aantal daders en medeplichtigen opgepakt.
Tot slot het verhaal van de 24-jarige Cindy, een Nederlandse student met Chinese roots. Toen ze in de lift in haar studentenflat werd toegezongen met het racistische coronaliedje, vroeg zij de groep om daarmee te kappen. Het liep gigantisch uit de hand. Cindy werd geduwd en aangevallen. Ze raakte buiten bewustzijn en werd wakker met een hersenschudding, een flinke bult op haar hoofd en snijwonden op haar buik. Haar belagers wilden het coronavirus uitroeien.
Zo zie je maar: de stappen van uitlachen naar uitschelden naar fysiek geweld lijken groot, maar zijn in de praktijk snel gemaakt en worden beïnvloed door andere stappen. Als in de samenleving eenmaal het idee heerst dat het oké is om mensen met een Aziatische afkomst – of welke afkomst dan ook – belachelijk te maken, en dat het oké is om hen als minderwaardig te zien, is dat voor sommige mensen een vrijbrief voor geweld. Als het Openbaar Ministerie zo'n duidelijke vorm van mentaal geweld in de vorm van racisme als nodig beledigend – *oké, niet onnodig beledigend* – ziet, terwijl

anti-Aziatisch geweld al door de samenleving aan het woekeren is, waarom zouden racisten dan terughoudend zijn in hun fysieke geweld?

Een oriëntaals beeld in de media

Hoe je van iets ogenschijnlijk kleins uitkomt bij de top van de racismepiramide en welke rol onze systemen - in dit geval de media - daarin spelen, zie je ook terug in een recente gebeurtenis in Amerika.
Op 16 maart 2021 opende de 21-jarige Robert Aaron Long het vuur op drie verschillende massagesalons in Atlanta. Acht mensen overleefden het niet, van wie de meesten van Aziatische afkomst waren. De politie kwam vrij snel naar buiten met een verklaring dat Robert Long geen racistisch motieven had, maar dat hij handelde uit problemen rondom zijn seksverslaving. Maar wat heeft een Aziatische massagesalon met zijn seksverslaving te maken? Het kan dat je nu denkt aan een illegale sekssalon. Dit is namelijk wat we veel tegenkomen in de media en daardoor in de maatschappij. Dit was echter niet het geval. Zijn actie is het resultaat van een ander narratief dat veelvuldig voorbijkomt in de westerse media. Mediawetenschapper Reza Kartosen-Wong legt het haarfijn uit in zijn opinieartikel in *Het Parool.*
In Nederland en andere westerse landen heerst nog steeds dat oriëntalistische[3], racistische en seksistische beeld van Aziatische vrouwen. In onze westerse wereld 'worden vrouwen van Aziatische afkomst al eeuwenlang gezien en verbeeld als exotisch, gehoorzaam, dienstbaar, hulpbehoevend, hyperseksueel, gewillig en verlangend naar witte mannen'.

Met dit beeld krijg je mensen zoals Robert Aaron Long, die dingen zien die er niet zijn: een beetje gecreëerd door zichzelf en een heleboel door de media en de maatschappij. De media die Aziatische vrouwen vooral in beeld brengen als geisha's, masseuses en prostituees, au pairs en oppassers. 'Als vrouwen die anderen gewillig dienen en geen zelfbeschikking bezitten; als vervangbare objecten die het seksuele voorrecht zijn van witte mannen,' aldus Kartosen-Wong.

[3] Orientalisme is de manier waarop vanuit het Westen wordt gekeken naar de Oosterse cultuur, waarbij de Westerse cultuur superieur is.

Dit is ook de reden dat veel mannen op datingapps middels de woorden 'yellow fever' of 'gele koorts' aangeven dat zij een voorkeur hebben voor Aziatische vrouwen. Zoals ik al duidelijk maakte in het hoofdstuk *Voorkeur of racisme* is dat geen voorkeur voor een bepaalde cultuur, want er zijn te veel culturen binnen Azië om te spreken van de Aziatische cultuur. Het is een seksueel verlangen, gericht op een fractie van wie de vrouw is. Het is fetisjisme.

Men doet alsof China heel Azië betreft

Tot slot is de fout die ik zelf maakte toen ik dit hoofdstuk schreef ook iets wat bijdraagt aan anti-Aziatisch racisme. Door het voornamelijk te hebben over het racisme waar Oost- en Zuidoost-Aziaten slachtoffer van zijn, reduceer ik Azië tot deze gebieden. Illustrator, activist en feminist Sioejeng Tsao wees mij hierop na het proeflezen van dit hoofdstuk.
Sioejeng zei dat het hoofdstuk wellicht te veel was gericht op sinofobie en adviseerde mij om nog een aantal vormen van anti-Aziatisch racisme en de geschiedenis ervan in het boek op te nemen. Een aantal van de onderwerpen die zij tipte, kwamen gelukkig al voor in het boek. Zo las je al over de culturele toe-eigening van yoga in het hoofdstuk *Culturele toe-eigening* en lees je in het volgende hoofdstuk over islamofobie, een vorm van racisme die ook vele Aziaten treft. Daarnaast heeft haar advies over het meenemen van de invloed van de media dit hoofdstuk mooi rond gemaakt, al kon het natuurlijk zelfs nog uitgebreider.

Wat kan ik doen tegen anti-Aziatisch racisme?

Laten we beginnen met het erkennen van de diversiteit binnen de Aziatische gemeenschap. Net als dat een Italiaan in de verste verte niet hetzelfde is als een Nederlander, is een Vietnamees niet hetzelfde als iemand uit Taiwan. Tijd om onze kennis over de verschillende landen en culturen in Azië bij te spijkeren dus.

Duik in de geschiedenis van anti-Aziatisch geweld

De tweede stap is je verdiepen in de geschiedenis van anti-Aziatisch geweld. Stichting Asian Raisins is een Nederlandse belangenorganisatie die zich inzet voor het verspreiden van kennis en het creëren van bewustwording over racisme en discriminatie tegen Aziaten. Op hun website vind je veel informatie over de geschiedenis van anti-Aziatisch geweld.

Verdiep je in de ervaringen van Aziatische Nederlanders

Op de Instagram-accounts @BroodjeKaasMetSambal, @SeeYouSioe, @ShintaLempers, @RezaKartosenWong, @CheeHanKartosenWong en @MeerDanBabiPangang vind je waardevolle informatie en recente ervaringen van Aziatische Nederlanders.
De accounts @BroodjeKaasMetSambal en @MeerDanBabiPangang zijn echt in het leven geroepen om de ervaringen van Aziatische Nederlanders met betrekking tot discriminatie en racisme te delen. De andere accounts zijn de persoonlijke accounts van Aziatische Nederlanders die tussen hun gebruikelijke content door ook dergelijke ervaringen delen. Zie hen dus niet als onderwijzers, maar als volwaardige mensen waar je af en toe ook antiracismelessen van krijgt.
Door dit soort accounts te volgen, kom je stapsgewijs ook af van dat beeld dat de gevestigde media neerzetten van Aziatische mensen en zie je dat Aziaten ook schrijvers, columnisten, film- en video-editors, illustratoren, activisten en feministen zijn.
Ben je meer van de uitgediepte content dan hapklare Instagram-posts? Lees dan het boek *De bananengeneratie* van Pete Wu. Dit boek geeft je een inkijk in het dubbelleven van Chinese Nederlanders van mijn generatie. Pete gaat in gesprek met mensen die - net als hij - worstelen met hun Chinese Nederlanderschap. Ze praten over het verschil tussen generaties, discriminatie, eenzaamheid en daten. Ook bespreekt Pete het gevecht om jezelf te mogen zijn, bevrijd van clichés.

Betaal voor kennis

Schrijvers zoals Pete Wu en ikzelf verdienen eraan als je ons boek koopt. De informatie die Asian Raisins en de zojuist genoemde Instagrammers delen is veelal vrijwillig, maar dat betekent niet dat het gratis hoeft te zijn. Kijk hoe je hen financieel kunt compenseren voor de kennis die ze delen. Sommigen verkopen cursussen, e-books of andere producten. Anderen kun je een 'kopje koffie' schenken via een open Tikkie op hun website of socialmediaprofiel.

Spreek je uit

Spreek je online en offline uit, waar dan ook. Dat betekent ook op de werkvloer. Spreek je collega aan op die racistische opmerking, die zogenaamd grappig zou moeten zijn. En vraag daarna aan je Aziatische collega's of je iets voor hen kunt betekenen. Racisme ervaren is traumatisch en het is soms fijn om een luisterend oor te hebben.
Wordt het liedje 'Hanky Panky Shanghai' nog op de opvang of school van je kind gezongen? Maak hier bezwaar tegen. Op het platform Asian Raisins vind je een voorbeeldbrief die je kunt gebruiken om je stem te laten horen en te laten gelden.
Ben je getuige van een haatmisdaad? *Be like Tessely* en verdedig het slachtoffer. Als de situatie te gevaarlijk is om zelf in te grijpen, schakel de politie in. Bel 112 en maak een foto van de dader. Zo heeft de politie bewijs en kunnen ze gericht op zoek gaan naar de schuldige.

Islamofobie

moslimdiscriminatie en moslimhaat

Een moslim is een aanhanger van de islam. De islam is een religie en geen ras. Waarom neem ik islamofobie dan op in Het antiracismehandboek? In de praktijk zie je dat men er al van uitgaat dat iemand moslim is als diegene uit een bepaald land of gebied afkomstig is.
Daarbovenop stelde antropoloog Martijn de Koning in 2016 al dat 'islamofobie wel degelijk racisme is'. Rassenleer is namelijk niet enkel gebaseerd op zogenaamde rassen, maar ook op cultuur en religie. 'Bij racialisering worden buitenstaanders niet per se als "ras" gezien, maar er wordt op dezelfde manier over ze gesproken: als een herkenbare groep die specifieke, onveranderlijke en natuurlijke eigenschappen wordt toegedicht en die als inferieur geldt.' Dit is iets dat we al decennia lang bij moslims zien gebeuren en is de fundering van islamofobie.

> Islamofobie is het construeren van een negatieve, generaliserende en essentialistische definitie van islam die leidt tot het maken van een hiërarchisch onderscheid tussen niet-moslims en moslims. Dit gebeurt om de moslims als groep te problematiseren op basis van hun religie.

Net zoals ik aan het begin van dit boek de drie dimensies van racisme omschrijf, zegt de stichting Meld Islamofobie dat dit ook het geval is bij islamofobie. Het verschil zit hem in de indeling. Waar ik spreek over institutioneel racisme, interpersoonlijk racisme en geïnternaliseerd racisme, spreken zij over islamofobie op institutioneel niveau, het niveau van politieke en maatschappelijke discoursen (politieke islamofobie) en individueel niveau, waarbij dat laatste hetzelfde is als moslimdiscriminatie.

Behalve de genoemde drie niveaus maakt Meld Islamofobie ook onderscheid tussen islamofobie, moslimdiscriminatie en moslimhaat. Moslimhaat omschrijven zij als volgt:

> Fysiek of verbaal geweld, uitsluiting en discriminatie gericht tegen moslims, omwille van hun 'moslim zijn': van discriminatie op de arbeidsmarkt, op de werkvloer en in het onderwijs, tot verbaal en fysiek geweld op straat en scheldpartijen op het internet.

Het is geen toeval dat 'moslim zijn' hier tussen aanhalingstekens staat. Het komt overeen met de praktijk die ik al schetste: je hoeft geen moslim te zijn om gediscrimineerd te worden, je hoeft alleen maar als moslim beschóúwd te worden. Net zoals ik in het vorige hoofdstuk liet zien dat je niet Chinees hoeft te zijn om met sinofobie geconfronteerd te worden.
Zowel de stichting als ik zien dat alle dimensies van racisme invloed op elkaar hebben en elkaar versterken. Zo vindt er 'directe moslimdiscriminatie'

plaats in de maatschappij, omdat we politici dat ook ongestraft zien doen en het en het onder andere daardoor gebruikelijk wordt.

Zo ziet islamofobie eruit in Nederland

Moslims zijn zo gewend aan islamofobie dat ze het soms zelf niet eens herkennen. Dit zie je ook terug in de masterscriptie van religiewetenschapper Deborah Bremmer, waarin ze schrijft over de ervaringen van moslims met discriminatie. Tijdens haar onderzoek gaven deelnemers aan weinig islamofobie te ervaren, maar als Bremmer doorvroeg bleek dat ze het toch hadden meegemaakt. Moslims hebben geaccepteerd dat je als moslim in Nederland nu eenmaal negatieve dingen ervaart, en staan er daarom niet te lang bij stil. 'Soms betrof het alleen "grapjes", maar ook dat is islamofobie, want die "grapjes" gaan uit van negatieve vooroordelen over de islam.'

Normalisering van islamofobie door politici

Geert Wilders spreekt zich als politicus al sinds 1999 uit tegen moslim-extremisme. Hij is als partijleider van de PVV juist bekend geworden vanwege zijn uitspraken over de islam en de Koran. Dit heeft hij heel handig ingekleed door zich te beperken tot toegestane kritiek op de religie. Dat veranderde toen hij in maart 2014 in gesprek ging met een verslaggever van de NOS. In dat gesprek zei Wilders dat het volk op zijn partij moet stemmen voor een veiligere en socialere stad, 'met als het even kan ook wat minder Marokkanen'. De verontwaardigde reactie deed hem weinig, want een paar dagen later stelde hij tijdens een bijeenkomst drie vragen aan de aanwezige PVV-aanhangers. Twee daarvan waren vrij onschuldig, maar de derde sloeg in als een bom:

> *'En de derde vraag is, en ik mag het eigenlijk niet zeggen, want er wordt aangifte tegen je gedaan, en misschien zijn er zelfs D66-officieren die je een proces aandoen. Maar de vrijheid van meningsuiting is een groot goed. En we hebben niets gezegd wat niet mag, we hebben niets gezegd wat niet klopt, dus ik vraag aan jullie: willen jullie, in deze stad en in Nederland, meer of minder Marokkanen?' 'Minder, minder, minder,' riepen zij.*

Ruttes publieke brief in
de krant is net zo islamofoob
als de uitspraken van
Wilders en Baudet.

Er deden 6.400 mensen aangifte. Na een langslepende rechtszaak zei Wilders zes jaar later, op de laatste dag van zijn zaak, het volgende: 'Ik haat niemand, ik verafschuw discriminatie. Ik heb geen hekel aan alle Marokkanen, noch wil ik alle Marokkanen het land uit hebben. Maar we hebben wel een levensgroot probleem met Marokkanen en de islam.'
Een maand erna deed de rechtbank uitspraak. Wilders werd vrijgesproken van 'aanzetten tot haat of discriminatie' en ook vrijgesproken voor de uitlating tijdens het interview met de NOS-verslaggever, omdat hij daar alleen het stemgedrag van mensen op de markt bescheef. Het Hof oordeelde dat de uitlating tijdens de bijeenkomst wél onnodig grievend was. Daarom was er sprake van groepsbelediging, ook al waren die woorden gezegd in de context van het politieke debat. Wilders kreeg echter geen straf. Zijn bijzondere persoonlijke omstandigheden waren al zwaar genoeg, ook al waren ze het gevolg van zijn eigen uitspraken.
Een andere factor die bijdraagt aan de normalisering van islamofobie, is dat we vooral kijken naar excessen zoals Wilders en Baudet. En ik zeg bewust 'we', want ik maakte dezelfde fout, totdat Ibtissam Abaaziz van Meldpunt Islamofobie mij hierop wees. Door vooral te kijken naar excessen zien we de islamofobie bij andere partijen niet eens meer als islamofobie, omdat het niet zo extreem is. Maar ook de brief die premier Rutte in 2017 in de krant liet publiceren is een voorbeeld van islamofobie.

> *'We voelen een groeiend ongemak wanneer mensen onze vrijheid misbruiken om hier de boel te verstieren, terwijl ze juist naar ons land zijn gekomen voor die vrijheid. Mensen die zich niet willen aanpassen, afgeven op onze gewoonten en onze waarden afwijzen. Die homo's lastigvallen, vrouwen in korte rokjes uitjouwen of gewone Nederlanders uitmaken voor racisten. Ik begrijp heel goed dat mensen denken: als je ons land zo fundamenteel afwijst, heb ik liever dat je weggaat. Dat gevoel heb ik namelijk ook. Doe normaal of ga weg.'*

The New York Times vergeleek deze actie zelfs met Trumps manier van doen. Dan weet je eigenlijk al genoeg.

Het 'boerkaverbod'

Alhoewel niet helemaal duidelijk is hoeveel vrouwen in Nederland een nikab of boerka dragen (experts schatten vijftig tot vierhonderd met een nikab), vond er tien jaar lang een discussie plaats over het eventueel verbieden ervan. In 2019 kwam de Wet op gezichtsbedekkende kleding – in de volksmond 'het boerkaverbod' – er alsnog.
Met deze wet is het verboden om een bivakmuts, boerka of nikab te dragen in het openbaar vervoer, overheidsgebouwen en ziekenhuizen. Dat betekent dat er wettelijk discriminatie plaatsvindt op basis van religie. De mensen die hun geloof willen belijden, worden vanwege de manier waarop zij dat doen uitgesloten van zorg in het ziekenhuis, reizen met het openbaar vervoer en overheidszaken regelen op locatie. En ze worden natuurlijk ook uitgesloten van werken op die locaties.
Een jaar na het ingaan van het boerkaverbod is niemand zich anders gaan kleden. Toch is er geen enkele boete uitgedeeld en zijn er slechts vier waarschuwingen gegeven. Het enige waar deze wet toe heeft geleid, is een groeiende agressie jegens moslima's. En dan niet alleen moslima's met een gezichtssluier, maar ook moslima's die geen gezichtssluier dragen. Zowel het Collectief Tegen Islamofobie als Bureau Discriminatiezaken kreeg vanuit het hele land meldingen van moslima's die agressief werden bejegend. Meld Islamofobie publiceerde een zwartboek over het 'boerkaverbod'. Daarin bespreken zij de impact van het 'boerkaverbod' na een jaar, aan de hand van diverse meldingen. 'Moslima's worden dagelijks vernederd en uitgescholden voor 'IS-terrorist' of zelfs bedreigd in het bijzijn van hun kinderen. [...] Vervelende opmerkingen, boze blikken of scheldwoorden; het is aan de orde van de dag.' Het is ook opmerkelijk dat de agressie die zij ervaren voorkomt op plaatsen waar het boerkaverbod niet eens geldt. Deze wet blijkt een katalysator voor moslimhaat.
Vlak voordat ik mijn manuscript inleverde, werd het boerkaverbod in de gehele EU doorgetrokken. Het Europese Hof van Justitie heeft besloten dat werkgevers in de EU van hun personeel mogen vragen hun politieke, religieuze of levensbeschouwelijke overtuiging niet op de werkvloer uit te dragen. Dus kunnen zij vrouwen die een hoofddoek dragen verzoeken deze af te doen. Wel onder bepaalde voorwaarden.
Een van de voorwaarden is dat de werkgever een behoefte heeft om een

'neutraal imago' tegenover klanten uit te stralen. De werkgever moet dan wel kunnen aantonen dat de hoofddoek dragende vrouw de ondernemersvrijheid in het geding brengt. Een andere voorwaarde is volgens het Hof 'het voorkomen van sociale conflicten'.
Dit betekent eigenlijk dat alle werkgevers die hun racistische klanten willen behouden nu legaal werknemers die een hoofddoek dragen kunnen vragen die af te doen op het werk. Al gebeurde dit al.

Discriminatie op de arbeidsmarkt

Bijna vier op de vijf Nederlandse moslims wordt gediscrimineerd op de arbeidsmarkt. Let wel, dit komt uit een gedeelte van een rapport dat verkennend van aard is, maar de resultaten geven wel een goede indicatie van hoe discriminatie op de arbeidsmarkt wordt ervaren. Die discriminatie uit zich volgens de auteurs van de *Monitor Moslimdiscriminatie* op allerlei manieren: in sollicitatieprocedures, bij eventuele contractverlenging en bij het overgaan tot promotie – eigenlijk hetzelfde beeld dat ik schetste in het hoofdstuk over institutioneel racisme op de arbeidsmarkt.
Tijdens sollicitatieprocedures krijgt de helft van de vrouwen vragen over het wel of niet dragen van een hoofddoek. Dit gebeurt ook bij jongeren. De 18-jarige Samia moest voor haar opleiding Onderwijsassistent stage lopen. Ze ging langs bij een school en kreeg te horen 'dat ze liever niet iemand aannemen met een hoofddoek'. Als ze daar haar stage wilde doen, moest ze haar hoofddoek afdoen.
Aan mannen wordt gevraagd of zij hun baard zouden willen afscheren. Ook krijgen ze vragen die niets met de functie te maken hebben, maar alles met de manier waarop degene die tegenover hen zit over de islam denkt. De mannen krijgen vragen over de positie van de vrouw, over hoe ze denken over homoseksualiteit of wat ze vinden van de staat Israël.
Eenmaal op de werkvloer aangekomen is de kans groot dat er bij een aanslag in naam van de islam van hen wordt verwacht dat zij zich daartegen uitspreken. Een collega van een respondent uit het onderzoek zei na een aanslag in Frankrijk: 'Kijk wat je broeders hebben gedaan.' Een andere respondent heeft meerdere keren moeten uitleggen wat hij van Al-Qaida of IS vond en hoe hij, ondanks al die ellende, toch nog aanhanger van de islam kon zijn.

Onnodig afstand moeten doen

Een ander voorbeeld van islamofobie is het vereisen dat moslims afstand nemen van aanslagen in de naam van de islam. Socioloog Ruud Koopmans zei in januari 2017 in het *Algemeen Dagblad* dat 'de islamitische gemeenschap zich duidelijker moet uitspreken tegen terreur'. Hij stoorde zich eraan dat na een terroristische aanslag 'nooit een massale mobilisatie van moslims op gang komt'.
Los van het feit dat dit wél gebeurt, vraag ik me af waarom er überhaupt van de islamitische gemeenschap wordt verwacht dat ze zich uitspreken tegen terreur. Spreek jij je ook uit als iemand die op jou lijkt een aanslag pleegt? Of als iemand jouw religie misbruikt voor terrorisme? En waarom spreken we eigenlijk van 'terreur' als we het specifiek hebben over 'terreur in naam van de islam'? De islam is toch niet inherent aan terreur?
Door het steeds alleen te hebben over 'terreur' in plaats van 'terreur in naam van de islam' draag je bij aan de beeldvorming die terrorisme koppelt aan een specifieke religie. En dat terwijl de AIVD een duidelijke definitie van terrorisme heeft, waarbij terrorisme zeker niet is gekoppeld aan een specifieke religie:

> Terrorisme is het uit ideologische motieven dreigen met, voorbereiden op of plegen van op mensen gericht ernstig geweld, dan wel daden gericht op het aanrichten van maatschappij-ontwrichtende schade, met als doel maatschappelijke veranderingen te bewerkstelligen, de bevolking ernstige vrees aan te jagen of politieke besluitvorming te beïnvloeden.

Sterker nog, de aivd noemt terroristische aanslagen door rechts-extremisten in Nederland inmiddels een reële mogelijkheid. Waarom hebben we het bij dergelijke acties met een witte dader dan bijna altijd over een 'verwarde man'? Waarom is de terrorist Dylann Roof, die in juni 2015 een kerk in Charleston bestormde en daar negen Zwarte mensen doodschoot, geen terrorist maar de 'Charleston-schutter', de 'kerkschutter' of de 'schutter van de moordpartij in een Amerikaanse kerk'?

De NOS schreef nota bene het artikel 'Waarom noemen we de Charleston-schutter geen terrorist?' en legde daarin uit dat na nader onderzoek bleek dat Dylann Roof inderdaad een terrorist is. Maar ze noemden hem twee jaar later doodleuk weer 'de Charleston-schutter' in het artikel over zijn veroordeling. Het woord 'terrorist' of 'terrorisme' kwam niet eens in het artikel voor. Het is alsof de media terrorisme niet aan witte mensen willen koppelen.

Negatieve berichtgeving over moslims

'Wat mag ik doen als ik iemand met een boerka zie?' Dat was een van de vragen in het artikel 'Vier vragen over het boerkaverbod beantwoord' van het AD, dat vlak voor het ingaan van de nieuwe omstreden wet werd gepubliceerd. 'Net als medewerkers in het openbaar vervoer en in ziekenhuizen en scholen mag u een boerkadrager aanspreken. Iedere burger kan dat doen. Als u zich stoort aan de boerka op een plek waar dat verboden is, kunt u vragen of de vrouw haar boerka wil afdoen of de locatie wil verlaten. En u kunt de politie bellen.'

Maar waar menig oor van ging suizen en wat duidelijk bijdraagt aan de agressie tegen moslima's is de tip over het burgerarrest. 'Ook is het toegestaan om een burgerarrest uit te voeren, zo bevestigt een woordvoerder van het Openbaar Ministerie. [...] Dwang mag alleen worden gebruikt om te voorkomen dat een verdachte de benen neemt, dat kan door iemand bijvoorbeeld tegen de grond te houden.' En daar heb je het: een vrijbrief voor antimoslimgeweld. En dit is slechts één voorbeeld van de invloed van de media op islamofobie.

Sinds eind jaren 80 vindt er regelmatig onderzoek plaats naar de berichtgeving over moslims in de Nederlandse media. Ewoud Butter, politicoloog en onderzoeker, maakte er een overzicht van.

In 2006 publiceren Leen d'Haenens en Susan Bink het artikel 'Islam in de Nederlandse media: Focus op het *Algemeen Dagblad*'. Alhoewel de conclusie was dat het *AD* verschillende meningen aan bod liet komen en over het algemeen op een evenwichtige manier over de islam schreef, kon de keuze van onderwerpen wel stigmatiserend zijn, aangezien veel artikelen over terrorisme, fundamentalisme en geweldpleging gaan. Vaak worden moslims en 'de islam' als daders van geweld gezien, en niet-moslims als slachtoffers.

De Europese Commissie tegen Racisme en Intolerantie (ECRI) zei in februari 2008 dat ook de media zich op grote schaal schuldig maken aan generalisaties over moslims.

Een jaar daarna publiceerde Wasif Shadid het artikel 'Moslims in de media, de mythe van de registrerende journalistiek', waarin hij vier manieren laat zien waarop moslims in de media worden geframed. Ten eerste de wij-zij-tegenstelling, waarbij het over onze (superieure) cultuur tegenover hun (inferieure) cultuur gaat. Daarnaast stigmatisering, waarbij allochtonen en moslims als probleemgroep worden omschreven. Ook is er sprake van onderrepresentatie van moslims als deskundigen, áls ze al mogen aanschuiven in de media. Tot slot spreekt hij van generalisering, waarbij Marokkaanse en Turkse Nederlanders als één homogene groep moslims worden beschouwd, waarbij hun religie alle andere aspecten van hun sociale identiteiten overstijgt.

Tussen 2011 tot 2018 verschenen er maar liefst negen onderzoeken over de berichtgeving van Nederlandse media over moslims. In 2019 nam historicus Tayfun Balçik het stokje over. Drie maanden lang inventariseerde hij de grootste vier kranten van Nederland om tot dezelfde conclusie te komen: negativiteit omtrent moslims domineert in de Nederlandse kranten.

Zo zijn 'terroristische moslims' het meest voorkomende onderwerp als je specifiek focust op moslimberichtgeving. En dan maakt het niet uit of je het *AD*, de *NRC* of *De Telegraaf* leest, al is het bij de laatstgenoemde echt schrijnend. Van de 102 berichten over terreur werd maar liefst 101 keer de associatie met moslims gemaakt. Ter vergelijking: ze plaatsten in diezelfde periode vijf berichten over moslimdiscriminatie.

Er werden nieuwsberichten geschreven als: 'Hoe ziet dé aanslagpleger eruit? Moet je hem zoeken tussen asielzoekers of is de Jan Modaal van de jihad juist hier geboren? Is hij Marokkaan, Turk of een Nederlandse bekeerling, geradicaliseerd in de familie of juist eenzaam op een zoldertje?'

Ik hoor je denken: o, maar wacht, witte Nederlanders worden dus tóch als mogelijke aanslagpleger genoemd! *Ja, maar dan wel alleen als ze bekeerd zijn tot de islam.*

De extreemrechtse Anders Breivik is in Noorwegen veroordeeld voor terrorisme, maar werd door de NOS en vele andere media structureel 'massamoordenaar Breivik' in plaats van terrorist genoemd. Als ze het hebben

over wie een terrorist is, hebben de Nederlandse media geen witte mensen in gedachten.
De Telegraaf schrijft bijvoorbeeld het volgende: 'Aanslagplegers zijn heel vaak van Marokkaanse komaf. Turkse moslims komen nauwelijks voor in de lijstjes. Dat laatste kan te maken hebben met nationale trots en zelfvertrouwen. Marokkanen neigen meer naar integratie, maar juist daardoor zijn de banden onderling minder sterk.'
Helaas zijn we als mens niet immuun voor berichtgeving in de media. Zelfs ik niet, terwijl ik me voortdurend verdiep in racisme en ook mezelf probeer te beteren. Jaren geleden, toen ik net in Amsterdam-Geuzenveld woonde, zat ik in de tram onderweg naar huis. Schuin tegenover me zat een man, gekleed in een djellaba. Hij zat zachtjes, maar wel hardop, uit de Koran te lezen. En nu ga ik dood, dacht ik toen. Dat was een ontzettend negatief vooroordeel, in mijn hoofd geplant door de media. En die invloed van de media dringt ook door in onze systemen, waardoor je daar ook islamofobie aantreft.

bunq ziet religieuze ondernemingen als terrorismerisico

'Het antiradicaliseringsbeleid en de contraterrorismewetgeving in Nederland dragen bij aan discriminatiepraktijken gericht op moslims,' aldus Meld Islamofobie. Zij vertellen over een jongeman uit de onderwijssector die een zakelijke rekening wilde openen bij bunq. Zijn aanvraag werd afgewezen, omdat zijn nieuwe onderneming een religieuze organisatie is, vanwege de focus op islamitische kennis.
Via de stichting belandde de jongeman bij het College van de Rechten van de Mens (CRM), dat op 22 juni 2020 uitspraak deed: bunq discrimineert op basis van godsdienst. 'Direct onderscheid op grond van godsdienst is verboden, tenzij er een wettelijke uitzondering bestaat.' En bunq dacht die te hebben in de vorm van de Wet op het financieel toezicht (Wft) en de Wet ter voorkoming van witwassen en financieren van terrorisme (Wwft).
Wat bunq hier deed, is religie indirect in verband brengen met het mogelijk financieren van terrorisme. Dit deden ze gelukkig niet met een specifieke religie, want geen enkele religieuze onderneming werd geaccepteerd. Maar ook volgens het CRM maakt bunq een koppeling die er helemaal niet hoeft te zijn en die ze in elk geval niet hebben onderzocht.

> *[...] de wetgeving die bunq noemt, verplicht niet tot het zonder nader onderzoek uitsluiten van individuen of organisaties van een zakelijke rekening, enkel op grond van het feit dat zij een godsdienst aanhangen of vertegenwoordigen. Er is geen wettelijke uitzondering en het door bunq gemaakte directe onderscheid op grond van godsdienst is dan ook verboden.*

Meld Islamofobie benadrukt dat het niet toevallig is dat bunq de koppeling maakt tussen religie en terrorisme. Je hebt zojuist zelf gezien hoe veelvuldig de media dat idee in ons hoofd heeft geprent.
Alhoewel het advies van het CRM niet bindend is, heeft bunq ervoor gekozen zijn voorwaarden te wijzigen. Religieuze organisaties zijn nu ook welkome klanten: bunq heeft van deze fout geleerd en hun manier van doen aangepast. Nu jij nog.

Wat kan ik doen tegen islamofobie?

Zoals altijd begint antiracistisch zijn, ook wat betreft islamofobie, met kritisch zijn op jezelf. 'Ik ga dood' was dan misschien wel het eerste wat ik dacht toen ik in de tram zat met de biddende man, maar 'doe niet zo dom' was het tweede. Zou ik bij een hardop biddende non hetzelfde gedacht hebben? Waarschijnlijk niet, want daar hoor ik niet stelselmatig negatieve dingen over in de media.
Mensen categoriseren en discrimineren is een natuurlijk en instinctief proces, maar wij zijn mensen en geen gewetenloze dieren. Wij kunnen onze gedachten enigszins controleren. Dus als er zo'n gedachte in je opkomt, is het aan jou om het gesprek met jezelf aan te gaan. Keer op keer, totdat die eerste gedachte verandert.

Maak kennis met de islam en moslims

Wat ook bijdraagt aan het tegengaan van vooroordelen, is een realistisch beeld vormen van mensen. En dat kan alleen als je mensen leert kennen. Lees je in over wat de islam inhoudt. Besef dat niet iedereen met een 'mediterraans uiterlijk' moslim is. Leer mensen kennen. Als je persoonlijk geen moslims kent, wordt je beeld gevormd door de media en de mensen om je heen. En we hebben gezien welk beeld de media bij je achterlaten: daar is weinig positiefs aan te vinden.

Kritisch zijn op de media

Let op: ik zeg niet dat de media niet te vertrouwen zijn, maar het is bij de berichtgeving over bepaalde groepen in de maatschappij wel verstandig om meerdere bronnen te raadplegen. Het zijn tenslotte de media die een aanslag met een molotovcocktail op een moskee in Enschede in eerste instantie als 'een poging tot brandstichting' brachten. En het zijn de media die antimoslimgeweld steevast omschrijven als individuele actie, terwijl het bij terreur in naam van de islam omschreven wordt alsof er een hele groep mensen voor verantwoordelijk is.

Vraag iedereen om afstand te doen

Dylann Rooff, Brenton Tarrant (van de aanslag op de moskee in Christchurch, Nieuw-Zeeland), Patrick Wood Crusiús (die een jaar nadat hij postte over de Christchurch-aanslag zelf 23 mensen neerschoot en daarbovenop nog 23 verwondde) en de 20-jarige Nathaniel Veltman, die in juni 2021 opzettelijk inreed op een moslimgezin, zijn allemaal witte terroristen. Vraag witte mensen hoe verantwoordelijk zij zelf denken te zijn voor wat deze witte mannen deden. Vraag vervolgens hoe verantwoordelijk ze denken dat witte mensen in het algemeen zijn voor wat deze witte mensen deden en ze zullen zelf inzien dat het hypocriet is om dat bij moslims wel te doen. Deze methode hebben we te danken aan onderzoeker Emile Bruneau. Zijn onderzoek laat zien dat wanneer je mensen confronteert met de hypocrisie van het feit dat moslims collectief verantwoordelijk worden gehouden voor terrorisme in naam van de islam – terwijl dat bij andere groepen in de samenleving niet gebeurt – men in het vervolg minder collectieve schuld aan moslims toeschrijft.

Zet je status in voor positieve beeldvorming

Verkeer je in een machtspositie? Kijken mensen tegen je op? Heb je een leidinggevende positie? Gebruik dit om moslims te steunen in de strijd tegen islamofobie. Zelf had ik ooit de kans om een kennis, die toevallig orthodox moslim is, aan werk te helpen bij het bedrijf waar ik zelf in dienst was. Wel moest ik vooraf aangeven dat hij vrouwen niet de hand schudt. Dat zou bijzonder worden, want er was 99 procent kans dat hij verwelkomd zou worden door een van mijn vrouwelijke collega's.

Ik heb toen aan mijn collega's uitgelegd waaróm hij vrouwen de hand niet schudt. Dat doet hij niet omdat hij vrouwen als minderwaardig ziet, of als onrein. Hij doet het uit respect voor het vrouwelijk lichaam en daarom begroet hij vrouwen met een lichte buiging in plaats van een handdruk.
Dit veranderde de afwijzende houding van de directeur in een open houding. Sterker nog, we eindigden ons gesprek lachend, omdat ik had aangegeven voortaan door iedereen begroet te willen worden met een buiging.

Anti-Zwart racisme

ook wel afrofobie en afrifobie

Al eeuwenlang worden Zwarte mensen als het laagste soort mens gezien. Je las het in de paragraaf over de opkomst van witte suprematie en je ziet het terug in de huidige maatschappij. Er is in alle talen een scheldwoord voor Zwarte mensen. Van alle groepen mensen hebben Zwarte mensen helaas het meest te maken met racisme. Van alle meldingen van racisme en discriminatie in de regio Amsterdam is een op de vijf gevallen gericht tegen Zwarte mensen.

> Anti-Zwart racisme is de uitzonderlijke haat voor en afkeer tegen Zwarte mensen, afkomstig van zowel witte mensen als mensen van kleur.

In deze definitie benoem ik nadrukkelijk dat het ook racisme vanuit mensen van kleur betreft. Want waar men denkt dat racisme vooral vanuit witte mensen komt, is anti-Zwart racisme net zo goed aanwezig in gemeenschappen van mensen van kleur. Dit zag je ook terug in het hoofdstuk *Voorkeur of racisme?*, waar de Marokkaanse dame in elkaar geslagen werd omdat ze een Surinaamse vriend had.
Anti-Zwart racisme is ook de reden dat de Amerikaanse term BIPOC (Black, Indigenous, Person of Color) tegenwoordig meer voorkomt dan PoC (Person of Color). Bij PoC worden alle niet-witte mensen in één categorie samen-

gevoegd. Door iedereen samen te voegen, ga je voorbij aan het feit dat Zwarte mensen en oorspronkelijke Amerikanen een veel heftigere vorm van racisme meemaken, die apart moet worden benoemd.
In Nederland hebben we niet te maken met oorspronkelijke Amerikanen, dus laat ik hen buiten beschouwing. Maar zoals ik in de inleiding al aangaf, vind ik het belangrijk om te spreken van Zwarte mensen én mensen van kleur. Want ook in Nederland is het racisme waar Zwarte mensen mee te maken hebben niet te evenaren.

Zo ziet anti-Zwart racisme eruit

Zwarte kinderen komen al vroeg in aanraking met anti-Zwart racisme. Naarmate ze ouder worden, neemt dit steeds duidelijkere vormen aan. Om je een goed beeld te geven van anti-Zwart racisme zal ik persoonlijke voorbeelden gebruiken - voorbeelden die ik voorbij heb zien komen in de maatschappij en Amerikaans onderzoek als Nederlands onderzoek ontbreekt.

Zwarte baby's sterven vaker onder de zorg van witte artsen

Zwarte kinderen hebben minder kansen in het leven vanaf de geboorte. Het kindersterftecijfer in de Verenigde Staten is meer dan twee keer zo hoog voor Zwarte baby's als voor witte baby's. Dat sterfteverschil wordt kleiner wanneer deze baby's worden behandeld door Zwarte artsen, blijkt uit een ander onderzoek. Waarom dat zo is, is voor sommigen een ingewikkelde vraag. Als ik een wilde gok mag doen, zeg ik (onbewust) racisme.

Kinderen denken dat Zwarte kinderen stout zijn

Daarnaast blijkt dat zowel Zwarte kinderen als witte en bruine kinderen al op 4- en 5-jarige leeftijd negatieve eigenschappen koppelen aan Zwart zijn en positieve eigenschappen aan wit zijn. Mocht je denken 'mijn kind doet dat niet', dan daag ik je uit om de poppentest van Clark & Clark te doen. Aan de ene kant van de tafel plaats je een witte pop en aan de andere kant een Zwarte pop. Stel je kind vragen als: 'Welke pop is lief?' 'En welke is stout?' 'Welke is slim?' Observeer aan welke pop je kind de meeste positieve eigenschappen koppelt.

Adultificatie

Nadat de kleutertijd voorbij is, krijgen Zwarte kinderen te maken met adultificatie.

> Adultificatie is een vorm van ontmenselijking, waarbij Zwarte kinderen worden beroofd van de essentie van wat de kindertijd onderscheidt van alle andere ontwikkelingsperioden: hun onschuld.

Dat houdt in dat Zwarte kinderen als volwassenen worden gezien in plaats van als de kinderen die ze zijn. Doen ze iets ondeugends, dan wordt het als kwaadwillig en berekenend gezien. Men ziet het als gedrag dat consequenties en harde gevolgen verdient en niet als onschuldig kattenkwaad. Adultificatie is te herleiden naar de slavernijtijden. Zwarte kinderen kregen dezelfde wrede behandelingen als hun ouders. Ze werden niet gezien als mens, maar als bezit van de witte mensen die hun voorouders uit Afrika hadden ontvoerd. Vanaf de leeftijd van 2 jaar moesten Zwarte kinderen al werken. Niemand keek om naar hun gezondheid en al helemaal niet naar hun geluk. Helaas is dit nog steeds zo, zij het op een subtielere manier. Dit resulteert in een ander effect bij meisjes dan bij jongens.

Adultificatie bij Zwarte meisjes

Georgetown University onderzocht in 2017 adultificatie bij meisjes. Uit dat onderzoek blijkt dat men naar Zwarte meisjes in de leeftijd van 5 tot 14 jaar kijkt en denkt dat zij:

- minder verzorging nodig hebben
- minder bescherming nodig hebben
- minder steun nodig hebben
- minder troost nodig hebben
- onafhankelijker zijn
- meer weten over onderwerpen voor volwassenen
- meer weten over seks

Het lichaam van Zwarte meisjes ontwikkelt zich doorgaans anders dan dat van witte meisjes. Zwarte meisjes hebben eerder rondingen die wij in de maatschappij als vrouwelijk classificeren. Dit maakt ze echter niet minder kind. En het maakt het al helemaal niet oké om Zwarte meisjes op zo'n jonge leeftijd al te zien als seksuele wezens. Dat heeft namelijk ernstige gevolgen. Het zorgt er onder andere voor dat men hen niet als slachtoffer ziet bij seksueel geweld. Dat is de meest heftige vorm van *victim blaming* – slachtofferbeschuldiging – die er bestaat.

Adultificatie bij Zwarte jongens

Ook van Zwarte jongens wordt gedacht dat zij eerder seksueel actief zijn dan witte jongens. Daarnaast kun je adultificatie herkennen aan het feit dat Zwarte jongens vaak langer, dan wel groter, worden ingeschat dan dat ze werkelijk zijn. Daarnaast – of misschien daardoor – worden zij eerder gezien als agressief, eng, bedreigend en crimineel.

Het gevolg van de adultificatie van Zwarte jongens in de Amerikaanse situatie spreekt boekdelen. Denk aan Emmett Till, de 14-jarige jongen die in 1955 werd gelyncht omdat een witte vrouw had gelogen dat hij met haar had geflirt. Denk aan de 12-jarige Tamir Rice, die in november 2014 werd doodgeschoten omdat hij rondliep met een speelgoedpistool. En denk aan de 17-jarige Trayvon Martin die werd doodgeschoten, omdat hij een hoody droeg met de capuchon op. Gemeenschapswachtlid George Zimmerman vond dat maar verdacht: een Zwarte 'man' met een hoody. Helaas zie je deze gedachtegang ook bij Nederlandse agenten.

- *Men ziet Zwarte jongens in een hoody als gevaar*

Stel je voor, je bent een Zwarte jongen en komt net terug van een potje voetballen met vrienden. Het was gezellig, maar je bent pas 13 jaar en het is nu laat, donker en eng. Je doet je capuchon op, kijkt niet op of om en loopt zo snel mogelijk naar de tram om naar huis te gaan.

Vanuit het niets komen er een paar mannen op je af. Instinctief ren je weg. Het blijken agenten te zijn en je wordt aangehouden. Je snapt er niks van. De agenten brengen je naar het hoofdbureau en gooien je in een cel, om je later te verhoren. Ze verdenken je van een roofoverval. Je wacht op je moeder, maar ze komt niet.

Je moeder zit thuis gespannen te wachten sinds er een agent is komen vertellen dat je bent opgepakt. Ze wilde graag bij het verhoor zijn. De agenten zouden haar bellen zodra ze mocht komen, maar ze wordt maar niet gebeld. Als ze besluit om zelf contact op te nemen, ben jij al verhoord. Er is kennelijk iets misgegaan. De agenten geven aan dat ze je moeder niet konden bereiken, terwijl ze al die tijd toch echt naast de telefoon zat te wachten. Je mama komt meteen naar het bureau, maar tegen de tijd dat ze daar aankomt, krijgen jullie te horen dat je niet mee naar huis mag.
Je huilt. Je zegt dat je niets hebt gedaan, maar je moet de nacht in de cel doorbrengen. Het is al te laat om je voor te geleiden. Het huilen stopt niet. Je hebt echt niets gedaan. Het enige wat je deed was naar huis lopen, gekleed in een hoody, met je capuchon op. Het enige wat je deed was een Zwart kind zijn.
Maar laat dat nou net hetgeen zijn wat je verdacht maakt. En je mag dan wel een kind zijn, maar je gaat gewoon de cel in alsof je een grote man bent. En dat hoort niet, maar 'in Nederland wordt er, ondanks het feit dat het in strijd is met het Kinderrechtenverdrag van de Verenigde Naties dat Nederland in 1989 ondertekende, nog altijd geen onderscheid gemaakt tussen een kind en een volwassene', zegt journalist Raounak Khaddari in haar artikel voor *Het Parool*.
In Nederland mogen kinderen - net als volwassenen - negen uur lang worden vastgehouden. En als je pech hebt, zoals het kind in deze situatie, komen daar de negen uren tussen 0.00 uur en 9.00 uur nog bij. Die tellen niet mee met de tijd dat iemand vastgehouden mag worden.
Voor een volwassene kan dit al zwaar zijn, wat is dan het gevolg voor een kind? Dat verschilt per kind, zegt Kinderombudsman Margrite Kalverboer, maar stressvol is het sowieso. Je weet niet precies wat er gaat gebeuren en vooral pubers worden eerder geleid door emoties. Dus rationaliseren gaat moeilijk op zo'n moment.
Het kind uit dit voorbeeld mocht de volgende dag naar huis. Zijn moeder belde meerdere keren naar de pro-Deoadvocaat voor een update, maar ze moesten het maar afwachten. Pas na maanden kregen ze te horen dat het kind niet langer verdacht is. *Case closed.* Geen excuses. Niks. Alleen een kind met een traumatische ervaring rijker.

- *Men ziet Zwarte jongens eerder als dader dan als slachtoffer*

Een ander sprekend voorbeeld van adultificatie zie je terug in de aflevering van *Opsporing Verzocht*, waarbij twee mannen werden gezocht voor de mishandeling van een 44-jarige treinreiziger. Op de beelden is te zien dat een kleine, Zwarte jongeman stiekem achter een grote, witte man meeloopt door de poortjes. De man is hier niet van gediend en duwt de jongen naar achteren. De jongeman doet een stap opzij, maar de man is nog niet klaar. Hij duwt de jongen nog tweemaal. Na de derde duw haalt de jongeman uit en belanden ze in een gevecht.

Enkele momenten later blijkt dat de jongen niet alleen was. Zijn maat komt aangerend en mengt zich in het gevecht. De grote, witte man loopt een gebroken oogkas en een gebroken neus op, evenals breuken in zijn jukbeen. Ook mist hij een stuk tand. Vreselijk natuurlijk, maar wie is dit gevecht nou eigenlijk begonnen?

Opsporing Verzocht geeft aan dat de man de jongeman aansprak, maar zegt niet dat dat gepaard ging met fysiek geweld. Niet één keer, niet twee keer, maar drie keer! In Nederland hebben we een wet waarin staat dat je jezelf mag verdedigen. Gelet op het feit dat de man minstens een kop groter is dan de jongeman en hij hem tot drie keer toe bleef duwen, is de eerste klap die de jongeman uitdeelde zelfverdediging. Hierna had de jongeman moeten weglopen, dan kon hij zich nog beroepen op noodweer. Maar het is lastig om onderscheid te maken tussen zelfverdediging en geweldpleging wanneer er zulke ernstige gevolgen zijn.

Opvallend in dit voorbeeld is dat *Opsporing Verzocht* de beelden deelde en vertelde dat de kleine jongeman de grote, witte man had aangevallen, terwijl iedereen kon zien dat dit andersom was. Het was ook bijzonder dat ze de jongeman en zijn makker als 'mannen' omschreven, terwijl ze eerder pubers leken. Na behoorlijk wat commentaar op Instagram en Facebook verwijderden ze hun post, om er nooit meer wat over te zeggen.

Op de website zag ik enige tijd later dat het wel bleek te gaan om een meerderjarige. Ze hadden de gezochte jongemannen te pakken en het ging om een 24-jarige jongeman en zijn jongere neef. De jongeman, eigenlijk ook slachtoffer in dit scenario, kreeg een celstraf van zeven maanden en moest een schadevergoeding betalen.

De witte man ging vrijuit. Hij werd immers gezien als het slachtoffer en er was geen aanklacht tegen hem.

- *Stuitende behandeling door onderwijsmedewerkers*

Tot slot wil ik adultificatie illustreren aan de hand van een voorbeeld dat ik meemaakte, de middag nadat ik aan dit hoofdstuk begon nota bene.
Een 14-jarig kind met een disharmonisch profiel, dat niet zo goed de gevolgen van zijn acties kan inzien, zit op een Amsterdamse middelbare school, speciaal voor leerlingen met een extra ondersteuningsbehoefte. Na een incident vraagt zijn moeder of ik kan fungeren als spreekbuis bij het gesprek op school.
De situatie is als volgt: tijdens de gymles op vrijdag trekt Lloyd[4] de broek van zijn klasgenoot Brandon[4] naar beneden, te midden van al hun klasgenoten. Brandon reageert hierop door zijn belager van zich af te duwen. Dit pikt de belager niet, waarop hij Brandon schopt en er een gevecht ontstaat. De gymleraar ziet dat Brandon aanvankelijk nog rustig is en grijpt niet in. Brandons mentor komt enkele ogenblikken later aanlopen en grijpt wel direct in. Dit doet ze door Brandon vast te pakken. Brandon snapt dit niet en probeert zich los te wrikken uit haar greep. Hierbij raakt de mentor verwond. Brandon moet per direct het schoolterrein verlaten en mag pas weer terugkomen na een zogeheten herstelgesprek, waarbij er een ouder of verzorger aanwezig moet zijn.
Dit gesprek vindt direct na het weekend plaats en is ook het moment waarop ik ben aangehaakt. Ik vraag de directeur en adjunct-directeur het incident te reconstrueren. Zij vertellen hetzelfde verhaal als Brandon, maar leggen de focus op hoe Brandon heeft gereageerd op het vastpakken door zijn mentor. Ik laat hen uitpraten en begin vervolgens met mijn verhaal.

[4] Deze namen zijn om privacyredenen gefingeerd.

'Ik begrijp niet waarom we het hier hebben over Brandons reactie op de mentor, in plaats van de oorzaak van de gehele situatie: het seksueel grensoverschrijdend gedrag van zijn klasgenoot. Nog geen maand geleden hebben we allemaal gezien dat Bilal Wahib in het nieuws kwam nadat hij een tiener voor de grap overtuigde zijn geslachtsdeel te laten zien op Instagram Live. Jullie hebben het vooral over de manier waarop Brandon heeft gereageerd, maar negeren de aanleiding. Dat is toch echt belangrijker om te bespreken, want Brandon is hier het slachtoffer.'

Enigszins geschrokken door mijn reactie, maar erop gebrand om Brandon als dader af te schilderen, gaat de adjunct-directeur over naar de situatie van die ochtend. Volgens haar was Brandon die ochtend 'zeer agressief, intimiderend, manipulatief en bedreigend' naar haar geweest.
Brandon had niet naar school moeten komen, maar deed het toch. Hij had een belangrijke toets en had tot diep in de nacht zitten leren. De adjunct-directeur kwam hem tegen en wees hem erop dat hij niet op school mocht zijn, vanwege het incident en het herstelgesprek dat nog plaats moest vinden. In de war vanwege het feit dat degene die Brandons broek naar beneden had getrokken gewoon in de les zat, reageerde hij vanuit frustratie met een hoge stem. Hij vertelt de adjunct-directeur over zijn toets en hoe belangrijk die is voor het overgaan naar het volgende leerjaar. 'Boeit me niet,' was volgens Brandon haar reactie. Nog meer frustratie.
'U kunt me niet wegsturen, want jullie zijn verantwoordelijk voor mij. Dus als er iets met mij gebeurt in de tijd dat ik op school had moeten zitten, is dat jullie verantwoordelijkheid. Als ik van een flat af spring, is dat jullie schuld.'
Deze uitingen zijn voor de adjunct-directeur de reden dat zij een 14-jarig kind met zware woorden als 'agressief' en 'manipulatief' omschrijft. Ik spreek haar aan op haar woordkeuze, maar ze blijft stoïcijns naar me kijken en blijft bij haar woordkeuze.
Gedurende het gesprek moet ik continu haar woorden aanpassen om Brandon te beschermen: 'Nee, niet boos of woedend, maar zeer gefrustreerd met een heel begrijpelijke reden. Nee, hij was niet agressief, nogmaals, vooral gefrustreerd en in de war.' Aan het einde van het gesprek zijn de directeur en adjunct-directeur niet tevreden over de uitkomst van het gesprek en mag Brandon nog steeds niet naar school.

Uiteindelijk duurt het ongeveer vijf weken voordat er schot in de zaak komt. In die tijd hebben er meerdere gesprekken plaatsgevonden, zowel schriftelijk als persoonlijk. De directeur is niet overtuigd door wat de moeder van Brandon en ik te zeggen hebben. Pas als zijn moeder de onderwijsconsulent en leerplichtambtenaar laat aanhaken bij het gesprek, is er vooruitgang. De onderwijsconsulent en leerplichtambtenaar stellen eigenlijk dezelfde vragen als ik, of beamen wat ik zeg, maar zij hebben twee voordelen:

1. Ze hebben status vanwege hun functie.
2. Ze zijn wit.

Na wekenlang erachter proberen te komen waarom Brandon eigenlijk niet naar school mocht, want hij was niet officieel geschorst en het herstelgesprek had al plaatsgevonden, komt de aap uit de mouw: de mentor is bang voor Brandons moeder en misschien is de band tussen Brandon en de mentor onherstelbaar beschadigd.
'Dat is raar,' zegt de moeder, 'want Brandon en zijn mentor hebben van de week nog met elkaar geappt. Ze heeft haar excuses aangeboden en gaf aan dat zij niet met ons mag communiceren van jullie.' Overigens hadden de moeder van Brandon en de mentor tot het incident wekelijks appcontact over hoe het met Brandon ging op school, dus je zou eerder kunnen spreken van een hechte band dan van een vijandige sfeer.
De onderwijsconsulent en de leerplichtambtenaar zien geen reden om Brandon nog langer te onthouden van onderwijs en de leerplichtambtenaar benadrukt ook dat dit niet zo had mogen gaan. Na een tik op de vingers is het klaar. De school durft h er niet tegenin te gaan.

Dit waren drie voorbeelden van hoe Zwarte jongens al van jongs af aan te maken krijgen met negatieve stereotypen en wat voor effect die kunnen hebben op hun leven. Helaas wordt het niet beter als ze volwassen zijn.

Stereotypen over Zwarte mannen

Zwarte mannen lijden hun hele leven lang onder bepaalde stereotypen en naarmate ze ouder worden, komen er nog meer bij. De maatschappij ziet Zwarte mannen als dom, (seksueel) agressief, gewelddadig, crimineel en lui. Dit zorgt voor een irrationele angst voor Zwarte mannen, het fetisjeren van Zwarte mannen en het dehumaniseren van Zwarte mannen.

De irrationele angst voor en de dehumanisering van Zwarte mannen

De irrationele angst voor Zwarte mannen en het dehumaniseren van Zwarte mannen is goed te illustreren aan de hand van wat Akwasi in Nederland meemaakt. Ik ken Akwasi als presentator van het kinderprogramma ReChill, waar hij kinderen 'op zijn eigen komische en inspirerende wijze' laat kennismaken met mediteren en ontspannen. Daarnaast ben ik in 2019 met mijn eigen kindje naar een voorleesmiddag geweest, waar Akwasi kinderboeken voorlas.

Tijdens het grootste Black Lives Matter-protest in Nederland, in juni 2020, was Akwasi een van de sprekers. Omringd door mensen die op hem lijken en mensen die willen strijden voor de rechten van mensen die op hem lijken, deed hij geëmotioneerd uitspraken over Zwarte Piet, een fictief figuur. Sindsdien ontvangt hij doodsbedreigingen. Zijn adres en foto's van zijn nieuwe thuis werden door een glazenwasser gedeeld in een Facebookgroep. Daar riepen mensen op om een handgranaat aan de deur te hangen en het huis in brand te steken. En tot overmaat van ramp stonden er – terwijl zijn hoogzwangere vrouw en kind alleen thuis waren – extreemrechtse pro-Pieters voor zijn deur om hen te intimideren.

Toch bestempelen de media Akwasi als de agressor. Toch besloot een journalist van de NPO Akwasi uit te nodigen voor een interview over zijn nieuwe omroep, Omroep Zwart, maar lokte hij hem uit om ophef creërende uitspraken te doen, omwille van luistercijfers en media-aandacht. Het is een journalist, dus hij heeft zeker meegekregen door wat voor hel Akwasi is gegaan. Toch stuurde hij hem linea recta terug.

Het enige wat de journalist hoefde te doen, was zeggen dat hij zich geïntimideerd voelde door Akwasi en heel Nederland gelooft het. Dit krijg je met zulke stereotypen!

En Akwasi is zeker niet de eerste Zwarte man die door de media als agressief, intimiderend en gevaarlijk werd afgeschilderd. Vóór Akwasi waren dat onder anderen Jerry Afriyie, Mitchell Esajas en Quinsy Gario.

Esajas en Afriyie stonden in november 2018 als de kopstukken van een soort terroristische organisatie afgebeeld in *De Telegraaf*. 'Het gevaar van een radicale agenda' heet het twee pagina's tellende artikel, geschreven door Wierd Duk en Marcel Vink. In het artikel leggen de schrijvers verschillende verbanden tussen organisatie en hun gezamenlijke doel: iconen van de Nederlandse cultuur laten verdwijnen.

Voor jou als antiracist in de dop klinkt dit wellicht lachwekkend, maar lezers van *De Telegraaf* en mensen die dit online lezen en deze mannen niet kennen, nemen dit aan voor de waarheid, want het komt van journalisten en het staat in de krant. Die beseffen niet dat het om twee mannen gaat die al jaren vreedzaam protesteren.

Quinsy Gario is degene die tien jaar geleden samen met Jerry Afriyie het project 'Zwarte Piet is Racisme' is begonnen. Inmiddels staat hij absoluut niet meer op de voorgrond van het anti-Zwarte Piet-protest, maar heeft hij genoeg te verduren gehad: honderden, zo niet duizenden bedreigingen, de toenmalige Amsterdamse burgemeester Van der Laan die op Gario's verzoek om beveiliging reageerde met dat hij de politie maar moest bellen als er écht iets aan de hand was, en het OM dat intern 'verschillen van inzicht' had over hoe de zaak moest worden afgedaan.

De fetisjering van Zwarte mannen

Waar de stereotypen die Zwarte mannen toebedeeld krijgen enerzijds irrationele angst oproepen, zorgen diezelfde stereotypen er anderzijds voor dat Zwarte mannen worden gefetisjeerd. Er is zelfs een heel pornogenre gericht op het geslachtsdeel van de Zwarte man: de Big Black Cock (BBC). Mannen van wie verwacht wordt dat zij een 'BBC' in hun broek hebben zitten, krijgen soms ook de bijnaam 'Mandingo'. Niet zo fijn voor het volk uit West-Afrika dat die naam draagt.

De combinatie van het stereotype beeld van de Zwarte seksueel agressieve man met een 'BBC' betekent ook dat Zwarte mannen door velen als lustobject worden gezien. Dit zie je het duidelijkst terug in Afrikaans sekstoerisme.

Bij deze vorm van sekstoerisme reizen vaak witte, oudere, welgestelde vrouwen naar Afrikaanse landen om hun seksuele fantasieën te laten vervullen door jonge, Zwarte mannen. Soms zelfs minderjarigen. Deze mannen of kinderen worden overladen met cadeaus om het misbruik en de scheve

verhoudingen te vergoelijken. In een enkel geval mondt het uit in een relatie. Maar meestal vertrekken de vrouwen verzadigd terug naar hun eigen land van herkomst en voegen ze zich weer bij hun gezin of echtgenoot.
De Nederlandse website Single2travel heeft ook een artikel over Afrikaans sekstoerisme online staan. En hoewel ze in een disclaimer aangeven dat zij geen seksvakanties verkopen, adviseren ze in het artikel uit 2015 wel degelijk iets wat daarop lijkt, en ziet het er toch echt uit als het promoten van dergelijke reizen:

> *'Ben je een single vrouw op leeftijd en heb je wel zin in een seksueel verzetje in een zonovergoten vakantieoord? Dan ga je naar Gambia. Want wat Thailand is voor westerse mannen op leeftijd, is Gambia voor westerse vrouwen op leeftijd: één grote speeltuin. Ze genieten van zon, de zee, het strand én de Afrikaanse mannen op dat strand. [...] Deze jonge mannen van maximaal 30 jaar oud houden de vrouwen op het strand én in het hotel gezelschap voor een paar dagen of zelfs voor een hele week in ruil voor een iPhone of verblijf in het hotel.'*

Dit is natuurlijk een expliciete vorm van de objectificering en fetisjering van Zwarte mannen. In het dagelijks leven herken je het eerder aan die vriend of vriendin die op Tinder swipet tot er een 'Mandingo' voorbijkomt voor een onenightstand. Of de stagiaires die net terug zijn van een stage in het buitenland en trots vertellen over hun veroveringen en tot in detail vertellen over de seks en de BBC's die ze hebben getrotseerd.

Misogynoir gedrag naar Zwarte vrouwen

Op TikTok vroeg @understandud: *'Are you a woman before you're Black? Or are you Black before you're a woman?'* Je kunt het een niet voor het ander plaatsen; het is een gouden combinatie die niet los valt te zien. De ervaringen van Zwarte vrouwen liggen niet aan gender óf huidskleur. Het ligt aan de combinatie van gender én huidskleur. Het is een ervaring van seksisme gecombineerd met racisme die zo opvallend en veelvoorkomend is dat er een nieuw woord voor nodig was: misogynoir.

Misogynoir is anti-Zwarte racistische vrouwenhaat. Het is een samenvoeging van misogynie – vrouwenhaat – en noir – zwart.

Deze *spot on* omschrijving heeft de wereld te danken aan professor Moya Bailey, die als Zwarte queer vrouw maar al te goed weet hoe specifiek de haat jegens Zwarte vrouwen is. Die haat wordt ook nog eens versterkt door – of is misschien de reden van – het stereotype beeld dat wereldwijd herkenbaar is voor Zwarte vrouwen. Zwarte vrouwen worden neergezet als agressief, boos en sterk en daardoor niet vrouwelijk: de zogenaamde *angry, Black women.*

Tennissster Serena Williams, voormalig first lady Michelle Obama en zelfs wereldbekende televisieshowhost Oprah Winfrey hebben hiermee te maken gehad. In Nederland en België kun je misogynoir gedrag herkennen aan de manier waarop men bekende vrouwen zoals Sylvana Simons, Clarice Gargard, Seada Nourhussen, Sabrine Ingabire en Dalilla Hermans behandelt.

Dit zijn allemaal vrouwen die durven te zeggen wat ze ergens van vinden. Vrouwen die zich laten zien, die zich laten horen en vrouwen van wie veel mensen vinden dat ze hun plek zouden moeten kennen.

Racistische, denigrerende reacties op Sylvana Simons

Sylvana Simons is zo'n vrouw van wie wordt verwacht dat ze haar plek kent. Ze werd zelfs letterlijk gemaand om te gaan zitten en zich netjes gedragen tijdens een debat over een schietpartij bij de Nederlandsche bank. PvdD-lid Johnas van Lammeren was niet te spreken over het feit dat Simons geen afstand wilde doen van de woorden van duo-raadslid Vreer Verkerke. Verkerke had op Twitter tegen SP'er Nicole Temmink gezegd dat 'zij makkelijk praten had als witte cisvrouw', als reactie op haar klacht over de 'onsmakelijke timing' van het debat. En iemand een witte cisvrouw noemen, dat kon niet volgens Van Lammeren.

Nadat Simons door middel van vragen erachter probeerde te komen wat hem nou zo boos maakte, gaf Van Lammeren aan dat 'mevrouw Simons indirect de racismekaart richting de Amsterdamse politie trekt' en 'dat zij

zich moet gaan schamen. Het zou u echt sieren als u nu gaat zitten en zich nederig gedraagt.'
Na ophef kwamen excuses, maar dan vooral over de woordkeuze en niet over zijn superieure gedrag. Niet om de vernedering zelf. Die vond hij kennelijk gegrond.
Helaas zien we misogynoir gedrag gericht aan Simons veel vaker voorbijkomen. De reacties op haar persoon en haar strijd voor rechtvaardigheid bekoopt zij voortdurend met bedreigingen en racistische en seksistische opmerkingen.
Toen ze in mei 2016 als partijlid van DENK de politiek in ging, kwamen daar zo'n 40.000 reacties op – een 'stortvloed aan racistische, seksistische en discriminatoire reacties'. Ze deed aangifte, maar uiteindelijk werden slechts twintig toetsenbordhelden vervolgd.
En als je denkt dat het alleen onbekende mensen zijn, die dit gedrag vertonen, heb je het mis. Zowel voetbalanalist Johan Derksen als 3fm-dj Giel Beelen vergeleek Simons op zeer expliciete wijze met een aap. Giel Beelen gaf na een storm van kritiek aan zijn opmerking te betreuren en mocht aanblijven. Johan Derksen biedt bijna nooit zijn excuses aan. Die vindt dat hij alles kan zeggen en aangezien hij nog steeds hetzelfde werk heeft, kan hij dat kennelijk ook.
In Amerika is dat dan weer wat beter. De directrice van Clay County Development Corporation, een door de overheid gesubsidieerde stichting, kreeg ontslag nadat zij Michelle Obama 'een aap op hoge hakken' noemde in een tweet. De burgemeester die positief reageerde op die tweet trad zelf af.
Onze politici zijn dan niet zo expliciet in hun misogynoire gedrag als de Amerikaanse. Onze (demissionair) premier Mark Rutte bijvoorbeeld. In een debat reageerde Rutte als door een wesp gestoken op een motie van Simons.
Hij noemde haar motie 'onbeschaamd en onbeschaafd' en niet iets 'wat fatsoenlijke mensen doen'. Hij noemde het een kwestie van 'beschaving' om grenzen te stellen 'aan wat je zegt'. Bijzonder, want tegen Wilders of Baudet heb ik hem zoiets niet eerder horen zeggen. Tegen hen zegt hij niet dat 'je niet alles kunt zeggen' en dat 'woorden kunnen kwetsen'.
Nee, na een verhit debat met Wilders, waarbij Rutte een PVV-Kamerlid aanhaalde dat kort daarvoor door zijn vrouw beschuldigd werd van jaren-

lang aanzetten tot intimiteit met zijn beveiligers, zei Rutte de dag erna te balen van zijn actie. 'Het was niet mijn bedoeling om hem zo te raken. Daar ken ik hem ook te goed voor. Geert Wilders en ik mogen elkaar vreselijk graag.'
Maar tegen een Zwarte vrouw zeggen dat ze onbeschaafd is, vindt hij kennelijk prima. *Misschien mag hij haar gewoon niet.*

De schandalige behandeling van de zaak van Clarice Gargard
Clarice Gargard is journalist, programmamaker, presentator en columnist bij de *NRC*. Bovendien is ze de oprichter van Black Pride NL. In 2017 deed Gargard live verslag van de demonstratie van Kick Out Zwarte Piet in Amstelveen op Facebook. In de reacties verschenen duizenden bedreigingen. 'Doodsbedreigingen, verkrachtingsfantasieën en allerlei vreselijke racistische uitlatingen gericht aan mij, de demonstranten en zwarte mensen in het algemeen.' Clarice verzamelde de ergste van de bijna achtduizend bedreigingen en spande een rechtszaak aan. Uiteindelijk werden slechts vijfentwintig mensen aangeklaagd. En ook dat ging niet van een leien dakje. Clarice werkte twee jaar lang samen met officier van Justitie Jacobien Vreekamp aan de zaak. Maar de nacht voordat de zaak voor het eerst zou dienen, werd de officier van de zaak gehaald. De reden was dat 'ze niet objectief zou zijn'. Die gedachte was alleen ontstaan doordat het anonieme, radicaal-rechtse Twitter-account @VizierOpLinks, dat juist bekendstaat vanwege het online intimideren van mensen die zich uitspreken tegen racisme, een complottheorie postte waarbij het een link legde tussen de officier van justitie, Mitchell Esajas van Kick Out Zwarte Piet en het niet vervolgen van Akwasi voor zijn uitspraken op de Dam. De gevestigde media namen dit frame klakkeloos over.
De officier van Justitie zat al jaren tegelijkertijd met Mitchell Esajas in het bestuur van een antidiscriminatiebureau. Dit was openbare informatie en dus geen geheim, maar kennelijk mag een officier van justitie niet tegen discriminatie zijn en samen in een bestuur zitten met mensen die dat ook zijn. Afijn, een nieuwe officier van justitie dus, op de eerste dag van het proces. Iemand die het slachtoffer nog nooit ontmoet had. Iemand die tegen het slachtoffer zei dat de zaak die zíj heeft aangespannen tegen mensen die háár hebben bedreigd niet om haar gaat. Iemand die vond dat het Openbare Minis-

terie het slachtoffer niet respectloos behandeld heeft en iemand die beledigd raakte vanwege de logische reactie van het slachtoffer op deze uitspraken.

Anti-Zwart racisme door mensen van kleur

Tot slot wil ik het nog hebben over anti-Zwart racisme door mensen van kleur. Want hoewel de daders bij de voorgaande voorbeelden vaak witte mensen zijn, is het belangrijk om te herhalen dat Zwarte mensen daarbovenop ook racistisch worden bejegend door mensen van kleur. Dit zie j e terug op verschillende manieren.

Mensen van kleur spreken zich uit over racisme dat henzelf betreft, maar blijven stil wanneer het over anti-Zwart racisme gaat, of doen aan slachtofferbeschuldiging en denken dat Zwarte mensen dat zelf veroorzaken. En ze zijn subtiel en soms zelf openlijk racistisch naar Zwarte mensen.

Moeite met Zwarte mensen op hoge posities

Op de werkvloer en in andere zakelijke situaties zie je dat niet alleen witte collega's, maar ook mensen van kleur moeite hebben met taken aannemen van Zwarte leidinggevenden of Zwarte mensen op een hogere positie. Sowieso is er al verbazing dat 'zo iemand' een succesvolle functie bekleedt. Men denkt dat het vanwege diversiteitsdoelstellingen is en dat hun collega die hoge positie vooral te danken heeft aan diens huidskleur.

Aan de andere kant zie je dat mensen van kleur totaal geen moeite hebben om te reageren op kansen die specifiek worden aangeboden aan Zwarte mensen. Zo deed mijn Instagram-vriend Manju Reijmer een oproep voor Zwarte, vrouwelijke schrijvers en kreeg hij vooral reacties van bruine mannen en vrouwen, die 'goed wisten dat ze niet in aanmerking kwamen en het toch probeerden'. Dit gedrag komt voort uit het ontkennen van anti-Zwart racisme. Deze mensen gooien al het racisme op één hoop en menen daardoor ook recht te hebben op de ruimte die speciaal wordt vrijgemaakt voor Zwarte mensen.

Neerkijken op dierbaren met een Zwarte partner

Een andere vorm van anti-Zwart racisme vind je in de dating- en relatiewereld. Thuiskomen met een Zwarte partner is in vele culturen ongewenst, verboden zelfs.

Wereldwijd vertellen Zwarte moslims dat ze niet geaccepteerd worden door hun bruine schoonfamilie. Op Clubhouse had je een room genaamd *Marokkaanse meiden die met FrennaBoys* gaan, waar Marokkaanse meiden werden exposed vanwege het hebben van een relatie met een Zwarte jongen. En in de Hindoestaanse gemeenschap kun je verstoten worden als je thuiskomt met iemand uit de Afrikaanse diaspora. Dit zie je ook terug in de film *Wan Pipel*. De Hindoestaanse Rubia kreeg na het bekendmaken van haar relatie met de Zwarte Roy van haar vader te horen dat ze 'volgens eeuwenoude traditie dood was' voor de familie.

En waar sommige mensen bepleiten dat het niet gaat om racisme jegens Zwarte mensen, maar dat het gewoon niet gewenst is om een relatie aan te gaan met iemand buiten je gemeenschap, merk je toch een verschil wanneer het om een relatie met een wit persoon gaat.

Ook Abdul Kareem[5] ziet die dubbele standaard voor gemengde relaties. In een interview met *de Kanttekening* vertelt hij dat, hoewel zijn familieleden zijn echtgenote niet als een gelijke moslim beschouwt, ze haar lichte huidskleur wel als iets positiefs zien. Toen zijn moeder dacht dat hij wilde trouwen met een donkere vriendin uit Sierra Leone, zei ze dat hij dat beter niet kon doen. 'Wij zijn Arabisch-Afrikaans, en zij is echt donker Afrikaans.'

Colorisme

Dan heb je ook nog colorisme, dat is een vorm van geïnternaliseerd racisme waarbij men denkt dat mensen die een donkere huidskleur hebben minderwaardig zijn ten opzichte van mensen met een lichtere huidskleur. Dit merkte Sherisa Miller op bij haar eigen oma. Sherisa is de dochter van een Afro-Surinaamse vader en Hindoestaanse moeder. Ze vertelt haar verhaal op de website HivanCommunity.nl.

Sherisa's Hindoestaanse oma knuffelde haar nooit, terwijl Sherisa haar eerste kleinkind was. Haar oma accepteerde de relatie van haar ouders niet, en de kleinkinderen die daaruit zijn voortgekomen werden daarom ook nooit echt geaccepteerd. Dit ligt niet aan het feit dat Sherisa niet volledig Hindoestaans is, want haar neefjes en nichtjes zijn ook dubbe bloed.

[5] Gefingeerde naam. Naam bekend bij de redactie van *de Kanttekening*.

Het verschil is dat haar neefjes en nichtjes een Hollandse ouder hebben, en dat schijnt haar oma minder erg te vinden. Haar huis hangt vol met foto's van de neefjes en nichtjes van Sherisa, terwijl er niet één foto van haar en haar broertje te vinden is.
Ook van haar inmiddels ex-schoonmoeder kreeg Sherisa te horen dat ze wel erg donker was voor een 'halve Hindoestaan'. Sherisa hoopt dat racisme binnen de Hindoestaanse gemeenschap jegens donkergekleurden in de toekomst zal verdwijnen. 'Het lichter maken van de huid en het verheerlijken daarvan is een maatschappelijk probleem.'
Want ook dat is het effect van colorisme. Dit verheerlijken van een lichte huid is de reden dat donkere mensen wereldwijd gebruikmaken van agressieve whitening-crèmes. Ook het Nederlandse Unilever verkoopt deze crèmes. Deze heetten tot vlak voor de grote Black Lives Matter-protesten in juni 2020 nog 'Fair & Lovely', waarbij het woord *fair* verwijst naar de Engelse term voor een lichte huidskleur. Na de protesten hebben ze de naam veranderd, maar dat verandert natuurlijk niets aan het product zelf en het probleem waarmee het samenhangt.

Racistische haat door Chinese ondernemers in Afrika

Anti-Zwart racisme is zo sterk dat je het zelfs tegenkomt in Afrika, het continent van Zwarte mensen. In Afrika weigeren Chinese restauranteigenaars Zwarte gasten en laten ze alleen witte gasten of Aziaten toe. Kunstenaar Michael Soi vertelt in een interview hoe Chinese racisten in Kenia te werk gaan. Het zijn namelijk niet alleen restauranteigenaren die zich schuldig maken aan racisme. 'We worden niet als gelijkwaardig gezien. Keniaanse werknemers die aan de ontwikkeling van de Keniaanse spoorwegen werken, mogen vaak niet eens bij hun Chinese collega's aanschuiven. Laat staan dat ze hun schone wc's mogen gebruiken.'
Dus als Zwart persoon ben je niet eens veilig op het continent waar je omringd bent door Zwarte mensen. Dit moet echt anders.

Wat kan ik doen tegen anti-Zwart racisme?

Een goede bondgenoot zijn, begint met erkennen van anti-Zwart racisme. Als ik misogynoir gedrag bespreek, krijg ik witte vrouwen die het seksisme noemen. Als je anti-Zwart racisme bespreekt, denkt men dat een bruin

persoon hetzelfde soort racisme meemaakt.
We spreken van loonkloven waar het vooral gaat over man en vrouw en dan 'mensen van kleur', maar ook in deze groep zijn er verschillen. De ervaringen van een Zwarte werknemer zijn niet hetzelfde als die van een Aziatische werknemer. Beiden kunnen te maken hebben met racisme, maar de aard van dat racisme is anders.
Anti-Zwart racisme bestaat. Het is anders, het is erger en het komt wellicht nog vaker voor dan andere vormen van racisme. Erken dat.

Verdiep je verder in anti-Zwart racisme

Ik heb laten zien hoe misogynoir gedrag eruitziet aan de hand van de verhalen van Sylvana Simons en Clarice Gargard, maar ik noemde ook de namen Seada Nourhussen, Sabrine Ingabire en Dalilla Hermans. Onderzoek wat zij meemaken als Zwarte vrouw en hoe dat verschilt ten opzichte van hun niet-Zwarte, vrouwelijke collega's.
Lees je in over het ontstaan van de *body positivity movement* en hoe de stemmen van Zwarte vrouwen inmiddels amper nog te horen zijn, ondanks het feit dat zij die beweging zijn begonnen. Onderzoek de geschiedenis van de Pride en hoe Zwarte en trans-activisten daar het initiatief namen en kijk dan wat de positie van Zwarte mensen is bij de hedendaagse Pride. Hint: ze zijn hun eigen Pride begonnen, vanwege het gebrek aan inclusie.
Dit zijn slechts een paar beginpunten. Er is nog veel meer om je over in te lezen.

Noem het beestje bij zijn naam

Spreek familie, vrienden, collega's en ook jezelf aan op anti-Zwart racisme. En noem het dan ook anti-Zwart racisme. Je kent de termen misogynoir, adultificatie en angry Black woman nu en je weet hoe de fetisjering en dehumanisering van Zwarte mannen eruitziet. Zeg exact wat je ziet gebeuren, in plaats van het te scharen onder de grote noemer van racisme.

Support Black-owned businesses

Koop de boeken, trainingen en cursussen van Zwarte ondernemers. Huur Zwarte experts in. Besteed je geld bij *Black-owned businesses* en steun stichtingen en goede doelen gerund door Zwarte mensen.

Onderzoek anti-Zwart racisme in je eigen gemeenschap

Als jij een persoon van kleur bent, is het belangrijk om te kijken hoe anti-Zwart racisme eruitziet in jouw eigen community. Hoe diepgeworteld is de hiërarchie van huidskleuren? Wat versterkt anti-Zwart racisme binnen jouw gemeenschap? Voel jij je beter dan Zwarte mensen? Voel je je soms opgelucht als jij de dans ontspringt, omdat anti-Zwart racisme sterker is dan racisme naar mensen van kleur? En op welke andere manieren heb jij je schuldig gemaakt aan anti-Zwart racisme?

Beantwoord deze vragen eerlijk en ga dan over tot acties die alle mensen - dus ook witte mensen - kunnen en moeten uitvoeren om anti-Zwart racisme tegen te gaan.

WAT HOUDT ANTIRACISME TEGEN?

In mijn strijd tegen racisme ben ik tegenover verschillende typen mensen komen te staan. Je hebt mensen die een soort *racist light* zijn: ze noemen zichzelf niet racistisch, maar zijn het overduidelijk wel en hebben geen intentie om te stoppen met hun racistische gedrag. Ze zien het immers zelf niet als racisme.
Dan heb je de *onbewuste racist*. Dit zijn de mensen die zo gewend zijn aan alledaags racisme dat ze niet door hebben hoe racistisch ze soms bezig zijn. Deze mensen willen absoluut geen racist zijn, maar vinden het erger om racist genoemd te worden dan zich racistisch geuit te hebben.
Tot slot heb je *ambiërende bondgenoten*. Dit zijn de mensen die graag willen strijden tegen racisme en openstaan om te leren. Maar soms zitten er ook mensen in deze groep die aangesproken worden op racisme erger vinden dan racisme zelf.
Als ambiërende bondgenoot is het belangrijk om fenomenen te herkennen die jouw antiracistische gedrag tegenwerken. Daarom leg ik in dit gedeelte van het boek de begrippen tone policing, gaslighting en kleurenblindheid uit. Ook bespreek ik het gevaar van wit centreren, witte fragiliteit, witte schuld en witte tranen.

Tone policing & gaslighting

Tone policing en gaslighting zijn tactieken die vaak worden ingezet door iemand die is aangesproken op racistisch gedrag. Waar ik meestal de voorkeur geef aan een Nederlandse term, gebruik ik bij tone policing en gaslighting de Engelse woorden. Er is geen Nederlandse vertaling van gaslighting en waar tone policing in het Engels een werkwoord is, gebruiken wij in Nederland het zelfstandig naamwoord 'toonpolitie'. Dit praat niet zo makkelijk, dus houd ik het bij de Engelse variant.

Tone policing is een antidebattactiek waarbij iemand de manier waaróp argumenten worden gepresenteerd bekritiseert in plaats van zich inhoudelijk bezig te houden met de argumenten zelf.

Het is een drogreden, een zogeheten argument ad hominem, een argument dat op de mens is gericht en niet op de inhoud. Tone policing legt gemarginaliseerde mensen het zwijgen op door hun het gevoel te geven dat hun zorgen over onrecht en onderdrukking niet valide zijn vanwege hun toon of taalgebruik. Ook zorgt het ervoor dat daders hun fouten niet hoeven te erkennen en geen verantwoordelijkheid nemen.Tot slot houdt het privileges in stand door mensen met macht de mogelijkheid te geven om belangrijke gesprekken af te houden, want 'je praat zo onaardig'.

Gaslighting

Tone policing gaat in de praktijk vaak gepaard met gaslighting.

> Gaslighting is een vorm van psychologische manipulatie om iemand te laten twijfelen aan diens gezonde verstand.

Deze term is ontstaan door het toneelstuk *Gaslight*. In dit toneelstuk dimt de echtgenoot geleidelijk de gaslampen. Zijn vrouw merkt dit op, maar haar echtgenoot blijft ontkennen en suggereert zelfs dat ze bijziend lijkt te worden. Uiteindelijk begint de vrouw te twijfelen aan haar eigen zicht en gezonde verstand. Ze denkt dat ze het zich allemaal inbeeldt.
Gaslighting zorgt ook voor uitputting. Je bent doodmoe en durft op den duur zaken als racisme niet meer aan te kaarten. Zo was zelf ik ook in dubio toen een groep witte mensen mijn 'goedenavond' beantwoordde met 'hé, Zwarte Piet'. Zo'n directe en onverwachte vorm van racisme ondergaan had effect op mijn lichaam, maar het duiveltje op mijn schouder zei dat ik niet zo moest overdrijven, 'want het is niet zo erg'. Dit zijn gaslightende opmerkingen die mensen zoals ik voortdurend te horen krijgen als we racisme aankaarten. Als je dit zo vaak gehoord hebt, ga je het zelf ook geloven. Ook al zegt je lichaam iets heel anders.

Zo herken je tone policing en gaslighting

Bij tone policing gaan opmerkingen direct of indirect over de manier waarop je praat. Bij gaslighting gaat het erom dat jij het verkeerd hebt begrepen.

Tone policing

Tone policing herken je in de volgende opmerkingen:
'Doe eens ff rustig' wil zeggen dat je dat nu niet bent.
'Waarom val je me aan?', meestal gevolgd door: **'Ik probeer het alleen maar te begrijpen.'**
'Als je het anders brengt, heb je meer mensen mee.'
'Met een andere toon bereik je meer.'
'We kunnen toch een volwassen gesprek voeren?'
Of de vraag die een oud-klasgenoot mij stelde: **'Waarom ben je altijd zo boos?'**

Rutte noemde Simons geïrriteerd

Een ander voorbeeld van tone policing is de reactie van demissionair premier Mark Rutte naar BIJ1-Kamerlid Sylvana Simons tijdens het coronadebat. Simons stelde kritische vragen over immuniteit. Rutte leek op den duur niet meer te weten wat hij moest zeggen en ging over op tone policing: 'Wat doet u geïrriteerd, mevrouw Simons.'
Als Zwarte vrouw heeft Sylvana veel ervaring met tone policing, dus reageerde ze ad rem. 'U denkt dat ik geïrriteerd ben? U moet me eens meemaken als ik geïrriteerd ben.' Achteraf bood Rutte zijn excuses aan voor zijn 'flauwe opmerking'. Al denk ik eerlijk gezegd dat het eerder een ingecalculeerde tactiek is om het gesprek van het hoofdonderwerp af te leiden. In het hoofdstuk *Anti-Zwart racisme* zag je meerdere voorbeelden hiervan. Dit gebeurt ook vaak in gesprekken over racisme.

Gaslighting

Gaslighting herken je in de volgende opmerkingen:
'Je overdrijft' of **'je maakt het groter dan het is'.**
'Dat heb ik niet gezegd' of **'Dat heb ik niet gedaan'.**
'Het was maar een grapje. Dat is geen reden om zo overstuur te zijn.'
'Wat ik zei was niet racistisch' of de vraag: **'Hoe weet je dat het racistisch was?'**

Dit zijn rechtstreekse uitspraken, maar soms zit de gaslighting of tone policing verpakt in een heel verhaal. Het is goed om de context erbij te zien. Dan weet je hoe zo'n gesprek tot stand komt en hoe zelfs mensen die zichzelf als bondgenoot zien gebruikmaken van gaslighting en tone policing.

Victoria Koblenko's gaslighting en tone policing

Victoria Koblenko is zo iemand. Nadat er ophef was ontstaan vanwege een racistisch gebaar tijdens *Wie is de Mol?* raakte Victoria verwikkeld in een gesprek met een Aziatische vrouw. Victoria zei het volgende:

> *'Ik heb ooit meegedaan aan* Wie is de Mol? *en ik denk niet dat je kunt voorstellen wat adrenaline doet en dat je in the heat of the moment in drie seconden niet een drakendans kunt uitvoeren (omdat je dan verliest) en omdat je medekandidaten waarschijnlijk de associatie niet snappen met China, dus je gaat voor de quick win. En in die context zie ik het.*
>
> *We leven in een tijd waarop alles op de schop moet. Dat is een uiterste. We mogen zo'n gebaar niet gebruiken, maar het is gezond om de context te zien waarin het in* Wie is de Mol? *is gebruikt. Maar we moeten niet doordraaien.*
> *Dus ondanks dat ik je intentie snap, valt je les over Aziatische landen bij mij echt verkeerd, omdat ik ook dat ik je meer over die landen kan vertellen dan wat jij op dit moment van je leven uit eigen ervaring weet.*
> *Het is dus goed om bij elkaar op zoek te gaan naar openingen voor een dialoog en de botte bijl achterwege te laten. En nee, dit is niet tone policing.'*

Maar dat is het dus wel! Het is tone policing, gaslighting en nog veel meer. 'Het is gezond om de context te zien' en 'we moeten niet doordraaien' zijn perfecte voorbeelden van gaslighting. Want als je die context niet ziet, dan ben je mentaal niet gezond en als je er wat over zegt, dan ben je doorgedraaid. 'Op zoek te gaan naar openingen voor dialoog, maar de botte bijl achterwege te laten.' Alsof het geen dialoog is met een botte bijl. Er wordt een racistisch gebaar gemaakt op televisie en Victoria bepaalt als witte vrouw dat dat kan vanwege de context. Maar jij mag daar vooral niet boos om worden. Je moet het gesprek lief aangaan!

Daarbovenop impliceert Victoria in dit bericht dat zij meer kennis heeft over Azië dan een Aziatische vrouw zelf. Hoeveel jij ook denkt te weten over je eigen Aziatische afkomst en cultuur, Victoria gokt dat zij er meer over weet.

In gesprekken met en over Zwarte vrouwen deed Victoria het helaas niet beter. Na het plaatsen van een foto van zichzelf waarop ze cornrows draagt, kreeg ze duizend likes en honderden positieve comments. Ook ontving ze één niet-positieve comment en één niet-positieve dm waarin volgers haar beschuldigden van culturele toe-eigening.
Als reactie besloot Victoria een nieuwe post te plaatsen met hoe racistisch ze wel niet is, omdat ze zich schuldig heeft gemaakt aan culturele toe-eigening, wat culturele toe-eigening is en wat ze allemaal heeft geleerd in het jaar na de Black Lives Matter-protesten.

In eerste instantie lijkt dit op een goede manier van zelfreflectie en lijkt het alsof ze haar volgers een antiracistische boodschap meegeeft. Maar eigenlijk is het een manier van zichzelf centreren als verlichte vrouw. Ze had net zo goed kunnen reageren op die ene comment en dm, maar ze plaatst zichzelf in de spotlight als *woke warrior princess*. De post ging meer om Victoria dan over haar boodschap over antiracisme.
Dit zag je ook in haar Instagram Stories terug. Victoria bleek helemaal niet zo *woke* als ze zich voordeed.

> *'Afgelopen dagen heb ik meerdere mensen gesproken om uit te zoeken waar precies de grens ligt tussen wat kan en wat niet kan. Ik heb de haarstylist gevraagd of hij zich destijds bewust was van de gevoeligheid. Toen niet. Nu wel. En jullie hoop ik nu ook.*
> *Maar er is iets wat me echt zorgen baart.*
> *Helaas was er maar één persoon die de tijd en het geduld op kon brengen om respectvol een dialoog aan te gaan per dm. De rest was denigrerend aan het bashen. Dat baart me echt zorgen. Want progressie zit echt in de nuance, en context.'*

Progressie zit in de verantwoordelijkheid nemen voor je daden en niet verwachten dat onderdrukte mensen zelfs na generaties lange onderdrukking nog het

geduld hebben om jou met fluwelen handschoentjes aan te pakken. Zwarte mensen blijken keer op keer niets te hebben aan nuance. In de geschiedenis werd er letterlijk over genuanceerde Zwarte mensen heen gelopen.
En we zijn juist beland in een tijdperk waar we niet meer over ons heen laten lopen. Daarom is het belangrijk dat iedereen zich uitspreekt tegen tone policing en gaslighting.

Wat kan ik tegen tone policing en gaslighting doen?

Wat je tegen tone policing en gaslighting kunt doen hangt af van de situatie. Ben jij zelf het slachtoffer, ben je er getuige van, of ben je misschien de dader? Voor al deze situaties zijn er oplossingen.

Spreek je uit als slachtoffer

Om eerlijk te zijn, klap ik dicht als iemand mij gaslight. Ik heb zelf nog regelmatig dat ik gewoon niet weet wat ik moet zeggen. Mijn advies was tot voor kort dan ook: *get out!* Voor je eigen mentale welzijn, en omdat iemand die gaslighting inzet er bewust op uit is om jou te laten geloven dat je het niet bij het juiste eind hebt.
Gelukkig zijn er online genoeg anderen die wél weten hoe je in zo'n situatie kunt reageren. Sarah Crosby is een therapeut wier eerste advies hetzelfde is als dat van mij: trek je terug uit het gesprek. Dit kan door gewoon weg te lopen, of je kondigt het aan met de woorden: 'ik stap uit dit gesprek'. Daarnaast deelde ze op Instagram manieren om te reageren en het gesprek toch voort te zetten:
'We herinneren ons dingen anders.'
'Ik hoor je. Dat is niet mijn ervaring.'
'Als je op deze manier tegen me blijft praten, stap ik uit het gesprek.'
'Ik sta open om over een oplossing te praten. Ik sta niet open voor een discussie over mijn gevoelens.'
Zelf zou ik het bij de laatste niet hebben over gevoelens, maar ervaringen. Dus: 'Ik sta niet open voor het ter discussie stellen van mijn ervaring.'
Bij tone policing is het simpel. Daar zeg ik gewoon: 'Mijn manier van praten maakt mijn boodschap niet minder belangrijk. Het is aan jou om naar de boodschap te kijken en niet naar mijn directe manier van praten. Als je daardoor niet meer wilt luisteren, *that's on you. Not on me.*' Of ik zeg: 'Dit

onderwerp beïnvloedt dagelijks mijn leven. Ik kan niet zonder emoties een gesprek aangaan, want ik heb emoties rondom dit onderwerp. Ik ben verdrietig/teleurgesteld/uitermate gefrustreerd/boos en dat is prima. Mijn emoties mogen er zijn.'

Kaart het aan als toeschouwer

Als ooggetuige van tone policing en gaslighting is het belangrijk om duidelijk te maken wat er gebeurt. Als je het woord tone policing niet wilt gebruiken, omdat het Engels is, of omdat je bang bent dat iemand het niet begrijpt, kun je de definitie gebruiken: 'Dat iemand iets zegt op een toon die jou niet bevalt, betekent niet dat de boodschap niet gehoord moet worden.' Wat overigens een goed idee lijkt, maar het niet is, is om de boodschap op een lievere manier te herhalen in de hoop dat de ander dan wel naar jou luistert. Het is goed bedoeld en is normaliter juist goed als iemand die niet direct geraakt wordt door een onderwerp de tijd neemt om het uit te leggen. Alleen zorgt het er in dit geval voor dat jij geprezen zult worden voor je rustige uitleg. Dit is dan weer tone policing naar de ander.
Het beste is om kort maar krachtig het schadelijke gedrag te adresseren – 'dat is tone policing' of 'de toon doet er niet toe' – en de emoties te normaliseren – 'het is logisch dat ze van slag is, de situatie is tergend'. Ook is het belangrijk om niet het woord 'boos' te gebruiken, tenzij het slachtoffer zelf heeft aangegeven boos te zijn.
Bij gaslighting is het belangrijk om de ervaring van het slachtoffer te erkennen. Vervolgens kun jij reageren als het slachtoffer daar niet toe in staat is:
'Voor jou is maar een grapje. In feite is het stereotyperend en stigmatiserend.'
'Mensen van kleur weten beter wat racisme is, dan de mensen die het niet meemaken.'
'Het is niet mogelijk om te overdrijven over racisme. Het is een heel ernstige zaak.'

Train jezelf om het niet meer toe te passen

De kans is groot dat jij je weleens schuldig hebt gemaakt aan tone policing en gaslighting. Ik schaam me altijd in gesprek met een van mijn *Twitter-friends-turned-Instagram-friends*, omdat ik jaren geleden ook bij hem tone policing gebruikte.

Tone policing kun je voorkomen door je eigen grens te onderzoeken. Wanneer stop jij met luisteren? Is dat wanneer iemand met een luidere stem gaat praten? Wanneer je boosheid meent te herkennen in gezichtsuitdrukkingen? Of wanneer iemand gaat schelden? Alhoewel schelden voor mij nu de enige harde grens is, daag ik jullie – en tegelijkertijd mezelf – uit om toch de boodschap uit iemands betoog te proberen te halen. Zoek je grenzen op en verleg ze. Vertel eerlijk dat je in het verleden tone policing hebt gebruikt en er nu aan werkt om daarmee te stoppen. Vat vervolgens samen wat jij van het betoog hebt begrepen en vraag of dat correct is.
Gaslighting kun je voorkomen of afleren door te luisteren naar de ervaringen die mensen van kleur met je delen, die ervaringen te erkennen in plaats van ze in twijfel te trekken. Dit gebeurt vrij automatisch in je hoofd. Stap 1 is om dit niet te uiten en stap 2 is om het gesprek met jezelf aan te gaan, waarbij je je afvraagt waarom jij beter denkt te weten wat een ander is overkomen. Gaslighting voorkom je ook door situaties niet te vergelijken met je eigen situatie en te letten op hoe jij zelf reageert wanneer racisme ter sprake komt. Of dat nou racisme is dat vanuit jou komt of vanuit iemand anders komt, maar ook vanuit jou had kunnen komen.

Kleurenblindheid

'Ik zie geen kleur' is een opmerking die veel mensen maken zodra het over racisme gaat. Deze opmerking is in de eerste plaats validistisch, oftewel discriminerend naar mensen met een beperking, tenzij je letterlijk kleurenblind bent. Als dit niet het geval is, zie je als baby al vanaf zes maanden oud verschil in kleuren, dus ook in huidtinten.
Als mensen zeggen dat zij 'geen kleur zien', beweren ze natuurlijk niet letterlijk kleurenblind te zijn, maar schuiven ze het gesprek over racisme als het ware opzij, want zíj discrimineren niet.

> Kleurenblindheid is een concept waardoor gesprekken over racisme niet gevoerd hoeven te worden, omdat de persoon die kleurenblind zegt te zijn mensen gelijk behandelt, ongeacht afkomst, etniciteit of huidskleur.

'Never
trust anyone
who says
they do not see color.
This means
to them
you are invisible.'

– Nayyirah Waheed

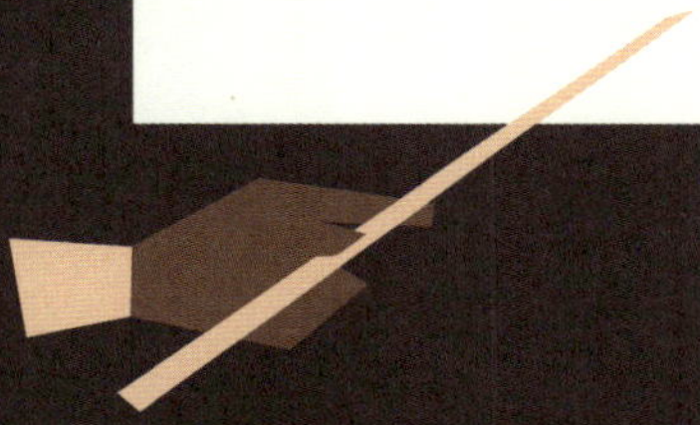

Deze definitie lijkt het streven van antiracisme te zijn. We kunnen dit echter pas bereiken als die gesprekken over racisme juist wél plaats hebben gevonden. Racisme lost zich niet vanzelf op, al helemaal niet wanneer de mensen die zeggen iedereen gelijk te behandelen stil blijven tegenover mensen die dit openlijk niet doen.
Door de 'ik zie geen kleur'-kaart te spelen, sla je het broodnodige gesprek over racisme dood. Je doet alsof er voor jou niets te leren valt, maar zegt eigenlijk ook dat je niet ziet hoe huidskleur bijdraagt aan meer en betere kansen in het leven voor andere mensen. Je zegt dat je niet ziet hoe racisme een negatieve invloed heeft op de mentale en fysieke gezondheid van miljoenen mensen. In andere woorden zeg je dat jij er niet actief aan wilt meewerken om dit te veranderen, omdat het in jouw wereld niet voorkomt.

Zo herken je kleurenblindheid

Kleurenblindheid komt alarmerend vaak voor bij witte ouders die Zwarte kinderen, of kinderen van kleur hebben. Zo kwam ik op Instagram Steven en Ashley Evans tegen. Zij zijn een wit stel dat een Zwarte zoon heeft geadopteerd. Op hun profiel @HappilyEvansAfterr delen ze grappig bedoelde TikTok-filmpjes over de adoptie van hun zoon Abriel.
Het eerste filmpje vond ik geweldig. Zij spraken zich namelijk uit tegen adoptiebureaus die ouders vragen naar hun voorkeur voor afkomst. '*We do not care*,' was hun gepaste reactie. Daarna werden de filmpjes helaas schadelijk.
Nadat meerdere geadopteerde kinderen hen hadden aangesproken op het gevaar van kleurenblindheid, besloten Steven en Ashley een filmpje op te nemen. In dit filmpje erkenden ze het probleem van kleurenblindheid niet, maar verdedigden zij hun keuze juist. Dit filmpje zorgde voor nog meer commentaar, nog meer waarschuwingen en nog meer persoonlijke verhalen van geadopteerde kinderen over schadelijke opvoeding door 'kleurenblinde ouders'.
Ook deze kritiek werd met een filmpje beantwoord: 'Stop asjeblieft met *adoption shaming*. Stop alsjeblieft met het verspreiden van haat op social media. Stop alsjeblieft met het generaliseren van alle adoptieouders. We zien je. We ontkennen geen adoptietrauma. Je inspanningen zullen verder gaan met vriendelijkheid dan met haat.'

Herken je de tone policing en gaslighting erin? En dit zijn de ouders van een Zwart kind, hoe gaan ze reageren als hij hen wijst op racisme?

Uitspraken zoals 'liefde kent geen kleur'

Het gezin Evans zei niet letterlijk geen kleur te zien. Hun goedbedoelde uitspraak was 'liefde kent geen kleur', maar ook dit is een manier om kleurenblindheid aan te duiden. Andere opmerkingen die voortkomen uit het concept van kleurenblindheid zijn:
'Het maakt niet uit of je wit, zwart, geel of paars bent. We zijn allemaal hetzelfde.'
'We hebben allemaal rood bloed.'
'Er is maar één ras. Het menselijke ras.'
En natuurlijk: **'All Lives Matter!'**
Wist je dat er zelfs kleurenblinde organisaties zijn?

De conflictontwijkende bedrijfscultuur van Amnesty International

In april 2021 kwam naar buiten dat mensenrechtenorganisatie Amnesty International weinig tot niets doet aan gerapporteerde incidenten met betrekking tot racisme. De incidenten liepen uiteen van micro-agressies, zoals het ongevraagd aanraken van het haar van Zwarte collega's tot het schelden met het n-woord, of racistische benamingen voor mensen afkomstig uit Pakistan. Collega's die graag middels het gebed ook tijdens kantooruren het geloof wilden belijden, konden rekenen op ongevoelige reacties. De racistische opmerkingen werden vergoelijkt als 'grapje' en het aankaarten van de bevoorrechte positie van witte collega's werd bestempeld als 'overgevoelig'. Er was zelfs een klacht over 'omgekeerd racisme'. Die werd weliswaar ongegrond verklaard, maar er heeft geen gesprek plaatsgevonden over waarom de klacht zo misplaatst is.
Hoe kan zoiets bij een mensenrechtenorganisatie gebeuren? Kleurenblindheid. Amnesty International ziet kleurenblindheid echt als onderdeel van hun bedrijfscultuur. En dit laat heel goed zien wat daar het resultaat van is. Ze zien racisme gewoon niet!

Wat kan ik doen tegen kleurenblindheid?

Iedereen gelijkwaardig en rechtvaardig behandelen is het doel van antiracisme. Ga ervan uit dat jij dit nog niet doet, hoe graag je het ook wilt. Laat die wil om mensen gelijkwaardig te behandelen ervoor zorgen dat je openstaat om te blijven leren.

Erken dat mensen anders worden behandeld

Stap af van het idee dat racisme in rook opgaat als jij verstoppertje speelt met iemands kleur, etniciteit of afkomst. Sta juist bij stil bij de manier waarop de maatschappij iemand behandelt op basis van diens kleur, etniciteit of afkomst. En dat dit positieve of negatieve invloed heeft op welke kansen die persoon krijgt.

Onderzoek welke 'kleuren' jij ziet

Bedenk welke vooroordelen er zijn over verschillende groepen mensen en onderzoek waar die vandaan komen. Sla jezelf niet over bij dit onderzoek. Met welke vooroordelen ben jij het eigenlijk eens? Waarvan was je eerste gedachte: o, maar dit klopt wel?

Werk aan rechtvaardigheid

Als je hebt onderzocht hoe ongelijk de kansen zijn in het leven, streef dan naar rechtvaardigheid in plaats van gelijkwaardigheid. Gelijkwaardigheid is dat je iedereen aan een race laat beginnen met evenveel obstakels. Rechtvaardigheid is dat je de baan ruimt voor mensen die al genoeg obstakels hebben overwonnen om überhaupt bij de startpositie aan te komen.

Wit centreren

Velen zien wit centreren als het centreren van de gevoelens van witte mensen in gesprekken over racisme. In mijn optiek gaat wit centreren veel verder dan dit.

Een pijnlijk aspect van culturele toe-eigening is het wit centreren waarbij zaken pas bewonderenswaardig lijken te zijn als ze door witte mensen worden gedaan.

> Bij wit centreren wordt alles gezien vanuit het perspectief van de witte mens. Het gaat om witte normen in de maatschappij, de representatie van witte mensen in de media en ja, ook het centreren van de gevoelens van witte mensen in gesprekken over racisme. Het gaat erom dat waar je ook komt, men kijkt, denkt en oordeelt vanuit witheid. Zelfs door mensen die zelf niet wit zijn.

In een maatschappij waarin wit centreren de norm is, wordt de term 'wit' eigenlijk bijna nooit benoemd. Sterker nog, het valt juist op wanneer dit wel gebeurt. Dit is ook de reden dat witte mensen vaak zeggen dat je hen uitscheldt wanneer je ze wit noemt of aangeven dat het racistisch is om 'wit' te zeggen. Dat is het natuurlijk niet, maar witte mensen zijn het niet gewend dat hun huidskleur wordt benoemd.

Zo herken je wit centreren

In het hoofdstuk over culturele toe-eigening benoemde ik al een van de pijnlijke aspecten van culturele toe-eigening: het feit dat de huidige maatschappij en media zaken pas interessant en noemenswaardig vinden wanneer witte mensen centraal staan. Vissershoedjes zijn pas een trend wanneer witte mensen ze dragen, ook al is het bij Zwarte mensen al jaren een trend. Yoga is hip wanneer witte mensen het nut ervan inzien, en miskraamverlof is pas een onderwerp voor in de media wanneer het eerste witte land het opneemt in de wet.

Witte mensen worden neergezet als pioniers

'Nieuw-Zeeland geeft stellen recht op verlof na een miskraam' las ik in maart 2021 in de krant. Dit nieuws kwam nadat Nieuw-Zeeland een wet had aangenomen waarbij ouders drie dagen betaald verlof krijgen na een miskraam of stilgeboorte. Parlementariër Ginny Andersom gaf aan dat Nieuw-Zeeland zijn pioniersrol op het gebied van vrouwenrechten voortzet door de invoering van deze wet. Met de pioniersrol verwijst ze naar het vrouwenkiesrecht, dat Nieuw-Zeeland als eerste ter wereld invoerde.

Nieuw-Zeeland is echter helemaal geen pionier met zijn wet voor miskraamverlof. In India krijgen moeders al sinds 1961 zes weken betaald verlof na een miskraam. Op Mauritius krijgen moeders drie weken betaald verlof na een miskraam en veertien weken na een stilgeboorte. Op de Filipijnen krijgen moeders zestig dagen betaald verlof bij miskramen, ongeacht in welk trimester dat heeft plaatsgevonden. Ook krijgen zij betaald verlof bij noodzakelijke vroegtijdige beëindiging van een zwangerschap. In Indonesië krijgen moeders zes weken betaald verlof, ongeacht het trimester waarin de miskraam plaatsvindt. En in Taiwan kunnen moeders vijf dagen tot vier weken betaald verlof krijgen, afhankelijk van hoe ver de zwangerschap gevorderd was. Nieuw-Zeeland is geen pionier, maar gewoon het eerste witte land dat zijn inwoners deze rechten geeft. Ook zijn het slechts drie dagen, veel minder dan de andere landen. Toch was het wereldwijd nieuws, omdat we in een wit-gecentreerde wereld leven waar zaken pas noemenswaardig lijken te zijn als ze door witte mensen worden gedaan.

Men verwacht overal witte mensen te zien

Als witheid niet centraal staat, begint men te klagen. Zo sprak een volger mij in 2020 aan op de boekenkast van mijn zoontje. 'In hoeverre past het hebben van boeken met alleen Zwarte personages bij antiracistisch opvoeden?' vroeg ze. 'Krijgt je kind dan wel genoeg prikkels mee van andere culturen?'
Was dit een goedbedoelde vraag zonder oordeel? Was het een sneer? Ik wist het niet zeker. Haar vraag was in elk geval verwarrend, omdat op elk van de zes boekenplanken minstens één en soms twee of drie boeken stonden met niet-Zwarte personages, waaronder ook witte personages. Dit koppelde ik dan ook naar haar terug.

Men plaatst witte gevoelens voorop

Nadat ik het gesprek over de boeken van mijn kind geanonimiseerd deelde op mijn Instagram Stories, reageerde een andere volger daarop. Het was een witte vrouw die het niet eens was met mijn reactie. Ze vond dat ik dankbaar had moeten zijn dat deze volger mij de vraag had gesteld. Ik had volgens haar totaal niet het recht om zo te reageren. Sterker nog, ze vond dat ik de anonieme volger voor schut zette door het gesprek (geanonimiseerd) te delen.

Hoe vervelend het voor mij was om zo'n bericht te ontvangen, vond ze niet belangrijk. Hoe verwarrend het was om een niet-kloppend bericht te ontvangen, vond ze niet belangrijk. Belangrijk was dat ik *potentieel* de gevoelens van een witte vrouw had gekwetst.
Dit soort berichten kom ik te vaak tegen in mijn inbox. Eigenlijk elke keer dat ik zulke gesprekken met een witte vrouw deel, komt er een andere witte vrouw in mijn inbox aangevlogen. Deze witte vrouwen identificeren zich meer met degene die mij een bericht heeft gestuurd dan met mij. Ze gaan totaal voorbij aan mijn gevoelens. Alsof ík geen mens ben en mijn gevoelens er niet toe doen.

Witte mensen staan centraal in Zwarte ruimtes

Het centreren van witheid zit zo diep in onze samenleving ingebakken dat het zelfs bij initiatieven met de beste bedoelingen nog fout kan gaan. Share The Mic Now is een Amerikaans initiatief waarbij witte vrouwen met een groot platform dit podium afstaan aan een Zwarte vrouw. Deze Zwarte vrouwen kunnen zo hun stem laten horen op plekken waar die tot dat moment nooit eerder gehoord werd, en zo nieuwe deuren voor zichzelf openen.
Mijn eigen post over Share The Mic Now is de reden dat dit boek bestaat. Mijn uitgever hoorde mijn boodschap toen ik de platforms van twee van hun auteurs overnam: Nina Pierson en Florine Duif. Mijn redacteur was ook bekend met - en fan van - Madeleijn van den Nieuwenhuizen (@zeikschrift), wier platform ik ook een dag mocht lenen in het kader van Share The Mic Now. Mijn redacteur nam contact met me op *and here we are.*
De Nederlandse editie van Share The Mic Now is opgezet door Irene Avogadri, een witte Italiaanse vrouw. Victoria Koblenko deed mee met het initiatief en stelde haar platform beschikbaar aan een Zwarte vrouw. Herinner je je nog de cornrows-discussie uit het hoofdstuk *Tone policing & gaslighting?* De initiatiefnemer besloot de situatie live op Instagram te bespreken met Victoria en een Zwarte hairstylist, Teshura. De sessie draaide volledig om Victoria's gekwetste gevoelens en haar tranen. Voor mij als activist was het echt huiveringwekkend om te zien, *cringe-worthy*. Op mijn eigen Instagram vertelde ik hoe scheef ik het vond dat een initiatief dat is bedoeld voor Zwarte vrouwen ineens wordt gekaapt door witte vrouwen voor het tentoonstellen van hun gekwetste gevoelens. De initiatiefnemer zag dat

voorbijkomen en stuurde me een bericht om erover te praten. In haar mail zei ze onder andere dat 'Share The Mic Now NL de intentie heeft om op een respectvolle manier de dialoog aan te gaan, juist om ook de ruimte te bieden aan hen die andere beslissingen maken dan waar wij achter staan'. Los van het subtiele tone policing – 'op een respectvolle manier de dialoog aangaan' – was ik het ook niet eens met de rest van haar mail. Daarom was mijn reactie als volgt:

> *'Share The Mic Now is met een specifiek doel in het leven geroepen: de stemmen van activistische Zwarte vrouwen versterken en vergroten. Door te doen alsof Share The Mic Now NL een zelfbedacht, losstaand initiatief is, is disrespectful naar het hele idee achter Share The Mic Now en naar de Zwarte vrouwen voor wie dit is bedacht.*
>
> *Het is echt van de zotte om een initiatief dat letterlijk bedoeld is om gemarginaliseerde stemmen te laten horen in te zetten voor witte vrouwen die we al overal horen. Om 'ruimte te bieden aan hen die andere beslissingen maken dan waar wij achter staan'. Dit gaat letterlijk in tegen waar Share The Mic Now voor staat.*
>
> *We don't need more white voices.'*

Dat betekent overigens niet dat we ze niet in overvloed zullen blijven krijgen.

Niet 'te veel' diversiteit willen

Ik kan eindeloos doorgaan over wit centreren. Er zijn voorbeelden te over. Zo luistert men eerder naar witte mensen die zaken zoals raciale ongelijkheid ter sprake brengen, dan naar de mensen die direct worden geraakt door raciale ongelijkheid. Zo nodigde een talkshow mij uit om het te hebben over diversiteit in de media, maar werd ik last minute afgezegd. Ze hadden 'voor een ander onderwerp gekozen'. Prima, dat kan uiteraard. Maar vervolgens zag ik diezelfde avond dat Madeleijn van den Nieuwenhuizen het aan tafel mocht hebben over diversiteit in de media. Zij is net als ik mediacriticus, maar zij is wit en dat had kennelijk de voorkeur. *Anders was de tafel zo Zwart en je moet witte mensen er ook wel bij betrekken.*

Wat kan ik doen tegen wit centreren?

Meerdere actiepunten uit dit boek helpen jou om op te houden met het voortdurend centreren van witheid. Denk aan de actiepunten uit het hoofdstuk *De media* uit het onderdeel *Institutioneel racisme*. Door je mediakanalen meer divers te maken, ben je witheid aan het decentreren. Ook de actiepunten uit de hoofdstukken *Anti-Aziatisch racisme* en *Islamofobie* zorgen ervoor dat je meer leert over culturen en religies waarin witheid niet centraal staat.

Geloof mensen van kleur

Geloof je pas in theorieën of berichtgeving als ze vanuit een witte hoek, vanuit witte wetenschappers of vanuit de witte media komen? Vraag je bij een aangedragen persoon van kleur steevast naar referenties, terwijl je een wit persoon bij wijze van spreken meteen aanneemt? Geloof je altijd eerder wat een wit persoon te zeggen heeft dan een persoon van kleur? Dan centreer je witheid. Draai het om. Daag jezelf uit om dit gedrag, dat overigens vrij automatisch plaatsvindt, te stoppen wanneer het plaatsvindt.

Stap eens in de schoenen van een ander

Wordt een wit persoon aangesproken op racisme? Ga eens niet uit van hoe jij je zou voelen als je op eenzelfde opmerking of actie zou worden aangesproken. Bedenk in plaats daarvan hoe jij je zou voelen als jij het slachtoffer in die situatie zou zijn geweest. Ga van plaatsvervangende schaamte naar empathie. En doe dit niet alleen als jij je in het gesprek bevindt, doe dit ook als je toeschouwer bent.

Witte fragiliteit

Wanneer racisme ter sprake komt, moet je je altijd schrap zetten voor een defensieve reactie. Deze reactie noemen we witte fragiliteit.

> Witte fragiliteit is de defensieve houding die veel witte mensen aannemen als racisme wordt besproken. Het is het ongemak en de verdediging van witte mensen die worden geconfronteerd met informatie over raciale ongelijkheid en onrechtvaardigheid.

Het aannemen van een defensieve houding gebeurt niet alleen wanneer iemand persoonlijk wordt aangesproken op racistische uitingen of acties, maar ook als de uitingen of acties van een andere witte persoon worden aangekaart.
Het resultaat van witte fragiliteit is dat mensen van kleur noodgedwongen hun ervaringen kleiner maken dan ze zijn, en soms gewoon inslikken wat ze willen zeggen, om de situatie te doorstaan.
Witte fragiliteit is schadelijk. Het is een vorm van wit centreren en houdt daarom onderdrukking in stand, in plaats van ook maar iets bij te dragen aan het racismeprobleem.

Zo herken je witte fragiliteit

Witte fragiliteit uit zich op meerdere manieren. Dit zijn bijna allemaal vormen van racisme die al aan bod zijn gekomen.

Gaslighting

Omdat de gedachte over (grootschalig) racisme te veel is voor sommige mensen om mee te dealen, doen ze liever alsof het niet bestaat en allemaal tussen de oren zit. 'Hoe weet je dat het racistisch was?', 'Je overdrijft. Dat was helemaal niet racistisch.', 'Je kunt tegenwoordig ook niets meer zeggen. Het was maar een grapje.', 'Al dat gezeik over racisme maakt mensen juist racistisch.' Het zijn tekenen die aantonen dat zij liever niet in het bestaan van racisme willen geloven.

Woede

Waar gaslighting subtiel is, zijn er ook mensen die vanuit fragiliteit juist overduidelijk beledigd raken. Ze worden witheet van woede: 'Hoe durf je mij

racist te noemen!? Jij weet helemaal niks over mij.' Al heb je in veel gevallen iemand niet direct racistisch genoemd, maar een bepaalde handeling of opmerking van hen wel. Dit zie je ook bij de demonstraties rond Zwarte Piet. Quinsy Gario is begonnen met de actie 'Zwarte Piet is racisme' en niet met 'Jij die Sinterklaas met Zwarte Piet viert, bent een racist'. Toch is dat wat men leest in zijn leus.
En soms worden mensen die goede intenties hadden ook boos, als ze op hun racistische acties gewezen worden. Die woede wordt dan zo allesovertreffend, dat ze 'door jou niets meer willen leren over racisme'. Dit zagen we ook bij Victoria Koblenko terugkomen. Men wil wel leren over racisme, maar alleen via een lesmethode die niet te veel schuurt. Dit laatste is overigens tegelijkertijd een vorm van jezelf centreren vanuit fragiliteit.

Wijzen op goede intenties of goed gedrag

Witte fragiliteit is op zichzelf al wit centreren, maar met sommige reacties centreert degene zichzelf nog net iets meer. 'Ik bedoelde het goed,' uitgesproken op een bijna wanhopige toon. Vaak gaat dit gepaard met de nodige tranen. En als iemand het écht naar zichzelf toe wil trekken – dit gebeurt vaak bij witte vrouwen – wordt degene die racisme bespreekt als agressor neergezet: 'Waarom val je mij aan?'
Andere manieren waarop witte mensen zichzelf centreren vanuit witte fragiliteit, is wanneer ze met een lijstje komen van alle keren dat zij juist een *ally* waren, een echte bondgenoot. Dit zie ik zelf vaak gebeuren: mensen die mij al een langere tijd volgen, voelen zich dan ineens persoonlijk aangesproken door een post. We kunnen het in negentien gevallen eens zijn geweest, maar als de twintigste post erop duidt dat zij iets racistisch hebben gedaan, krijg ik een dm met wat een goede *ally* ze wel niet zijn.
En tot slot is het uiten van witte schuld ook een manier van jezelf centreren vanuit witte fragiliteit, maar hier wijd ik het volgende hoofdstuk aan.

Wat kan ik doen tegen witte fragiliteit?

In de schoenen van een ander stappen – zoals ik uitlegde in het vorige hoofdstuk *Wit centreren* – werkt ook goed tegen witte fragiliteit, maar om dat te kunnen is het volgende actiepunt erg belangrijk.

Probeer écht te luisteren

Decentreer jezelf. Laat je reactie niet leiden door je emoties. Luister naar de mensen die vanuit ervaring spreken en invalideer onze geleefde ervaring niet. Jij weet het echt niet beter dan degene die het voorval heeft meegemaakt. Je hoeft het niet eens meteen te begrijpen, maar hoor iemand aan zonder te onderbreken en zonder het verhaal in twijfel te trekken.

Bied oprechte excuses aan

Heb je een onbedoelde fout gemaakt? Bied oprechte excuses aan, zonder verklaringen. Hiermee bedoel ik dat je niet hoeft te rationaliseren en uit te leggen waarom je die foute opmerking hebt gemaakt of hebt gedaan wat je deed. Het enige wat je hoeft te doen, is erkennen dat je ziet dat het diegene pijn heeft gedaan en daar je excuses voor aanbieden. En zeg dan dus niet 'jammer dat jij het zo ervaart' of iets dergelijks, want dan leg je de schuld bij het slachtoffer. 'Sorry dat ik dit heb veroorzaakt' is een beter excuus.

Witte schuld

Het besef over racisme, waar het vandaan komt, wie het heeft bedacht, hoe erg het nog steeds aanwezig is in de maatschappij en hoe het tot op de dag van vandaag privileges geeft aan witte mensen - die dat soms niet eens willen - kan zorgen voor een groot schuldgevoel.
Dit schuldgevoel is een vorm van witte fragiliteit, iets wat we vaak terug zien komen in gesprekken over racisme. Zo vaak zelfs dat er een term voor bestaat: witte schuld. De auteurs van het rapport *The White Racial Affect Scale* omschrijven witte schuld als volgt:

> Witte schuld is het schuldgevoel dat wordt veroorzaakt door 'de erkenning van onverdiende en oneerlijke raciale privileges, de erkenning van persoonlijke racistische attitudes of gedrag, en/of het verantwoordelijkheidsgevoel voor andermans racistische attitudes of gedrag'.

Nu vraag je je misschien af wat er mis is met schuldgevoelens hebben. Wat kan er mis zijn met een gevoel van berouw voor onrechtvaardigheid in de maatschappij? Het laat toch juist zien dat witte mensen zijn begaan met mensen van kleur? Niet echt.

Het laat zien dat deze witte mensen vooral de focus houden op wat raciale onrechtvaardigheid met hén doet. Wat het effect op de slachtoffers is, wordt eigenlijk opzijgeschoven. Het draait er meer om dat deze mensen een goed mens willen zijn en door deze schuldgevoelens te ervaren en dat te uiten, laten zij zien hoe menselijk ze zijn. Want een goed mens voelt zich schuldig om dit soort zaken, toch? Daarom valt witte schuld onder wit centreren. De schaamtegevoelens van witte mensen zijn belangrijker om te bespreken dan het racisme zelf.

Nu zeg ik absoluut niet dat die gevoelens er niet mogen zijn. Alle emoties die wij voelen, komen automatisch tot stand en daar moet ruimte voor zijn. Maar als je echt antiracistisch wilt zijn, moet je die emotie omzetten naar iets nuttigs en dat gebeurt nu nog te weinig. Dat is ook het gevaar van witte schuld.

Zo herken je witte schuld

Soms zeggen mensen letterlijk, in tranen, hoe schuldig zij zich voelen over al het racisme op de wereld, en soms ziet witte schuld er heel anders uit.

Ongevraagd excuses aanbieden

Tenzij iemand een ander rechtstreeks heeft benadeeld, is er geen reden om excuses aan te bieden. Niemand vraagt jou om je excuses aan te bieden voor al het leed dat je voorouders hebben veroorzaakt. Daar hebben we niets aan. Het enige wat wij willen, is dat je meewerkt aan het ontmantelen van dat systeem waar jij als wit persoon nog zo oneerlijk veel van profiteert.

Vergiffenis afdwingen

Als je iemand onheus hebt bejegend, zijn excuses natuurlijk wél op zijn plek. Maar dat je je excuses aanbiedt, betekent niet dat een ander die excuses moet aanvaarden. Witte schuld is ook het afdwingen van het aanvaarden van excuses en vergiffenis. Je kunt het herkennen aan herhaaldelijk sorry zeggen en schuld bekennen, terwijl iemand in tranen is. Die tranen zijn niet voor jou, maar omdat de ander niet zo goed overkomt als diegene zelf zou willen. Mensen die last hebben van witte schuld zijn meer gefocust op hoe anderen hen zien, dan op oprechte spijt. Die excuses krijg je vooral omdat de ander wil dat jij diens schuldgevoel verzacht.

Plaatsvervangende schaamte of woede om racisme

Ambiërende bondgenoten voelen zich vaak geroepen om de fouten van andere witte mensen te belichten en kunnen zich hiervoor schamen en/of ze worden laaiend. Ik word ook boos om racisme, maar wat hier meestal gebeurt, is dat er eigenlijk met een vinger wordt gewezen naar 'de echte racisten'. En daar valt degene die het bespreekt natuurlijk niet onder. Alleen ga je dan voorbij aan het feit dat alle witte mensen uiteindelijk profiteren van hetzelfde systeem, ook ambiërende bondgenoten. Dus als jij jezelf los van 'de echte racisten' ziet, wordt het moeilijker om racisme in jezelf te herkennen. Je bent te veel gefocust op anderen om het bij jezelf te ontdekken, 'want jij bent niet zoals die andere racisten'.

Pronken met verbetering

Tot slot is witte schuld ook te herkennen aan het gedrag van mensen die het nodig vinden om te vertellen over hun progressie op het gebied van antiracisme. Ze komen van ver. Ze waren vroeger soms ronduit racistisch, maar hebben nu een flinke vooruitgang geboekt. Dat is zeker iets om trots op te zijn, maar het maakt je niet beter dan mensen die nog niet op dat punt zijn aangekomen. Door jezelf voortdurend te proberen te distantiëren van wie je was in je verleden – en van anderen die in jouw ogen nog steeds zo zijn – ben je jezelf aan het centreren en misschien zelfs aan het vissen naar schouderklopjes voor goed gedrag.

Wat kan ik doen tegen witte schuld?

Besef dat blijven hangen in schuld- en schaamtegevoelens compleet nutteloos is. Je boos maken om wat anderen doen, ook. Als je boos bent, kun je niet goed nadenken, dus stap af van die woede. Door die schaamte- en schuldgevoelens ben je vooral bezig met je eigen gevoel in plaats van met de slachtoffers van racisme, dus stap daar ook van af. En ja, racisme maakt mij ook verdrietig, maar als je in dat verdriet blijft hangen, word je hopeloos en dan kom je niet in actie. En laat dat laatste nou juist zijn wat er nodig is: actie!

Dus bespreek je gevoelens met andere witte mensen, zodat je deze gevoelens kunt verwerken en ga dan aan de slag. Laat jouw schuldgevoel de motivatie zijn om in actie te komen. Alleen dan hebben mensen van kleur er ook wat aan.

Witte tranen

Tijdens mijn uitleg over wit centreren, witte fragiliteit en witte schuld benoemde ik al dat dit vaak gepaard gaat met tranen. Die tranen hebben vaak een doel. Daarom noemt men dit fenomeen witte tranen.

> Witte tranen is de term die het strategisch inzetten van tranen, verdriet, wanhoop en neerslachtigheid door witte vrouwen omschrijft.

Met 'strategisch' wordt bedoeld dat het geen oprechte emoties zijn. Er wordt juist doelbewust gebruikgemaakt van de manier waarop de maatschappij reageert op deze emoties. Alhoewel ik in eerste instantie dacht dat witte tranen weleens onbewust vloeiden, ben ik er inmiddels van overtuigd dat deze vrouwen heel goed weten hoe er op hun tranen wordt gereageerd. Wellicht hebben zij niet de bedoeling om een ander te schaden, maar ze gebruiken hun tranen wel om zelf hulpeloos en onschuldig over te komen.
De #FakeTearsChallenge op TikTok versterkte mijn overtuiging. Tijdens deze challenge, die in juni 2021 viraal ging, plaatsten witte vrouwen video's van zichzelf waarop te zien was hoe zij deden alsof ze huilden, om plotseling te stoppen en te grijnzen. De challenge begon als acteerchallenge, maar laat zien hoe bewust deze vrouwen hun tranen weten te activeren.
Als voorbeeld zal ik mijn persoonlijke ervaring met witte tranen beschrijven. Het laat duidelijk zien dat de Karens[6], of de jongere versie genaamd Becky's, heel goed weten dat zij onschuldiger overkomen dan Zwarte vrouwen.

6 Karen is de naam die 'Black Twitter' gebruikt om witte vrouwen aan te duiden die zich stereotyperend (passief) agressief en racistisch gedragen.

Nadat ik Becky aansprak op het feit dat ze de doorgang blokkeerde door pontificaal met haar scooter op de stoep te parkeren om een telefoontje te plegen, raakten we kort verwikkeld in een discussie.
Wetende dat ik gelijk had, gaf ik aan dat als ze zo doorging, ik de politie zou bellen. Zonder na te denken was haar reactie: 'Wie denk je dat ze gaan geloven, jou of mij?' En ze had een punt. Gelooft de politie de Zwarte vrouw met een bandana, of de witte vrouw met haar grote blauwe ogen?
Ik liep maar door, want Becky had de strijd al gewonnen. Simpelweg door wit te zijn. Als ik inderdaad had gebeld, denk ik dat Becky haar witte tranen had ingezet om als slachtoffer over te komen. Want dat werkt helaas zo, als je je witte tranen kunt inzetten.

Academicus Alanah Mortlock, gespecialiseerd in Zwart feminisme en identiteitsthema's, legt uit waarom: witte tranen zijn zo bijzonder krachtig, omdat ze 'gekoppeld zijn aan het idee van vrouwelijkheid' en het 'idee dat witte vrouwen bescherming nodig hebben'.
Om eerlijk te zijn, zijn mensen van kleur vaak de dupe, maar witte mannen soms ook. En in andere situaties maken witte mannen er zelf juist gebruik van. Dan zijn het tranen of het uitspreken van angstgevoelens bijvoorbeeld. Het hoeven dus geen letterlijke tranen te zijn; alleen het tonen van bepaalde emoties heeft al het gewenste effect.

Zo herken je witte tranen

Eerder las je al over de witte tranen van Victoria Koblenko, maar er zijn nog veel meer situaties die regelrecht in dit boek passen.

Victoria's Secret Karen

In juli 2021 ging een video viraal van de zogenoemde Victoria's Secret Karen. Dit filmpje begint met een witte vrouw die op de camera afstormt, terwijl ze een slaande beweging maakt. Nadat haar poging om te slaan is mislukt, gilt de vrouw dat ze de persoon die filmt helemaal niet probeerde te slaan (het staat letterlijk op beeld), en dat de persoon moet stoppen met filmen. Gelukkig bleef Ijeoma Ukente wél filmen, want dit is het duidelijkste voorbeeld van hoe witte tranen bewust worden ingezet. De rest van de video is echt ronduit bizar.

Niemand houdt Abigail Elphick, wat later de naam van de witte vrouw blijkt te zijn, tegen om de winkel te verlaten. Ze kan gewoon de winkel uit lopen, maar kiest ervoor te blijven gillen dat ze niet lastiggevallen wil worden en dat Ukente moet stoppen met filmen. Andere mensen in de winkel kijken verbaasd naar het theaterstuk dat zij opvoert, maar houden zich er niet echt mee bezig. Ukente besluit weg te lopen, waarop Elphick besluit gillend achter haar aan te rennen. Tegen het einde van het filmpje doet ze alsof ze flauwvalt, terwijl duidelijk te zien is dat ze zich langzaam laat zakken en op haar handen steunt, zodat ze zacht neerkomt.

Central Park Karen

Een ander voorbeeld van het inzetten van witte tranen is de situatie rondom Central Park Karen, Amy Cooper. Zij is een Amerikaanse witte vrouw die in mei 2020 haar hond los liet rondrennen in een gebied van Central Park waar dat niet is toegestaan. Een Zwarte man, Christian Cooper, sprak haar hierop aan. Vervolgens begon de witte-tranen-show, die Christian gelukkig heeft gefilmd. Net als Victoria's Secret Karen wil ook Amy niet dat haar wangedrag in de openbare ruimte op beeld wordt vastgelegd. Als Christian geen gehoor geeft aan haar wens om niet gefilmd te worden, loopt ze niet weg, maar bedreigt ze hem. 'Ik ga de politie bellen.' Christian is daar niet van onder de indruk. De politie wordt huilend opgebeld en Amy gilt wanhopig dat 'een Zwarte man' haar bedreigt.
Ze schreeuwde om de hulp van de politie en deed het voorkomen alsof Christian haar aanviel en ze in levensgevaar was.
Stel je voor wat er had kunnen gebeuren als de politie geen beeldbewijs had van deze situatie, waaruit duidelijk blijkt dat er sprake is van witte tranen? Stel je voor dat de politie aan kwam snellen en ze meteen waren begonnen met schieten?

Huilende collega's

Een situatie die wat meer herkenbaar is, vooral voor lezers van kleur, is het inzetten van witte tranen op de werkvloer. Spreek jij als persoon van kleur je witte, vrouwelijke collega aan op micro-agressies of andere racistische opmerkingen? Dan kan dit je duur komen te staan, ook al ben je het slachtoffer. Het begint meestal met een vorm van witte fragiliteit en gaslighting. 'Ik bedoelde er

niks slechts mee.' Vervolgens gaat het over op witte schuld met opmerkingen als: 'Ik vind de situatie echt afschuwelijk, ik ben geen slecht mens!' Reageer je daar niet vergevingsgezind op? Dan volgen vaak de witte tranen.
Soms komen de tranen vanuit een oprecht schuldgevoel, maar vaker door de zogenaamde aanvallende toon waarop je hen hebt aangesproken (hallo, toonpolitie). De reden voor de tranen maakt overigens niet uit. Het resultaat is bijna altijd hetzelfde: door hun verdriet te portretteren, zetten zij zichzelf neer als slachtoffer in de situatie. Men vindt het zielig voor de onschuldige, gepijnigde, emotionele witte 'dame in nood' en jij – het werkelijke slachtoffer – bent ineens de gemene dader.

Wat kan ik doen tegen witte tranen?

Afhankelijk van of je iemand bent die witte tranen inzet, of dat je ziet hoe iemand anders witte tranen inzet, zijn er eigenlijk maar twee dingen die je kunt doen.

Stop met jezelf centreren in situaties waarin jij fout zit

Jij hoort niet het middelpunt te zijn als je een ander hebt gepijnigd. Ook niet als dit onbedoeld was. Het draait niet om jouw intenties. Het draait om de negatieve impact van jouw acties. Om dit uit te leggen, gebruik ik al sinds mei 2020 een sterk versimpelde metafoor: stel je voor dat je op de dansvloer per ongeluk op iemands voeten gaat staan. Dan zeg je sorry, toch? Je gaat geen pleidooi houden over dat het niet je bedoeling was om de ander te pijn te doen, maar je biedt je excuses aan, vraagt hoe het met de ander gaat, en in het vervolg ben je voorzichtiger. Pas dit ook toe wanneer er sprake is van onbedoeld racisme.

Focus op het slachtoffer, niet op witte tranen

Wees immuun voor witte tranen. En dat zal vanaf nu steeds beter lukken. Nu je weet hoe oneerlijk het inzetten van witte tranen is tegenover het werkelijke slachtoffer, zal het je steeds beter lukken om die automatische empathie die we voor witte mensen hebben, op te brengen voor de echte slachtoffers in raciale kwesties. Focus dus niet op degene die witte tranen inzet, maar breng de focus terug naar het echte slachtoffer in de situatie. Je kunt natuurlijk reageren op iemand die huilt, maar je hoeft slechts kort uit te leggen dat de emoties van diegene echt niet zwaarder wegen dan de pijn van geconfronteerd worden met racisme. En gebruik ook die woorden, zodat eventuele omstanders de situatie zien zoals die is.

Het witte-redder-complex

Ook wel *het witte-verlossers-syndroom* of *witte-helpers-syndroom*

In het hoofdstuk *De media* in het onderdeel *Institutioneel racisme*, vertelde ik over het programma *Metterdaad*. Met dit programma vroegen de makers – met de beste bedoelingen – aandacht voor de problemen van vrouwen in Pakistan. Waar zij dat als een goed doel zagen, zien ik en vele anderen met mij iets heel anders: het witte-redder-complex.

> Het witte-redder-complex dateert uit de tijd van slavernij en kolonisatie, waarbij witte mensen oprecht het idee hadden dat zij mensen uit andere culturen naar een hoger niveau kunnen brengen en kunnen redden uit hun 'vreselijke' omgeving en omstandigheden.

Het woord 'vreselijk' staat tussen aanhalingstekens, omdat het vooral vreselijk is in de ogen van witte redders. Of de persoon in kwestie tevreden is in diens situatie, maakt niet uit; als de omstandigheden niet voldoen aan de standaard van de witte redder, moet die persoon gered worden.
Witte redders zijn de mensen die vinden dat de slavernij juist goed was en dat tot slaaf gemaakte mensen en hun nazaten blij moeten zijn dat witte mensen hun beschaving hebben bijgebracht.
Witte redders zijn de mensen die hun koloniale manier van denken nooit zijn kwijtgeraakt. 'Is er een verschil tussen Europeanen die in de 21e eeuw Afrika komen "ontwikkelen" en Europeanen die in de 19e eeuw Afrika kwamen "beschaven"?' vroeg SankaraMedia zich dan ook terecht af.
Maar ontwikkelingshulp en het goedpraten van de slavernij zijn niet de enige uitspraken en acties waaraan je een witte redder kunt herkennen.

Zo ziet het witte-redder-complex eruit

Je ziet vaak dat mensen uit door wit gedomineerde landen naar zogenaamde 'ontwikkelingslanden' reizen om daar hulp te bieden. Dit kan zijn in de vorm van medisch toerisme, waarbij studenten naar 'arme landen' reizen om praktijkervaring op te doen. Ook heb je voluntourism – een samenvoeging van *volunteering en tourism* – waarbij voornamelijk witte mensen naar 'derdewereldlanden' vertrekken om daar vrijwilligerswerk te doen, vaak in weeshuizen of op een andere plek met 'verloren' kinderen. Tot slot heb je adopteren uit het buitenland, waarbij witte ouders buitenlandse kinderen redden van hun verschrikkelijke leven daar.

Doktertje spelen in het buitenland

In een artikel voor *Trouw* vertelt Seada Nourhussen over haar gesprek met medisch antropoloog Judith van de Kamp. Van de Kamp observeerde ruim een jaar de interactie tussen het vaste personeel in een ziekenhuis in West-Kameroen en de westerse artsen en studenten die er tijdelijk waren. Haar bevindingen beschreef ze in een proefschrift getiteld *Behind the smiles*. Veel van haar bevindingen leggen het witte-redders-syndroom bloot. Westerse verpleegkundestudenten vertellen vaak hoe dingen horen te gaan zonder te kijken naar wat er eigenlijk mogelijk is in de situatie. Zo waren er studenten die het nodig vonden een Kameroense arts met 37 jaar ervaring te vertellen dat hij niet de juiste papieren had. Dat klopt volgens de standaarden in hun land, maar in Kameroen is het gebruikelijk om je verder te ontwikkelen in de praktijk in plaats van lang te studeren. Ook worden er racistische blogs geschreven, waarin studenten gebeurtenissen omschrijven op een denigrerende en racistische manier: 'Zooo, die Kameroense chirurg reanimeert als een kleuter!' *Dat kan de witte redder vast beter.*

Werken in een weeshuis

De populairste vorm van voluntourism is werken in een weeshuis. Er lijkt genoeg werk te doen, want het aantal weeshuizen blijft alsmaar toenemen. Maar eigenlijk is dat bijzonder, want volgens onderzoek lijkt het aantal weeskinderen de laatste jaren juist te dalen. Sterker nog, 80 procent van de weeskinderen blijkt helemaal geen wees te zijn. Vaak hebben zij nog één of zelfs beide ouders, maar zijn deze te arm om zelf voor het kind te zorgen.

De ouders staan hun kind af in de hoop op een betere toekomst voor het kind, of er wordt een belofte gedaan dat het kind een goede opleiding krijgt. Ook komt het voor dat kinderen bij arme gezinnen worden geronseld, of zelfs uit het ziekenhuis worden gestolen. En soms hopen ouders op tijdelijke hulp, maar zien ze hun kind nooit meer terug.
Het zet je aan het denken: is het dan beter om een 'wees' te adopteren of om de ouders van het kind te ondersteunen?
De groei van het aantal weeshuizen is daarom ook eerder te verklaren aan de hand van verdienmodellen, opgezet en in stand gehouden door voornamelijk witte mensen. Voor ieder kind dat zij opnemen, krijgen de weeshuizen geld van instanties, bedrijven en zelfs particulieren. Volgens zowel de VN, als Unicef en Avaaz houdt dit verdienmodel het 'wees maken' van kinderen in stand. Daarnaast kost een vrijwilligersvakantie de goedbedoelende vrijwilliger duizenden euro's. Dit zijn weer inkomsten voor bureaus, vaak gerund door witte mensen.
Maar gelukkig levert het wel vrijwilligers op, die een positieve bijdrage leveren, toch? De kinderen in het weeshuis hebben toch alsnog hulp nodig? Dat is maar hoe je het bekijkt. Vrijwilligers zijn zelden gekwalificeerd voor het werk dat ze doen en maar korte perioden aanwezig. De kinderen zien daardoor continu nieuwe gezichten in plaats van een team waar ze zich veilig aan kunnen hechten.
Lisa Cappendijk vertelt in haar artikel voor *Spiegeloog* dat zij niet bekwaam was om het werk te doen dat ze deed tijdens haar eigen vrijwilligersvakantie in Ghana. 'Mensen worden bijvoorbeeld vaak zonder enige ervaring met lesgeven voor een klas gezet. Ze werken daarnaast met kinderen met ernstige trauma's. Deze kinderen komen met allerlei mensen in aanraking die geen idee hebben van de mogelijke negatieve impact van hun gedrag en aanwezigheid op de emotionele en sociale stabiliteit van deze kinderen. De kinderen krijgen hierdoor niet de hulp die ze zouden moeten krijgen.'
Gelukkig worden sommige van deze kinderen gered door adoptieouders die hun een beter leven willen geven.

Adopteren uit het buitenland

'Jouw huis is 100 procent geschikter dan waar ze vandaan kwamen', plaatste Casey Zaruba op Instagram. Zaruba is een witte moeder die zelf kinderen uit het buitenland heeft geadopteerd en andere ouders begeleidt in het adoptieproces. Deze uitspraak is sprekend voor hoe witte ouders bewust of onbewust kijken naar adoptiekinderen uit het buitenland. Adoptieouders hebben het gevoel deze kinderen te redden uit erbarmelijke omstandigheden. De kinderen hadden een kansarm leven en duidelijk hulp nodig. Maar er zijn vele andere manieren om bij te dragen aan het leven van deze kinderen, zonder ze uit hun thuisland te halen. Vaak is het nog maar de vraag of het kind überhaupt geadopteerd mág worden.

Het blijkt dat internationale adopties al decennia niet volgens de regels verlopen. Daarom is adopteren uit het buitenland in februari 2021 per direct opgeschort na het ontdekken van 'misbruik van armoede, vervalsen van documenten, afstand doen onder dwang of tegen betaling en verduistering van staat' onder het oog van, en soms in samenwerking met, medewerkers van de Nederlandse overheid.

Choquerend, maar toch zijn er 13.780 mensen die de petitie hebben ondertekend waarin de Tweede Kamer wordt gevraagd 'het besluit tot tijdelijke stopzetting van interlandelijke adoptie per direct terug te draaien en ervoor te zorgen dat kinderen die via aantoonbaar zorgvuldige internationale adopties in Nederland nieuwe gezinnen kunnen vinden deze kans niet wordt ontnomen'.

Want hier is het echt beter. Al is het volgens onder andere Charlotte Simons, zowel expert als ervaringsdeskundige, niet eens nodig om deze kinderen uit hun eigen gemeenschap weg te halen. Zij kunnen met de juiste steun bij hun ouders blijven of in elk geval in hun buurt, bijvoorbeeld bij andere familieleden.

Dit is ook de reden dat Simons een open brief schreef aan Laïla Belkerma, oprichter van stichting Shared Humanity, die twee kindertehuizen in het westen van Gambia bouwt, en blogger Monica Geuze, die behoorlijk wat geld inzamelde voor deze stichting. Vele bekende Nederlanders deden mee aan de actie, maar weten zij wel dat de kans groot is dat zo'n plan juist schade aanricht bij de kinderen die zij zo graag willen helpen? Of denken ze vooral: ach, die zielige weesjes?

En waarom deelt Monica Geuze bewust geen foto's van haar eigen dochter, maar vindt ze het wel oké om herkenbare foto's van huilende Gambiaanse kinderen te delen, met daaronder zeer persoonlijke informatie zoals hun

naam, leeftijd, maar ook het verschrikkelijke feit dat zij verkracht zijn?
En waarom dacht Belkerma eigenlijk dat er een nieuw tehuis nodig was? Ze gaf aan dat er geen andere opvanghuizen te vinden zijn in de regio, maar Simons laat in haar brief zien dat dit niet klopt. Er is zelfs een SOS Kinderdorp op de plek waar de stichting van Belkerma is begonnen met bouwen. Al met al lijkt het zaakje niet te kloppen, vooral omdat Belkerma zwijgt in alle talen.
Natuurlijk zijn er ook kinderen die heel blij zijn dat zij geadopteerd zijn. Kijk naar ons jongste kamerlid Habtamu de Hoop. In zijn *maiden speech* vertelt hij over de liefdevolle opvoeding die hij kreeg van zijn lieve *mem* en *pake*. Maar de verhalen van de kinderen bij wie het mis is gegaan tijdens de adoptie, of na de adoptie vanwege cultuurverschillen tussen adoptieouders en henzelf, blijven schrijnend en zijn te voorkomen. En hoe goed de relatie met je adoptieouders ook is, het is menselijk om verbonden te willen zijn met je biologische ouders. En overigens natuurlijk ook prima als je dit niet wilt!

Afrika als 'arm land' neerzetten

Trevor Noah is een Zuid-Afrikaanse komiek, acteur en televisiepresentator. In zijn documentaire *You Laugh But It's True* heeft hij het over de manier waarop Amerika naar Afrika kijkt. Hier kun je 'Amerika' eigenlijk prima vervangen door 'witte mensen', of door 'niet-Zwarte mensen uit westerse landen'.
Hij zegt meteen dat hen geen blaam treft, want het komt door de beelden die ze op tv zien en de Unicef-advertenties die voorbijkomen. 'Vreselijke infomercials met dunne mensen die zo zielig kijken als ze kunnen. Dan stopt dat beeld en komt er een witte, bekende persoon in beeld die vertelt hoe verschrikkelijk het in Afrika is en dat jij het verschil kunt maken. Doneer nu.'
Dit beeld, een beeld wat wij al jarenlang voorgeschoteld krijgen, bepaalt ons beeld van heel Afrika, een continent met 54 onafhankelijke staten en een aantal niet-onafhankelijke gebieden.
Want zeg nou eerlijk: zeg jij ook weleens tegen je kinderen dat ze hun bord leeg moeten eten, 'want in Afrika hebben kindjes geen eten'? Of: 'Honger? In Afrika hebben ze pas honger!' Dit komt doordat je dit beeld continu voorgeschoteld krijgt.

Een ander voorbeeld van het beeld dat niet-Zwarte mensen van Afrika hebben, kwam ik tegen op Facebook. Een witte vrouw reageerde op een bericht over het probleem dat jongeren in Nederland nu langer thuis blijven wonen, vanwege de exorbitant hoge prijzen op de woningmarkt. Haar dochter van 26 komt ook weer thuis wonen. 'We zien er allebei een beetje tegen op. Maar we hebben een fijn huis. In Afrika zouden ze God op hun blote knieën danken voor deze situatie, maar in Nederland wordt het raar gevonden.' Ik kon het niet laten om haar te wijzen op de jaloezie-opwekkende huizen die in verschillende Afrikaanse landen te vinden zijn. Veel ook gebouwd door mensen die in Nederland als schoonmaker werken en daar keihard voor hebben gespaard. Ik denk dat wij in Nederland God op onze blote knieën zouden danken voor zo'n situatie, maar Afrikanen werken er gewoon keihard voor.

Extra aardig doen tegen mensen van kleur

Tot slot herken je het witte-redder-complex aan mensen die extra aardig doen tegen mensen van kleur. In een krampachtige poging om niet als racist gezien te worden, zijn ze overdreven aardig tegen mensen van kleur. Dit kan voortkomen uit het witte-redder-complex, vaak in combinatie met witte schuldgevoelens. Het komt erop neer dat je het niet doet voor de ander, maar voor jezelf. Jij voelt je zo vervelend voor de mensen die racistisch worden bejegend, dat jij het wilt opvullen met extra aardigheid.

Wat kan ik doen tegen het witte-redders-complex?

Stap één: wees een bondgenoot in plaats van een redder. Waar doe je het nou echt voor? Doe je het voor lof, een andere beloning, of om jezelf een goed mens te voelen? Dan heb je het witte-redder-complex. Maar ben je bereid om je privileges in te zetten of zelfs op te geven voor de strijd voor gelijke rechten? Dan ben je goed op weg naar bondgenootschap.

Don't lead by example, follow the examples

Jij bent niet degene die deze strijd is begonnen, dus je hoeft ook niet vooraan te staan. Volg hen die je voorgingen en strijd met ze mee. Dat betekent dat jij als wit persoon dus niet het gezicht kunt zijn van een antiracismebeweging. Weet wanneer het tijd is om een stap terug te doen en anderen naar voren te schuiven. Dit is jouw witte privilege opgeven en inzetten voor het doel waar je voor strijdt.

Doe goed en pronk er niet mee

Zoals ik al eerder zei: je krijgt geen certificaat, noch een sticker voor je antiracistische acties. Je hoeft niet op te sommen wat je allemaal al hebt gedaan. Het maakt niet uit, in de zin dat het niet betekent dat je werk er eerder op zit. Of om de woorden van wijlen mijn wijze oma Juliette Matil te herhalen: doe goed en zie niet om.

Zie Afrika niet als 'een zielig land'

Men praat zo vaak over Afrika als land dat het echt begrijpelijk is dat je Afrika onbewust ook als zodanig ziet in plaats van als een heel continent. Afrika is een werelddeel dat eigenlijk ongeveer drie keer groter is dan Europa. Ondanks dit feit wordt Europa nog altijd op kaarten groter weergegeven dan Afrika. Lees je in over Afrika en de geschiedenis van Afrika vóór de slavernij. Lees je in over hoe prachtige tradities in stand worden gehouden en de mooie ontwikkelingen die momenteel plaatsvinden. Begrijp me niet verkeerd: er is zeker armoede, maar er is ook zoveel meer!

Kijk ook naar de hulpbehoevenden in je eigen land

Eén op de tien kinderen in Nederland groeit op in armoede. In België is dit één op de zes. We hebben te maken met institutioneel racisme en als je dit boek vanaf het begin hebt gelezen, kun je zien dat er genoeg hulp te bieden is, gewoon in Nederland en zeker ook in België. Is het niet raar als je de halve wereld over moet reizen om 'arme, gekleurde kindjes' te helpen, terwijl je dat ook kunt doen in het land waar je woont?

Wees behoedzaam met adopteren uit het buitenland

Los van de 80 procent die geen wees is, zijn er natuurlijk ook kinderen in het buitenland die wel legaal geadopteerd kunnen worden. En ik zeg dus ook totaal niet dat je dat nooit moet doen. Het is alleen belangrijk om goed na te denken en jezelf kritische vragen te stellen voordat je hieraan begint. Te beginnen met: draait de adoptie om het vinden van een thuis voor kinderen in nood, of om het vinden van een kind voor jouw gezin? Je eerste gedachte hierop laat zien waar jouw focus – misschien onbewust – ligt.
Vraag je ook af: waarom wil ik per se een kind uit het buitenland adopteren? Vind ik de kinderen daar extra zielig? Dan vertoon je symptomen van het

witte-redder-complex. Vind ik de regels hier te streng? Daar is natuurlijk een reden voor en de cijfers over illegale en immorele adopties uit het buitenland zijn bewijs van het feit dat het daar niet streng genoeg is.
Maar ik dwaal af. Dit is niet bedoeld om je ervan te weerhouden, maar om je te begeleiden interlandelijke adoptie op een antiracistische manier te laten plaatsvinden.
Voordat je overgaat tot adoptie is het belangrijk om kritisch naar je eigen omgeving te kijken. Kijk naar de mensen van kleur in jouw omgeving, ervan uitgaande dat die er zijn. Wat is hun rol in jouw leven? Zullen zij een rolmodel voor je kind zijn, of meer een vage kennis die af en toe een figurant is in jullie leven? En welke andere rolmodellen zal je kind hebben? Wat zal jouw kind leren van de manier waarop jij met mensen van kleur omgaat?
Als de basis goed zit, kun je doorgaan naar de voorbereidingen: leren over de cultuur waar je kind vandaan komt. Neem, samen met het kind, de cultuur mee. Een kind adopteren uit een andere cultuur betekent dat jij met twee voeten in die cultuur moet gaan staan, alsof je een ouder bent uit die cultuur. Dat betekent: leren omgaan met het type haar van je kind, je de culturele gebruiken eigen maken, gerechten uit het land van herkomst leren klaarmaken.
Dit, in combinatie met de mensen die je om je heen hebt, is belangrijk voor de zelfliefde van je kind. Stel je voor dat je kind omringd is door mensen op wie je kind niet lijkt, in een land met mensen die bewust en onbewust neerkijken op mensen zoals jouw kind. Het is sowieso moeilijk om van jezelf en je uiterlijk te leren houden als niemand om je heen dezelfde uiterlijke kenmerken heeft. En als de rest ook ontbreekt, zit je kind dus met de lasten van een persoon van kleur zijn – racisme, maar niet de lusten zoals de mooie cultuur, het lekkere eten, de gemeenschap en de familie.
Tot slot moet je je voorbereiden op racisme en gesprekken daarover op jonge leeftijd. Je leest dit boek, dus hopelijk behoor je niet tot een van de ouders die denkt dat racisme in Nederland niet bestaat. Je kind moet altijd weten dat jij een veilige plek bent om te praten over alles wat een mens kan dwarszitten, en racisme is bij mensen van kleur vaak een van die dingen.

BONDGENOOTSCHAP

Wat kan ik doen tegen racisme? Dat is de vraag die dit alles in beweging heeft gezet. Omdat het antwoord op deze vraag zo belangrijk is, wil ik dit deel van het boek eindigen met een stuk over wat bondgenootschap nu precies betekent en hoe dit eruitziet, zodat jij precies weet wat je te doen staat.

> Bondgenootschap, alliantie of *allyship*: een samenwerkingsverband tussen partijen waarbij gemeenschappelijk voordeel het hoofddoel is.

Waar men het woord 'alliantie' voornamelijk kent als samenwerking tussen verschillende landen, vooral tijdens een oorlog, is alliantie in de strijd tegen racisme ook onmisbaar. Zwarte mensen en mensen van kleur zijn al eeuwenlang aan het strijden voor gelijkwaardigheid, maar wij zijn niet degene die de hiërarchie hebben opgebouwd. Ook zijn wij niet degenen die de macht hebben om de racistische ideologie van witte suprematie te kunnen afbreken. Hiervoor hebben wij *ally's* nodig.
In het Nederlands kun je *ally* vertalen met de woorden bondgenoot, helper, medestrijder en handlanger. Terwijl de meesten ervoor kiezen om het woord bondgenoot te gebruiken, als rechtstreekse vertaling vanuit het Engels, vind ik medestrijder en handlanger het best passen.
Dit dekt in het Nederlands namelijk beter de lading van wat bondgenootschap inhoudt: je doet mee aan de strijd en biedt een helpende hand waar dat nodig is. Toch houd ik het op bondgenoot, omdat dat nou eenmaal gebruikelijk is.

Zo ziet bondgenootschap eruit

Een bondgenoot zijn, betekent privileges opgeven of inzetten voor de mensen die het nodig hebben. Het betekent opzijstappen of naar achter stappen en je plek afstaan aan de mensen van wie je weet dat zij het net zo verdienen, als het niet méér is. Dit gebeurde tijdens de Excellence in Sports Performance Yearly award show, de ESPY's.

Paige Bueckers werd in juli 2021 uitgeroepen tot beste universiteitsatleet in de vrouwensport. Ze kreeg de spotlight en besloot om die spotlight te richten op een groep mensen die veel te lang onderbelicht zijn: Zwarte vrouwen.

> *'Als witte vrouw die een door Zwarte mensen gedragen sport beoefent, en hier gevierd wordt, wil ik een licht laten schijnen op Zwarte vrouwen. Zij krijgen niet de media-aandacht die ze verdienen. Ze hebben zoveel gegeven aan de sport, de gemeenschap en de samenleving als geheel. Hun waarde is onmiskenbaar: 80 procent van de WNBA Post Season Awards-winnaars van vorig jaar was Zwart, maar ze kregen slechts de helft van de media-aandacht die de witte atleten kregen. Ik denk dus dat het tijd is voor verandering.*
>
> *Sportmedia hebben de sleutels tot de verhalen. Sportmedia en sponsors vertellen ons wie waardevol is. En jullie hebben de wereld vandaag verteld dat ik ertoe doe. Bedankt, iedereen die heeft gestemd, maar ik denk dat we deze kracht samen moeten gebruiken om ook Zwarte vrouwen te vieren.'*

Ze ging verder met het erkennen van andere belangrijke Zwarte vrouwen.

> *'Aan Maria Taylor, Robin Roberts, Maya Moore, Odicci Alexander. Aan alle ongelooflijke Zwarte vrouwen in mijn leven en in mijn teams. Aan Breonna Taylor en alle verloren levens, en aan die namen die nog niet zijn geleerd, maar die ik hoop ooit te zullen kunnen delen: ik sta achter jullie en ik blijf jullie volgen, volg jullie voorbeeld en vecht voor jullie, dus ik wil jullie bedanken voor alles.'*

Paiges geweldige speech werd gedeeld door talloze Zwarte bekende vrouwen, die blij waren om hun *sista's* eindelijk zo'n mooi eerbetoon te zien krijgen. Het enige wat Paige in mijn ogen misschien nóg beter had kunnen doen, is haar punt kracht bijzetten door haar award af te staan. Door de award wel in ontvangst te nemen, doet ze toch mee met een systeem waarvan ze weet dat het niet is wat het hoort te zijn. Alsnog vind ik het een mooi voorbeeld van bondgenootschap.

Hoe word ik een goede bondgenoot?

Ik zeg altijd: impact is belangrijker dan intentie. Toch maakt je intentie ook behoorlijk uit bij bondgenootschap. Het gaat erom dat je continu checkt of je antiracisme praktiseert om mee te strijden voor gelijke rechten, of dat je het doet voor je eigen gevoel van waarde.
Vind jij het belangrijk om een echte bondgenoot te zijn, dan heb ik de volgende tips voor je.

Stap van het idee af dat je een beloning hoort te krijgen voor fatsoenlijk gedrag

'Doe goed en zie niet om,' zei mijn oma altijd. En alhoewel ik er zelf ook moeite mee heb, is dat toch mijn advies aan jou. Zwarte mensen en mensen van kleur zijn te druk bezig met leven, overleven en vechten voor gelijkwaardigheid om ook nog eens te observeren wie een koekje meent te verdienen omdat diegene niet racistisch is. Strijden tegen racisme doe je voor een betere wereld en niet om gezien te worden als goed mens.

Pronk niet met menselijkheid

Dit is eigenlijk voortborduren op mijn voorgaande tip. Aangezien je niet strijdt tegen racisme om als goed mens gezien te worden, is het niet nodig om een lijstje bij te houden of in te zetten. Vooral dat laatste! Wat je dus niet gaat doen, is wijzen op alle dingen die je goed hebt gedaan op het gebied van antiracisme, als je een keer de fout in gaat. 'Ik ben niet racistisch, want ik neem het juist op voor mijn Marokkaanse collega!'

Maak ruimte voor mensen van kleur

Wil je een goede bondgenoot zijn? Wees dan ook echt een handlanger en een medestrijder en zie jezelf niet als een redder. Spreek niet namens ons, maar stap opzij en maak ruimte, zodat onze stem eindelijk wordt gehoord. Duw ons naar voren als je merkt dat ons geluid niet aankomt.
Dat betekent soms dat je echt plaats moet maken. Zit je in een panel met alleen maar witte mensen? Kaart het aan. Noem namen van mensen die ook in dit panel hadden moeten zitten en sta desnoods je eigen plek af aan een van die mensen. Je witte privilege heeft geholpen om die plek te bemachtigen. Zet dat privilege in om kansen te creëren voor Zwarte mensen en

mensen van kleur. Versterk ons geluid, in plaats van als een soort tolk te fungeren.

Wees ook antiracistisch achter gesloten deuren

Iman Ali zei ooit: 'The real you is what you do when no one is watching you.' Ben jij ook antiracistisch als niemand het ziet? Of doe je het voornamelijk voor de show? Dat is een teken van performatief bondgenootschap en dat baat niet, maar schaadt wel.

Blijf openstaan om gecorrigeerd te worden

'Allyship is a series of action, not an identity.' De fout die echt bijna iedereen maakt, dus ook ik, is denken dat je er op den duur wel bent. Dan weet je genoeg! Dan ben je antiracistisch en als iemand je dan corrigeert, is het bijna beledigend. Maar je moet blijven openstaan voor nieuwe ideeën. Je moet blijven openstaan voor andere ervaringen en een andere kijk op de zaken.

Wees erop voorbereid dat je fouten gaat maken

Antiracisme is een levenslange toewijding. Het is je leven lang streven naar gelijkwaardigheid in de maatschappij. Dat betekent dat je blijft leren. En om te kunnen blijven leren, mag je niet bang zijn om fouten te maken. Want daar leer je juist van en daar groei je van. Het leven is vallen, opstaan, en weer doorgaan.

Succes!
Chanel

Antiracisme is: vallen, opstaan en weer doorgaan. Fouten maken is onvermijdelijk.

MEESTGESTELDE VRAGEN

Tijdens het geven van mijn masterclasses heb ik ontzettend veel vragen ontvangen over racisme. Alhoewel veel vragen ook beantwoord worden in dit boek, heb ik besloten de meestgestelde vragen die ik krijg ook apart in het boek op te nemen. Dit zijn voornamelijk vragen over wat je kunt doen in specifieke situaties. Het antwoord bestaat zoals gebruikelijk in mijn antiracismelessen uit praktische tips.

Hoe kan ik het beste reageren, als iemand mij aanspreekt op racisme?

Dit is misschien wel de belangrijkste van alle vragen. De manier waarop jij reageert als je wordt aangesproken op racisme, laat namelijk zien hoe antiracistisch je bent.

Laten we vooropstellen dat het niet altijd een prettig gevoel oplevert wanneer iemand je corrigeert, maar diegene doet je eigenlijk een plezier. Zie het als een kans die je geboden wordt om je gedrag te verbeteren. Want door jou te wijzen op racisme, heb jij de mogelijkheid om dat laatste beetje racisme in jezelf te bestrijden.

Daarom is het noodzakelijk dat je luistert naar wat diegene over racisme te zeggen heeft, zelfs als je op dat moment misschien niet begrijpt waarom jouw actie of uitspraak racistisch is. Schaam je niet voor wat je niet weet, wees vooral trots op je bereidheid om te leren. Luister, leer en bedank degene die je op je racistische uiting attendeerde.

Wat mij in soortgelijke situaties helpt, is dat ik er gewoon vanuit ga dat er bijvoorbeeld nog homofobie in mij zit. Door daar al vanuit te gaan, komt het niet als grote klap wanneer ik erop word aangesproken en reageer ik niet defensief vanuit welke emotie dan ook.

Als jij nog sterke emoties voelt opkomen wanneer je wordt aangesproken, dan is het juist belangrijk om die emotie uit te spreken. Besef wat je op dat moment voelt, maar houd de ander niet verantwoordelijk voor jouw - misschien fragiele - gevoelens. Je reactie is waar je je groei laat zien.

De volgende reacties zijn voorbeelden van hoe je op een respectvolle manier je verantwoordelijkheid kunt nemen:

'Dank dat je me dit laat weten. Ik zal dit in het vervolg niet meer zeggen.'
'Sorry, fijn dat je me hierop wijst.'

'Zo heb ik er nooit over nagedacht. Ik heb duidelijk nog het een en ander te leren. Dank je wel voor het adresseren.'
'Ik zat inderdaad fout, dank je wel voor deze nieuwe informatie.'
'Ik ga me hierin verdiepen.'

Na het erkennen van de gemaakte fout en je excuses gemaakt te hebben, is het ook klaar. Je hoeft het niet de hele tijd opnieuw ter sprake te brengen. Wil je ergens meer over leren? Doe je eigen research of ga in gesprek met witte vrienden die ook bezig zijn met antiracisme.

Ik reageerde defensief nadat iemand me wees op racisme, wat kan ik nu doen?
Kalm en gereserveerd blijven nadat je bent aangesproken op kwalijk gedrag vereist enige oefening. Het kan dus dat je in de eerste periode nog defensief reageert als iemand je ter verantwoording roept. Dat is voor degene die je aanspreekt vervelender dan voor jou, maar het hoeft niet het einde van het gesprek te betekenen. Door je fout toe te geven, kun je weer ruimte creëren voor het vervolgen van het gesprek:

'Sorry, dat ik zo defensief reageerde. Kunnen we dit gesprek opnieuw beginnen?'
'Oké, dat ging niet goed vanuit mijn kant. Ik wil het beter aan leren pakken. Zou je me willen helpen begrijpen waar ik precies de mist in ging?'
'Ik zat hoog in mijn emoties en reageerde daardoor defensief. Ik had mijn gevoelens niet op jou moeten projecteren.'
'Dat was duidelijk kwetsend en dat is niet mijn bedoeling. Ik wil dit dan ook voorkomen in de toekomst. Kunnen we het erover hebben wanneer jij er klaar voor bent?'

Accepteer vervolgens alle reacties die je krijgt. Mensen zijn niet verplicht je excuses te aanvaarden, je te vergeven of hun tijd te steken in jouw educatie. Het kan zijn dat je de opmerkingen wel erg nederig vond opgeschreven, maar dat is bewust. Iemand hoeft jou niet te helpen begrijpen waar het misging, dus moet je vragen of diegene dat wel wil. Iemand is niet verplicht de situatie samen met je te analyseren, dus het enige wat je kunt doen is opperen het te bespreken wanneer de ander er klaar voor is. Door je kwetsbaar op te stellen en oprechte excuses aan te bieden, vergroot je de bereidheid om dat te doen maar het is geen must. Word dus niet boos wanneer iemand het gesprek niet wil voortzetten. De volgende keer doe jij het beter en is dit gesprek misschien niet eens nodig.

Hoe spreek je een ander aan op racisme?
Ten eerste is het belangrijk om duidelijk te laten weten dat je het niet eens bent met bepaalde uitspraken. Hoe moet iemand weten dat gedrag ongewenst is, als diegene er nooit op wordt aangesproken? Wat niet wordt aangepakt, wordt waarschijnlijk herhaald.
Maar iemand aanspreken op racisme is niet voor iedereen gemakkelijk. Veel mensen vermijden dit dan ook. Ze zwijgen, omdat ze letterlijk niet weten wat ze moeten zeggen. Als je echt antiracistisch wilt zijn, moet je je voorbereiden op het voeren van ongemakkelijke gesprekken. Als je die gesprekken niet voert – en racisme dus niet aankaart wanneer je het tegenkomt – draag je bij aan de acceptatie van racisme, dan ben je medeplichtig. Dat wil je niet, dus help ik je aan een aantal pasklare reacties.
Er zijn verschillende manieren waarop je kunt laten weten dat je het er niet mee eens bent. Laten we beginnen met de milde manieren:

'Wat je zojuist zei, vind ik aanstootgevend, want .... Ik zou het op prijs stellen als je dit soort opmerkingen niet meer maakt.'
'Ik voel me niet prettig bij wat je zojuist hebt gezegd en zou het fijn vinden als je dat in het vervolg niet meer zou doen.'

Met deze twee uitspraken houd je het erg bij jouw gevoel. Dat is enerzijds positief. Mensen willen een ander doorgaans geen slecht gevoel bezorgen en zullen dergelijke opmerkingen in het vervolg niet meer maken in jouw bijzijn, en dus is het effectief. Anderzijds lijk je racisme hiermee te bestempelen als een gevoelsmatige kwestie, waarbij het ook kan liggen aan overgevoelige mensen in plaats van aan fout gedrag. Mensen kunnen zonder schuldgevoel deze opmerkingen blijven maken wanneer jij niet in de buurt bent.

Daarom heb ik ook wat directere manieren om racisme aan te kaarten:

'Kun je uitleggen wat je daarmee bedoelt? Waar heb je deze informatie vandaan?'
'Ik wil graag verder met je in gesprek over dit onderwerp. Ik denk dat er nog meer over te zeggen valt.'
'Ik heb sinds kort geleerd, dat het niet oké is om dat te zeggen. Misschien kun je @Marketingvrouw op Instagram eens bekijken, of *Het antiracisme-handboek* eens lezen.' Hier kun je natuurlijk een rijtje activisten en boeken over antiracisme opnoemen.

Met deze reacties kom je verder in gesprek en kun je ontdekken waar de racistische gedachten van je gesprekspartner vandaan komen. Dit gesprek kan in sommige gevallen zeer vermoeiend worden. Sommige racistische gedachten zitten zo diepgeworteld, waardoor je met één gesprek niet tot de kern komt. Ik doe daarom een beroep op witte mensen. Zet deze gesprekken a.u.b. voort. Voor jou als wit persoon is het gesprek namelijk honderd keer minder zwaar dan voor een Zwart persoon of persoon van kleur.

Tot slot is er ook een kort, maar krachtig statement waarmee je racisme kunt aankaarten:

'Het zal vast niet je intentie zijn, maar wat je zegt is beledigend en racistisch.'

Je zegt waar het op staat, maar dan wel op een manier waarbij je eerst duidelijk maakt dat je begrijpt dat het niet racistisch is bedoeld. Door de intenties te benoemen, verklein je de kans op een defensieve reactie, zonder racisme af te doen als 'onaardig pestgedrag'.

Wat kan ik doen als iemand een racistisch 'grapje' maakt?

In de woorden van Jacquelyn Ogorchukwu Iyamah:

> *'Er is racisme, er zijn grappen, maar racistische grappen bestaan niet. Ze bestaan niet, omdat zulke opmerkingen...*

... groepen belachelijk maken door middel van stereotypen.
... Zwarte mensen en mensen van kleur assimileren of vervreemden.
... ervoor zorgen dat mensen zich schamen voor hun raciale identiteit.
... de ongelijke machtsdynamiek tussen raciale groepen in stand houden.'

En wat is daar nu grappig aan?

Als iemand een zogenaamde racistische 'grap' maakt, zeg dan waar het op staat: 'Dat was niet grappig, dat was racistisch en racisme is niet grappig.' Of speel de vermoorde onschuld en vraag: 'Kun je de grap uitleggen? Ik snap het niet.' Hiermee laat je grapjassen zelf hun racistische opmerking analyseren en uitleggen. In het uitzonderlijke geval dat ze in eerste instantie niet doorhebben hoe racistisch de 'grap' eigenlijk is, beseffen ze het wel tijdens hun eigen uitleg.

Ik kom niet snel voor mezelf op, hoe kan ik toch wat zeggen in een situatie waarin ik of een ander racistisch wordt bejegend?
Net als bij reageren op racistische 'grapjes', is vragen stellen hier het minst confronterend. Stel vragen over de gedachte achter de opmerking die iemand maakt. Dat is minder confronterend dan aangeven dat een opmerking of gedrag racistisch is en werkt uiteindelijk ook beter als je niet wilt dat iemand met veel weerstand zal reageren.

Hoe kan ik mijn grenzen aangeven wanneer een discussie over racisme uit de hand loopt?
Als je grenzen wilt stellen, zeg je in de eerste plaats dat je niet wilt dat iemand zulke taal gebruikt, of bepaalde opmerkingen maakt, in jouw bijzijn. Laat geen ruimte voor tegenspraak. Je hebt je grens aangegeven en daar is geen discussie over mogelijk.

Hoe leg ik anderen uit waarom het n-woord niet meer kan?
Het n-woord is een koloniale term waarmee witte mensen Zwarte mensen omschreven. Alleen werden deze mensen toen niet als mensen, maar als dieren gezien en behandeld. Een van de eerste keren dat het woord voorkomt in de Nederlandse taal was ter beschrijving van de 'lading' van een

slavenschip. Als je deze oorspronkelijke betekenis inclusief connotatie kent, kun je begrijpen dat een mens niet omschreven wil worden als onmens.
In de loop der jaren hebben Zwarte mensen van dit scheldwoord een geuzennaam gemaakt. Net zoals gay mannen dat hebben gedaan met het woord 'nicht' en net zoals vrouwen dat hebben gedaan met de woorden 'trut' en vooral 'bitch'.
Vraag of diegene willekeurige gay mannen ook 'nicht' noemt, of dat diegene 'bitches' zegt tegen vrouwen. Ik hoop van niet, dan maak je je punt en tackel je gelijk de vraag 'maar waarom mag een Zwart persoon het wel zeggen?' Diegene is onderdeel van de groep die het woord een nieuwe lading heeft gegeven.

Hoe ga ik om met ouders die racistische opmerkingen maken in de buurt van mijn kind(eren)?

Hoe reageer je als iemand zou schelden met kanker of een ander grof scheldwoord? Je zou die persoon waarschijnlijk een halt toeroepen. Doe hetzelfde bij racistische opmerkingen: stel grenzen. 'Dat is racistisch en ik wil zulk taalgebruik niet in de buurt van mijn kind horen.' Op zulke momenten is het belangrijker dat jij als ouder het verschil tussen goed en fout laat zien, dan dat je een gesprek aangaat met degene die racistische opmerkingen maakt.

Op welke leeftijd kan ik mijn kinderen meer leren over racisme en antiracisme?

Vanaf zes maanden zien baby's al fysieke verschillen zoals huidskleur. Als peuter ontwikkelen ze een voorkeur voor mensen met hun eigen huidskleur, tenzij ze actief antiracistisch zijn opgevoed.
In het kort raad ik het volgende aan: ga met je kind in gesprek over hoe mensen verschillend, maar toch ook hetzelfde zijn, wanneer je kind opmerkingen begint te maken over verschillende huidskleuren of iets wat daarmee te maken heeft. Denk daarbij aan: 'Papa, waarom is Michelle bruin?' of: 'Mama, kijk, die meneer is Zwart!' Veel ouders raken in paniek en zeggen: 'Nee, we zijn allemaal hetzelfde!' Maar dat klopt niet. We zijn niet allemaal hetzelfde; huidskleuren verschillen nu eenmaal. Daar hoef je echt niet moeilijk over te doen. We zijn verschillend, maar verdienen wél allemaal

een gelijkwaardige behandeling en dáár mag je geen onderscheid in maken. Ik kan een heel boek schrijven over antiracistisch opvoeden - en wie weet ga ik dat ook wel doen. Voor nu moet je het doen met mijn digitale cursus antiracistisch opvoeden. Daarin vertel ik per leeftijdscategorie wat antiracistisch opvoeden inhoudt en wanneer en hoe je vertelt wat racisme is. De cursus is beschikbaar op mijn website: chanellodik.com.

Hoe deal ik met mensen die racisme ontkennen en/of defensief blijven reageren?

Als iemand racisme blijft ontkennen, kun je vragen wat diegene wél zou overtuigen. Of je vraagt door: 'Waarom geloof je niet in racisme?', 'Geloof je niet in de cijfers?', 'Geloof je niet in de persoonlijke ervaringen?'
Bij een een-op-eengesprek begin ik eigenlijk altijd met ervaringen als anekdotisch bewijs. Dat kan mijn eigen ervaring zijn, of de ervaring van iemand die ik ken en die mij toestemming heeft gegeven om diens verhaal anoniem te delen. Mensen die racisme ontkennen reageren daar bijna altijd op met iets in de trant van: 'En jij maakt dan de beslissing dat huidskleur de oorzaak van het voorval was?' Dan ga ik over op cijfers. 'Nou, het is niet zo dat het mijn mening is, of de ervaring van een paar personen. Uit onderzoek blijkt dat kinderen van kleur stelselmatig een lager onderwijsniveau geadviseerd krijgen in groep 8. Terwijl uit de Cito-score blijkt dat ze meer in hun mars hebben. Dat is dus niet mijn mening, maar een feit.' Uiteindelijk zou ik niet te lang blijven hangen in het persoonlijke gesprek, maar het gesprek beëindigen, of het hogerop zoeken. Bij een leerkracht die racisme ontkent bijvoorbeeld. Dat is gevaarlijk en vooral een probleem waarmee de school moet dealen. Als het goed is, hebben ze hier iets over opgenomen in het beleid. Hier lees je meer over in het hoofdstuk *Het onderwijs* in het deel *Institutioneel racisme*.

Hoe reageer ik als iemand ervan overtuigd is dat witte mensen óók slachtoffer kunnen zijn van racisme?

Iemand die ervan overtuigd is dat er ook racisme is jegens witte mensen, kent het verschil tussen raciale vooroordelen en racisme duidelijk niet. Leg daarom uit dat raciale vooroordelen vervelend, kwetsend en zeer ongewenst zijn, maar dat het niet valt onder onderdrukking. Dit is bij racisme wel het geval.

Stel je gesprekspartner vragen zoals:
'Wanneer was de laatste keer dat jij een baan niet kreeg vanwege je huidskleur?'
'Wanneer was de laatste keer dat de politie je staande hield vanwege je huidskleur?'
'Wanneer was de laatste keer dat de Belastingdienst je extra controleerde vanwege je naam?'
'Wanneer was de laatste keer dat Zwarte mensen of mensen van kleur witte mensen tot slaaf maakten en lieten werken op plantages? Of lieten werken voor hongerloontjes?'
'Welk land hebben Zwarte mensen of mensen van kleur "ontdekt" en welke lokale witte bevolking hebben zij vervolgens geprobeerd uit te roeien?'
'Wanneer was de laatste keer dat jouw sluike haar als onprofessioneel werd bestempeld?'

Het is te hopen dat het herhaaldelijk 'nooit' antwoorden op deze vragen hen doet inzien dat er een verschil is tussen vooroordelen en onderdrukking.

Wat is de juiste beschrijving voor verschillende mensen van kleur? Wanneer kan ik Zwart, bruin of wit zeggen?

Voordat je nadenkt over hoe je iemands kleur zou moeten omschrijven, moet je jezelf afvragen waarom je iemands kleur wilt omschrijven. Is dat echt nodig? Of ben je het gewoon gewend om mensen van kleur aan de hand van hun huidskleur te omschrijven? Een kennis vertelde mij een keer hoe een collega twee kleine kinderen op een totaal verschillende manier omschreef: het witte meisje omschreef hij aan de hand van haar kleding, het Zwarte jongetje aan de hand van zijn huidskleur. Alsof zijn huidskleur het enige was waaraan je hem kon herkennen, terwijl hij een opvallende rode trui aanhad. Vraag jezelf dus af of het benoemen van de huidskleur bij mensen van kleur écht nodig is. Bij witte mensen doen we dit zeer zelden. Als het toch nodig is, adviseer ik het volgende: Zwart voor mensen uit de Afrikaanse diaspora. Bruin voor niet-Zwarte mensen van kleur en wit voor de rest. Houd hierbij in gedachte dat er mensen zijn die ik misschien als Zwart zou omschrijven, maar die dat zelf niet doen en het ook niet fijn vinden als een ander dat doet. Als iemand je corrigeert, door bijvoorbeeld Afro-Nederlander in plaats van Zwart te zeggen, is het wel zo netjes om diegene in het vervolg zo te noemen. De regel waar ik mezelf aan houd, is: ik noem mensen zoals ze genoemd willen worden, tenzij dat een koloniale term is, waar ikzelf en vele anderen moeite mee hebben.

Waarom zijn zoveel van de termen omtrent (anti)racisme in het Engels?

Het korte antwoord: Nederland is weer lekker traag. In dit boek maak ik vaker gebruik van onderzoeken die in Amerika al decennia geleden zijn uitgevoerd. Er is in Nederland pas sinds mei 2020 een algemene consensus dat racisme bestaat, dat het zeer ernstig is en dat het tegengegaan moet worden. En toch denkt maar 6 procent van de Nederlanders dat het koloniale verleden iets is om je voor te schamen. Sterker nog, de helft van de Nederlanders is er tróts op. Ter vergelijking: slechts 32 procent van de Britten en 26 procent van de Fransen deelt die trots over het koloniale verleden van hun land.
Nederland loopt achter en dus zijn bepaalde woorden letterlijk nog niet aanwezig in onze taal. Ik heb een woordenlijst met vertalingen gemaakt, voor zover ik ze kon vinden, zodat je ook het racismegesprek kunt aangaan met mensen die het zeer belangrijk vinden om alleen Nederlandse termen te gebruiken. Al kan ook dit een vorm van racisme zijn, maar dat mag je ze dan in het Nederlands uitleggen.

Hoe laat ik mijn schoonfamilie inzien dat ze zich racistisch gedragen tegenover mij en/of mijn kind van kleur?

Houd bij dit soort gesprekken drie dingen in gedachten:

1. Praten vanuit je eigen gevoel is het meest effectief.
2. De kans is groot dat de ander zich defensief zal opstellen.
3. Woede en frustraties werken het gesprek (helaas) tegen.

Racisme gaat niet om persoonlijke gevoelens, het gaat om de positie van mensen van kleur in de maatschappij. Maar soms komt een gesprek over racisme alleen op gang als je begint over je eigen gevoelens. Als je schoonfamilie van je houdt, willen ze niet dat je je slecht voelt. De kans is dus vele malen groter dat zij naar je zullen luisteren als je aangeeft door hun opmerkingen geraakt te zijn, dan wanneer je heel direct zegt dat iets racistisch is.

Bedenk daarom wat je met het aankaarten van het racistische gedrag wilt bereiken. Al helemaal als je kind erbij is. Dan gaat het namelijk om grenzen aangeven en is een gesprek initiëren misschien niet eens de doelstelling. Maar als dat wel het doel is, moet je je soms in een paar beklemmende bochten wringen om het gewenste resultaat te bereiken. Als je je goed voorbereidt, kun je zelfs de defensieve houding aan die mensen aannemen wanneer zij worden aangesproken op racisme.
Wat voor racistisch gedrag hebben zij in het verleden vertoond? Maak daar een opsomming van. En dan maakt het dus niet uit of jij wel of niet persoonlijk werd geraakt door hun gedrag. Bruine mensen horen anti-Zwart racisme ook vervelend te vinden en witte mensen horen zich ook te storen aan racisme in het algemeen.
Met die verzameling van het racistische gedrag heb je een soort case die je kunt voorleggen, wanneer je ze op heterdaad betrapt op nog een racistische uitspraak. Misschien heten antiracismeactivisten daarom *anti-racism advocates* in het Engels, soms moet je echt een dossier bijhouden. Die goede voorbereiding zorgt er ook voor dat racistische opmerkingen wat minder heftig binnenkomen. Je hield er onbewust al rekening mee en kunt direct reageren. 'Dit is precies wat ik bedoel!'
Tot slot een belangrijke tip en misschien de moeilijkste om toe te passen: probeer niet boos te worden en ga niet verder in gesprek als je wel boos wordt. Wanneer je emoties de overhand krijgen, ben je een gemakkelijk doelwit voor tone policing en gaslighting. In het gelijknamige hoofdstuk leg ik uit hoe je daarop reageert, maar voorkomen is beter dan genezen. Voel je woede of andere oncontroleerbare frustratie opborrelen? Beëindig het gesprek en zeg dat je het graag een andere keer voortzet.

Hoe kun je als Zwarte persoon of persoon van kleur je eigenwaarde stabiel houden in deze wereld?

Het kan mijn opvoeding of mijn persoonlijkheid zijn, maar ik heb altijd al het gevoel gehad dat ik het beste verdien. Hoe ouder ik werd, hoe meer ik mij ervan bewust werd dat deze wereld niet is ingericht om mij te bevoordelen. Toch is mijn houding niet veranderd; ik vind mezelf waardevol. Niemand anders dan ikzelf bepaalt mijn waarde. Mijn waarde heeft niets te maken met het onvermogen van anderen om mij op waarde te schatten. Ik weet dat ik minder kansen heb dan een wit persoon – om specifiek te zijn: een witte man – maar dat betekent niet dat ik daarom minder mijn best ga doen. Als ik bijvoorbeeld vanwege mijn etniciteit slechts 30 procent kans heb in plaats van 100 procent, ga ik voor die volledige 30 procent. Weet dat jouw waarde niets te maken heeft met het onvermogen van anderen om jou op waarde te schatten. Ga voor alles wat haalbaar lijkt te zijn en meer.

Hoe toon ik als wit persoon medeleven wanneer een ander geraakt wordt door racisme?
Heel simpel: geef aan dat je met iemand meeleeft, maar ook dat je begrijpt dat je het nooit zelf kunt ervaren. Hoe je op dat exacte moment het best je medeleven kunt tonen, is afhankelijk van de persoon wie het betreft. Iedereen heeft andere behoeften. Geef aan dat je er graag voor diegene wilt zijn en vraag hoe je op dat moment kunt helpen. Het is altijd belangrijk dat je de daad bij het woord voegt. Als je meeleeft, spreek je dan ook uit als je racisme ziet gebeuren.

Hoe spreek ik als wit persoon Zwarte mensen of mensen van kleur aan op racisme?
Read the room. Is het echt jouw plaats om die persoon daarop te attenderen? Of zijn er andere mensen die dat kunnen doen? Wat zijn de machtsverhoudingen in het gezelschap? Dat laatste klinkt heel zwaar, dus ik zal het even uitleggen aan de hand van een aantal voorbeelden.
Stel, je bent de enige witte Nederlander tussen je collega's. Je Marokkaans-Nederlandse collega maakt tijdens de lunch een racistische opmerking over Zwarte mensen, een ongelukkige opmerking die grappig bedoeld is. Geef je andere collega's de ruimte om hem daarop aan te spreken. Zie je dat het niet gebeurt, dan doe je je mond open. Word je collega wel geattendeerd op zijn gedrag door een Zwarte collega of collega van kleur? Geef dan jouw support. Naar witte collega's wordt over het algemeen eerder geluisterd.
Stel nu dat je teamleider eenzelfde opmerking maakt tijdens een gesprek waar alleen jij en twee Zwarte collega's bij zijn. Dan is de kans groot dat het juist wél wenselijk is om je als eerste uit te spreken. Het is moeilijker om een teamleider aan te spreken dan een collega. Het algemene advies 'stel vragen' maakt het makkelijker. 'Wat bedoel je daarmee?', 'Kun je uitleggen

waarom je dat zegt?' Afhankelijk van jullie band kan het ook goed werken om recht voor zijn raap te zijn: 'Wat je daarnet zei, is racistisch.' Hetzelfde geldt overigens voor racistische opmerkingen in vriendengroepen.

Mag ik als wit persoon vragen of iets racistisch is aan een persoon van kleur?

Als je moet vragen of iets racistisch is, dan is het waarschijnlijk racistisch. Je denkt het echt niet zomaar. Maar als je toch twijfelt, dan is mijn antwoord als volgt. Betreft het iemand met wie je een hechte band hebt? Vraag het dan, maar maak er geen gewoonte van. En check sowieso eerst of het oké is om advies te vragen, aangezien het een gevoelig onderwerp betreft. Wellicht heeft diegene geen zin in een beladen gesprek.
Weet dat een Zwart persoon of persoon van kleur soms alleen maar toezegt omdat diegene dat als morele plicht ziet. Ik verdien mijn geld met praten en uitleg geven over racisme en zelfs ik heb er vaak geen zin in. Ik doe het omdat ik het noodzakelijk vind, niet omdat ik er zin in heb. Ongevraagd advies vragen is iemand ongevraagd opzade en met emotionele arbeid. Daarom stel ik eigenlijk voor eerst zelf op onderzoek te gaan naar antwoorden, vóórdat je iets vraagt. *Google it*, voordat je de tijd en energie van een ander opeist. Het is voor gemarginaliseerde groepen al vervelend genoeg om (institutioneel) benadeeld te worden, laat staan dat ze als een vraag-en-antwoordbureau worden ingezet. Zeker als de antwoorden makkelijk online te vinden zijn. Of nog erger: als de vragen zelf racistisch zijn.

Waarom voelen witte mensen zich vaak aangevallen als het over racisme gaat?

Iedereen beschouwt zichzelf graag als een goed mens. Maar weinig mensen zien racisme als iets positiefs. Wanneer je denkt dat iemand suggereert dat je een slecht mens bent, schiet je algauw in de verdediging. Hopelijk heeft dit boek je doen inzien dat iedereen fouten maakt. Weet dat wanneer je onbedoeld iets racistisch zegt of doet, dat je geen hardcore racist maakt. Racisme is niet binair, maar een spectrum dat 'antiracistisch' aan het ene uiterste heeft en 'racistisch' aan het andere uiterste . Niet-racistisch zweeft ergens daartussenin. Dat je onbewust iets racistisch zegt of doet, plaatst jou niet aan het uiterste van dat spectrum.

Hoe zorg ik ervoor dat ik als wit persoon niet ga overcompenseren?
Sommige witte mensen willen heel graag antiracistisch zijn, en dat is goed. Maar besef dat overcompensatie performatief is: je centreert je eigen gevoelens. Bij overcompensatie gaat het erom dat jij je geen racist voelt. Je vindt het erger om op racisme aangesproken te worden dan dat jij je bekommert om wat die ander overkomt.

EEN OPEN BRIEF

Aan alle mensen van gemengde afkomst

Lief mens,

Ik wil beginnen met zeggen dat het aan jou is om je eigen identiteit te definiëren. Vraag je niet af waar je bij hoort. Je hoort bij elke etniciteit waarvan het bloed door jouw aderen stroomt.
Je bent niet alleen wit. Je bent niet alleen Zwart. Je bent niet alleen bruin. Je bent alles.
Dat men van je verwacht dat je met één druppel 'Zwart bloed' in je lichaam vooral de Zwarte identiteit moet claimen, komt nog voort uit de koloniale tijden waarin witheid 'zonder Zwart bloed' betekende.
Je bent niet half. Je bent dubbel. Je bent multi.
Je bent onderdeel van verschillende culturen en hoort je thuis te kunnen voelen bij al die culturen. Bovendien kun je je niets toe-eigenen dat al bij je hoort.
Je bestaat uit een mooie mix, waarbij 'mooi' een bijvoeglijk naamwoord is en niet inherent aan jouw mix. Minder mooi is het feit dat je privileges krijgt vanwege de manier waarop de maatschappij kijkt naar jouw mix.
Een lichtere tint hebben geeft je voordelen (colorism). Minder strakke krullen hebben geeft je voordelen (texturism) en andere fysieke kenmerken, zoals de vorm van je ogen, maar vooral de vorm van je neus, geven je voordelen (featurism).
Hoe meer je voldoet aan de westerse schoonheidsnorm, hoe meer voordelen je hebt. Of anders gezegd, hoe dichter jouw versie van niet-wit bij wit ligt, des te meer voordelen je hebt.
Het meeste voordeel heb je als je kunt doorgaan voor wit, ook wel *white-passing* genoemd. Want hoe lichter je bent, hoe kleiner de kans is dat je vaak te maken krijgt met racisme. Helaas betekent het niet dat je uitgezonderd bent van racisme.
Ja, ook jij kunt te maken krijgen met racisme. Dus ook jij hebt recht van spreken in discussies over racisme. Maar houd altijd in je achterhoofd dat je privileges hebt.
Privileges die bestaan naast jouw ervaringen met racisme. Privileges die je kunt inzetten om nog meer te strijden tegen racisme.

Dat betekent dat – alhoewel je ook te maken hebt met racisme – je soms ruimte moet maken voor mensen die jouw privileges niet hebben. Het betekent dat je het moet aankaarten als er niet genoeg representatie is van de Zwarte mensen waar jij net wat minder mee gemeen hebt qua uiterlijk. Net zoals witte vrouwen hun mond moeten opentrekken bij organisaties die zeggen voor diversiteit te staan, maar daarmee eigenlijk alleen voor de emancipatie van witte vrouwen zorgen, moet jij je hardop afvragen waar de donkere Zwarte mensen zijn, als het je opvalt dat een organisatie met diversiteit vooral doelt op lichtgekleurde mensen.
Want antiracistisch ben je pas echt als je bereid bent je eigen privileges op te geven en in te zetten voor mensen die (nog meer) benadeeld worden.

Liefs,
Chanel

Jouw privileges kunnen bestaan naast jouw ervaringen met racisme.

DANKWOORD

Ten eerste wil ik mijn enthousiaste zussen, broer, nichten, vrienden, schoonfamilie, Instagram-volgers en zelfs zakelijke contacten bedanken, die vanaf het begin van dit schrijfproces zo belangstellend zijn geweest. Dit boek is mede dankzij jullie vragen, jullie advies en jullie continue support tot stand gekomen. Maar zoals altijd in een dankwoord zal ik deze ruimte vooral gebruiken om een paar mensen in het zonnetje te zetten die een extra grote rol hebben gespeeld in het tot stand komen van dit boek en eigenlijk ook mijn carrière.

Judith Oliander †, toen ik de meest confronterende racistische ervaring ooit had, was ik een hoopje verdriet. Jij sprak mij de moed in om me te herpakken en me niet te laten kennen. En alhoewel ik van mening ben dat wij Zwarte vrouwen onze zachte kant ook mogen laten zien, ben ik blij dat ik mede dankzij jouw woorden van alle (racistische) tegenslagen mijn kracht heb gemaakt.

Sandy Oliander †, ik wil jou bedanken voor alles wat je voor me hebt betekend. Je leerde me om niet alleen te incasseren, maar kwam vlak achter me staan en leerde me om in de aanval te gaan. En toen ik dat op oudere leeftijd deed, toen ik me dat eigen had gemaakt, stond je nog steeds achter bijna alles wat ik deed. Maar je was ook niet bang om me op mijn fouten te wijzen. En je hebt me laten leren van de fouten die jij hebt gemaakt.

Afrinanda, dank je wel dat je mij die nodige schop onder de kont gaf, elke keer dat ik wilde opgeven. En dat was vaak! Toch sprak je me steeds opnieuw moed in.

Mama, Maureen Matil, dank u wel dat u mijn leven hebt gevuld met Zwarte rolmodellen. U nam de paar series die destijds op televisie kwamen op, zodat we naar Zwarte gezinnen konden kijken: *The Fresh Prince of Bel-Air, Martin, Moesha, On Our Own*. U nam alle muziek van MTV Base op, zodat we naar Zwarte artiesten konden kijken. Mijn zusje kreeg een Zwarte pop (destijds nog bijzonder), die u vernoemde naar de Zwarte artiest Aaliyah.

Ook wil ik u samen met mijn schoonmoeder Anita Read bedanken voor het oppassen op jullie kleinzoon, zodat ik daadwerkelijk kon werken aan dit boek. Het gaf me enorm veel rust om te weten dat mijn zoon in zulke goede handen was.

Mijn vriendinnen Chanel Ho en Shakira Sankies, dank jullie wel dat jullie gedurende het hele jaar dat ik bezig was met schrijven altijd bleven vragen

hoe het ging, steunende woorden hadden als ik er doorheen zat en opgemelende woorden als ik weer een schrijversmijlpaal had behaald. Sharona Lautoe, dank je wel dat je mij het boek van Layla F. Saad gaf. Dankzij haar boek en de manier waarop zij het heeft geschreven, vond ik mijn stem terug. Nu is het echt mijn antiracismehandboek geworden, in plaats van een theoretisch boek over antiracisme.
Tijs Bullock van Volkshotel, dank je wel voor de paar dagen dat ik me mocht terugtrekken. Het was tijdens deze dagen in de hottub dat ik dankzij het boek van Layla F. Saad een ingeving kreeg over hoe mijn boek eruit moest komen te zien. Dat betekende wel dat ik volledig opnieuw moest beginnen, maar nogmaals: nu is het echt mijn boek geworden.
Joanne Uland van Unplugged Hotels: dank je wel dat ik aan het einde van deze lange rit de laatste leesronde kon doen, in alle rust in mijn vertrouwde kamer in jullie fijne hotel. Of eigenlijk niet bedankt, want ik kwam nog heel veel tegen dat ik wilde veranderen!
En *last but certainly not least* wil ik mijn partner Winston bedanken voor alle maanden dat hij ons volledige gezin en huishouden draaiende heeft gehouden. Ik maakte soms dagen van acht uur 's ochtends tot elf uur 's avonds en deed weinig tot niets voor ons huishouden en ons gezin, zodat ik me volledig kon focussen op het boek. Ons kind kwam niets tekort en ons huishouden verslapte niet. Dank je wel dat je jouw rol als partner zo glansrijk hebt vervuld.

'Het mooie van antiracisme is
dat je niet hoeft te doen alsof je
volledig verlost bent van racisme
om een antiracist te zijn.
Antiracisme is de belofte om
racisme te bestrijden
waar je het ook aantreft,
ook in jezelf.'

– Ijeoma Oluo

WOORDENLIJSTEN

Engels - Nederlands

Accountability - in de antiracismecontext gaat accountability over de verantwoordelijkheid die personen en organisaties moeten nemen voor hun acties - **verantwoordelijkheid (nemen)**
Adultification - een vorm van ontmenselijking, waarbij Zwarte kinderen worden beroofd van de essentie van wat de kindertijd onderscheidt van alle andere ontwikkelingsperioden: hun onschuld - **adultificatie**
Ally - iemand met privileges die zich inzet en strijdt voor gerechtigheid, zich inspant om hun voorrecht te erkennen en solidair werkt met onderdrukte groepen in de strijd voor gerechtigheid - **bondgenoot, medestrijder, handlanger**
Allyship - een samenwerkingsverband tussen partijen waarbij gemeenschappelijk voordeel het hoofddoel is - **bondgenootschap, alliantie**
Angry, Black woman - een racistisch stereotype waarmee Zwarte vrouwen die zich uitspreken worden bestempeld - **Zwarte, boze vrouw**
(Anti-)Asian Hate - racisme jegens mensen van Aziatische afkomst - **anti-Aziatisch racisme**
Anti-Black racism - de uitzonderlijke haat voor en afkeer van Zwarte mensen, afkomstig van zowel witte mensen als mensen van kleur - **anti-Zwart racisme, afrofobie, afrifobie**
Assimilationist - iemand die het racistische idee uitdrukt dat een raciale groep cultureel of gedragsmatig inferieur is en zou moeten assimileren om waardevol te zijn - **hier is geen Nederlands woord voor**
BIPOC (Black, indigenous, person of color) - een acroniem om alle niet-witte mensen te omschrijven, maar daarbij rekening houdend met de uitzonderlijke manier waarop Zwarte Amerikanen en oorspronkelijke Amerikanen racisme ervaren. In Nederland hebben we in beperkte mate te maken met oorspronkelijke Amerikanen, dus spreken we hier van - **Zwarte mensen en mensen van kleur**
Black - de maatschappelijke groep waarin mensen uit Afrika en de Afrikaanse diaspora vallen - **Zwart**
BoB (Black-owned business) - een onderneming of andere organisatie die gerund wordt door Zwarte mensen. Deze term krijgt steeds meer bekendheid in Nederland - **onderneming van een Zwarte eigenaar, maar we gebruiken BoB ook in Nederland**

Call out – publiekelijk het problematische gedrag van een ander aankaarten. Dit gebeurt vaak online, maar kan net zo goed tijdens een radio- of televisieprogramma voorkomen. Het doel is vaak om aandacht te vragen voor zulk soort problematisch gedrag – **geen Nederlandse vertaling, behalve publiekelijk aanspreken**
Call in – iemand privé aanspreken op problematisch gedrag, met als doel om degene bewust te maken en de gelegenheid te geven ervan te leren en het gedrag te veranderen – **geen Nederlandse vertaling, behalve privé aanspreken**
Cancel culture – oproepen tot het boycotten van mensen of organisaties waarbij je problematisch gedrag hebt geconstateerd – **afrekencultuur**
Code switching – de manier waarop mensen in een gesprek van het ene taalgebruik naar het andere taalgebruik wisselen, vaak omdat het ene taalgebruik in een bepaalde setting als inferieur wordt gezien – **codewisseling**
Colonialism – **kolonialisme**
Color blindness – een concept waardoor gesprekken over racisme niet gevoerd hoeven te worden, omdat de persoon die kleurenblind zegt te zijn mensen gelijk behandelt, ongeacht afkomst, etniciteit of huidskleur – **kleurenblindheid**
Colorism – de voorkeur voor Zwarte mensen en mensen van kleur met een lichte huidskleur – **hier is geen Nederlandse vertaling voor**
Critical race theory – de theorie waarin wordt erkend dat racisme in de structuur en het systeem van de Amerikaanse samenleving is ingebed – **kritische rassentheorie**
Cultural appropriation – vindt plaats wanneer een dominante cultuur gebruiken, klederdracht, haarstijlen e.d. overneemt van een gemarginaliseerde cultuur, zonder te erkennen waar het vandaan komt, waardoor de betekenis en context verandert – **culturele toe-eigening**
Cultural appreciation – vindt plaats wanneer culturen doen aan *consensual sharing*, waarbij de waardering voor elkaars cultuur blijkt uit het respect tonen voor de origine van gebruiken, klederdracht en andere karakteristieken uit de andere cultuur – **culturele waardering**
Cultural exchange – een situatie waarin twee of meer mensen elkaars cultuur openlijk waarderen. Wederzijds begrip, gelijkheid en respect zijn daarbij een vereiste – **culturele uitwisseling**

Emotional labour - onbetaald werk, waarvan men vaak niet eens opmerkt dat iemand het heeft verricht, dat ervoor zorgt dat de gemoederen niet te hoog oplopen. Hierbij moet degene die het op zich neemt ook de eigen emoties negeren om het werk te kunnen verrichten, dit vergt veel energie - **emotionele arbeid**

Featurism - een vorm van discriminatie waarbij bepaalde fysieke kenmerken meer geaccepteerd worden en verkozen worden boven andere fysieke kenmerken - **hier is geen Nederlands woord voor**

Gaslighting - een vorm van psychologische manipulatie om iemand te laten twijfelen aan diens gezonde verstand - hier is geen Nederlands woord voor

Implicit bias - **onbewuste vooroordelen**

Institutional(ized) racism - de manier waarop regel- en wetgeving en ongeschreven regels in de maatschappij zijn ingericht op een manier die nadelig is voor mensen die niet wit zijn - **institutioneel racisme**

Intersectionality - kruispuntdenken waarbij rekening wordt gehouden dat de meerdere aspecten van iemands identiteit invloed hebben op diens positie in de maatschappij - **intersectionaliteit**

Internalized racism - een situatie waarin Zwarte mensen en/of mensen van kleur het idee van raciale hiërarchie hebben overgenomen en geloven dat witte mensen daadwerkelijk superieur aan hen zijn - **geïnternaliseerd racisme**

Interpersonal racism - intimidatie, uitsluiting, marginalisering, discriminatie, haat of geweld van de ene persoon jegens de ander, op basis van diens vermeende 'ras' - **interpersoonlijk racisme**

Islamophobia - het construeren van een negatieve, generaliserende en essentialistische definitie van islam die leidt tot het maken van een hiërarchisch onderscheid tussen niet-moslims en moslims. Dit gebeurt om de moslims als groep te problematiseren op basis van hun religie - islamofobie

Karen - de naam die 'Black Twitter' gebruikt om witte vrouwen aan te duiden die zich stereotyperend (passief) agressief en racistisch gedragen - **in Nederland noemen wij deze vrouwen ook Karen**

Marginalized - minder invloedrijk zijn en als minder belangrijk worden gezien in de maatschappij - **gemarginaliseerd**

Microaggressions - bewuste en onbewuste beledigende, denigrerende, vijandige opmerkingen die zo alledaags zijn dat wij het in onze maatschappij amper opmerken - **micro-agressies**

Microinvalidations – het ontkennen, bagatelliseren of tegenspreken van de ervaringen, gevoelens of gedachten die mensen hebben – **micro-invalidaties**
Microinsults – verbale opmerkingen of non-verbale acties die mensen vernederen of in diskrediet brengen – **micro-beledigingen**
Microassaults – zeer expliciete verbale of non-verbale aanvallen op mensen – **micro-aanvallen**
Misogynoir – een samenstelling van misogynie en noir (zwart) om de specifieke haat jegens Zwarte vrouwen te omschrijven – **misogynoir**
Model minority – een minderheidsgroep die meer voldoet aan de normen van de dominante groep in de maatschappij, dan andere minderheidsgroepen – **modelminderheid**
Performative allyship – een situatie waarbij iemand zich voordoet als bondgenoot, maar in werkelijkheid niet oprecht is en het meer doet om als goed mens over te komen – **schijnopwekkend bondgenootschap, performatief bondgenootschap**
POC (person of color) – een acroniem dat gebruikt wordt om (de groep) mensen die noch Zwart, noch wit zijn te omschrijven – **persoon van kleur**
Race – een politiek en sociaal construct, zonder enige kloppende biologische of wetenschappelijke basis, dat is verzonnen om mensen te rangschikken, zodat de witte mensen aan de top konden heersen over de mensen die zij als inferieur zagen – **ras**
Race correction – het gebruik van ras of etniciteit om zo te bepalen welke behandelmethode een arts zou moeten volgen – **rascorrectie**
Racial equity – een situatie waarin raciale identiteit geen invloed heeft op iemands kansen in het leven – **raciale gelijkheid**
Racial preferences – racisme vermomd als voorkeur, vaak in de vorm van fetisjisme of uitsluiting – **raciale voorkeur**
Racism – raciale vooroordelen in combinatie met macht – **racisme**
Reversed racisme – het idee dat witte mensen racisme kunnen ervaren – **omgekeerd racisme**
Reparations – financiële compensatie voor de schade en het leed dat is aangericht – **herstelbetalingen**
Settler colonialism – een situatie waarbij kolonisten niet alleen de bronnen uit het land van een ander uitputten, maar zich het land ook onrechtmatig en vaak met geweld toe-eigenen – **in Nederland maken wij geen onder-**

scheid tussen de verschillende vormen van kolonialisme
Texturism – discriminatie op basis van haartype, waarbij lossere krullen als beter en mooier worden gezien dan heel strakke krullen en type 4C-haar – **hier is geen Nederlands woord voor**
Tokenism – heel weinig moeite doen op het gebied van diversiteit en inclusie om inclusief over te komen. Vergelijkbaar met woke washing (schijndiversiteit) – **tokenisme**
Tone policing – een antidebattactiek waarbij iemand de manier waaróp argumenten worden gepresenteerd bekritiseert in plaats van zich inhoudelijk bezig te houden met de argumenten zelf. In het Nederlands gebruiken we in plaats van het werkwoord tone policing een zelfstandig naamwoord om de mensen te omschrijven die aan tone policing doen – **toonpolitie**
Voluntourism – een samenvoeging van volunteering en tourism, waarbij voornamelijk witte mensen naar 'derdewereldlanden' vertrekken om daar vrijwilligerswerk te doen en de lokale bevolking te redden van hun slechte situatie – **hier is geen Nederlands woord voor**
Whiteness – een continu veranderende definitie met als enig doel twee groepen mensen te onderscheiden: mensen die privileges verdienen en krijgen vanwege hun witheid met daartegenover mensen wier uitbuiting, mishandeling en genocide gerechtvaardigd kunnen worden omdat zij niet wit zijn – **witheid**
White centering – een situatie waarin alles wordt gezien vanuit het perspectief van de witte mens. Het gaat om witte normen in de maatschappij, de representatie van witte mensen in de media en ja, ook het centreren van de gevoelens van witte mensen in gesprekken over racisme. Zelfs de mensen die zelf niet wit zijn – **wit centreren**
White guilt – het schuldgevoel dat wordt veroorzaakt door de erkenning van onverdiende en oneerlijke raciale privileges, de erkenning van persoonlijke racistische attitudes of gedrag, en/of het verantwoordelijkheidsgevoel voor andermans racistische attitudes of gedrag – **witte schuld**
White feminism – de strijd voor de emancipatie van witte (cisgender en hetero) vrouwen, waarbij geen rekening wordt gehouden met de moeilijkheden die andere vrouwen boven op hun vrouw-zijn ervaren – **wit feminisme**
White fragility – de defensieve houding die veel witte mensen aannemen als racisme wordt besproken. Het is het ongemak en de verdediging van

witte mensen die worden geconfronteerd met informatie over raciale ongelijkheid en onrechtvaardigheid – **witte fragiliteit**
White passing – een persoon van kleur met een huidskleur die gelijk is van die van witte mensen, waardoor degene door anderen als wit persoon gezien kan worden en zichzelf ook als wit persoon zou kunnen voorstellen/presenteren – **wit passerend**
White privilege – het privilege om te verkeren in een situatie waarbij je huidskleur niet bijdraagt aan de moeilijkheden in je leven – **wit privilege**
White saviourism – een situatie waarbij witte mensen oprecht het idee hebben dat zij mensen uit een andere cultuur naar een hoger niveau kunnen brengen en kunnen redden uit hun 'vreselijke' omgeving en omstandigheden – **witte-redders-complex, witte-verlossers-syndroom, witte-helpers-syndroom**
White supremacy – de racistische ideologie dat witte mensen superieur zijn aan allen die niet wit zijn en daarom over hen moeten heersen – **witte suprematie, witte overheersing**
White tears – het strategisch inzetten van tranen, verdriet, wanhoop en neerslachtigheid, vaak door witte vrouwen – **witte tranen**
Woke washing – de schijn opwekken van een bewuste denk- en handelswijze, waarbij rekening wordt gehouden met en stappen worden gezet naar antidiscriminatie, diversiteit en inclusie - **hier is geen Nederlands woord voor, schijndiversiteit komt in een zakelijke context in de buurt**
Yellow fever – een sterk seksueel verlangen naar Aziatische mensen, waarbij zij als lustobject worden gezien, in plaats van volledig mens – **gele koorts**

Beledigende woorden

Zwart geld, zwarte bladzijde, zwarte lijst, zwartrijden en zwartmaken. Alhoewel ik niet beledigd raak als iemand deze woorden gebruikt, vind ik het belangrijk om je erop te attenderen hoe wij in de maatschappij zwart heel vaak gelijkstellen aan negatieve eigenschappen. Wit gebruiken we daarentegen juist vaak om iets dat goed en eerlijk is aan te duiden. Een bevriende marketeer zei zelfs over een boek, dat over 'eerlijke marketing' gaat, dat we het misschien ook 'witte marketing' kunnen noemen. Misschien zijn er manieren om om deze woorden heen te praten.
Bij de woorden in onderstaande lijst hoeft dat niet. Ik heb een aantal woorden die beledigend kunnen zijn, of vaak op een beledigende manier worden gebruikt, op een rijtje gezet, met een uitleg waarom het beledigend is en door welk woord je het zou kunnen vervangen.

Accentloos - iedereen heeft een accent. Benoem dus welk accent je bedoelt. **Een Nederlands accent bijvoorbeeld.**

Allochtoon - de wetenschappelijke raad voor het regeringsbeleid gaf jaren geleden al aan dat het label 'allochtoon' technisch niet correct is voor de nakomelingen van migranten, een uitsluitende werking heeft en negatieve associaties oproept - **persoon met een migratieachtergrond.**

Blank - blank is een koloniale term om de huidskleur - of het 'ras' - van witte mensen te omschrijven. Blank staat gelijk aan rein en schoon, maar dat is niet per definitie wat witte mensen zijn. De term komt nog uit een tijd waarin mensen werden gerangschikt aan de hand van hun huidskleur, met witte mensen bovenaan de hiërarchie en mensen van kleur en Zwarte mensen daaronder. **Blank kun je vervangen door wit.**

Creool - creool is een koloniale term waarmee in Suriname geboren tot slaaf gemaakte mensen werden aangeduid. De oorspronkelijke betekenis is volgens Merriam-Webster: 'Een persoon van Europese afkomst, die is geboren in West-Indië of Spaans-Amerika.' Dit betekent dus dat het oorspronkelijk werd gebruikt om witte kolonisten aan te duiden. Tegenwoordig worden Surinaamse mensen met Afrikaanse voorouders aan de hand van dit woord omschreven. **Creool kun je vervangen door Afro-Surinamer of Zwarte Surinamer.**

Exotisch – je kunt dit woord prima gebruiken voor planten en dieren, maar niet voor mensen. Exotisch betekent buitenlands of vreemd en dat is niet passend. **Ik heb hier geen vervangend woord voor, omdat de manier waarop het gebruikt wordt in de meeste gevallen racistisch is.**

Etnisch – met deze term zelf is op zich niets mis, maar door de manier waarop het gebruikt wordt, zou je denken dat witte mensen geen etniciteit hebben. Het woord wordt vooral gebruikt om iets wat niet wit is te omschrijven. Een etnische groep, etnische mode. Google maar eens op etnische schoenen: je krijgt geen klompen te zien. **Seada Nourhussen van *OneWorld* adviseert om het woord dan gewoon juist te gebruiken. Dus ook spreken over etnische Nederlanders bijvoorbeeld.**

Geel – met de kleur geel is niets mis. Met Aziatische mensen geel noemen wel. Het is een koloniale term om onderscheid te maken tussen het superieure 'blanke ras' en Aziaten – **houd het maar op Aziatische mensen.**

Gouden eeuw – de eeuw waarin Nederlanders landen hebben gekoloniseerd, volkoren bijna hebben uitgemoord, mensen hebben ontvoerd, gemarteld, tot slaaf gemaakt en uitgebuit voor financieel gewin valt niet goud te noemen, toch? – **De 17e eeuw beschrijft de periode ook.**

Halfbloed – dit is een koloniale term, afkomstig uit de tijd dat het witte bloed superieur was en het andere bloed inferieur. Je bent als mens sowieso niet half, maar volledig. Dus als je meerdere afkomsten hebt, ben je – **dubbelbloed, van gemengde afkomst, bicultureel, multicultureel.**

Jungle fever – deze term wordt gebruikt om de fetisjering van Zwarte mensen door witte mensen te omschrijven. De vergelijking van Zwarte mensen met wild en ongeciviliseerd maakt dit een beledigende term.

Op het moment dat iemand de term 'jungle fever' gebruikt om diens zogenaamde voorkeur voor Zwarte mensen te omschrijven, kan je er al vanuit gaan dat het geen liefde is voor de mens, maar een fetisj voor een deel van die persoon – **fetisj voor Zwarte mensen.**

Moderne slavernij – wat men moderne slavernij noemt, is in feite zeer slecht betaald werk, mensenhandel, maar niet vergelijkbaar met de combinatie van ontvoering, mensenhandel en levenslange dehumanisering van Zwarte mensen die bovendien generatie op generatie werd doorgegeven en wettelijk was toegestaan – **afhankelijk van de specifieke situatie kan het vallen onder mensenhandel, extreme uitbuiting, sekshandel of een andere term.**

Neger – dit is een koloniale term voor de vracht van het slavenschip, waarbij tot slaaf gemaakte mensen als vee werden gezien – **Zwart persoon, iemand uit de Afrikaanse diaspora, Afro-Nederlander.**

Ontwikkelingslanden – de landen die wij nu ontwikkelingslanden noemen, zijn eigenlijk herstellende van Europees kolonialisme.

Slaven – als mens ben je geen slaaf, maar je bent tot slaaf gemaakt. **Een tot slaaf gemaakt mens dus.**

Tropenjaren – deze term wordt tegenwoordig gebruikt om zware jaren te omschrijven. De term komt echter uit de koloniale tijd waarin mensen uitgezonden waren naar kolonies en het daar zo zwaar hadden, dat een tropenjaar voor de berekening van pensioenopbouw voor twee telt. De tropen staan voor velen juist voor genot en ontspanning – **moeilijke jaren, zware jaren.**

Westers – de Wetenschappelijke Raad voor het Regeringsbeleid geeft aan dat de classificatie westers tegenover niet-westers niet meer past bij de huidige samenleving. Een meervoudige classificatie past beter. Die is nog in de maak, vandaar dat ik in dit boek een enkele keer toch het woord westers gebruik.

BRONNENLIJST

Inleiding

- Reddit: https://www.reddit.com/r/WhitePeopleTwitter/comments/o57pej/this_isnt_hard/

Wat is racisme?

- Van Dale: https://www.vandale.nl/gratis-woordenboek/nederlands/betekenis/racisme#.YRlitJMzaWA
- Merriam-Webster to revise racism definition after woman's campaign: https://www.theguardian.com/books/2020/jun/11/merriam-webster-racism-definition-revise-kennedy-mitchum
- A Working Definition of Racism: https://www.filmsforaction.org/articles/a-working-definition-of-racism/
- *Developing New Perspectives on Race: An Innovative Multi-media Social Studies Curriculum in Racism Awareness for the Secondary Level* | Pat Bidol
- *White Awareness: Handbook for Anti-Racism Training* | Judith H. Katz
- *Safehouse Progressive Alliance for Nonviolence* (2005). Adapted: Ellen Tuzzolo (2016)

Waar komt racisme vandaan?

- A history: the construction of race and racism: https://www.giarts.org/sites/default/files/conference_websites/2017/documents/construction-of-race-and-racism.pdf
- Baudet begrijpt niets van kritiek op rassenuitspraken Forum voor Democratie: https://www.nu.nl/politiek/5121215/baudet-begrijpt-niets-van-kritiek-rassenuitspraken-forum-democratie.html
- Het recht is niet kleurenblind: https://www.oneworld.nl/lezen/politiek/democratie/het-recht-is-niet-kleurenblind/
- Wat was de wet op het verbod op gemengde huwelijken?: https://www.greelane.com/nl/geesteswetenschappen/geschiedenis-cultuur/prohibition-of-mixed-marriages-act-43464/
- *Working Toward Whiteness: How America's Immigrants Became White: The Strange Journey from Ellis Island to the Suburbs* – David R. Roediger

- Marie Beecham Twitter: https://twitter.com/mariejbeech/status/1376907398691053577
- PBS-serie Frontline 'A Class Divided' met Jane Elliot

De verschillende dimensies van racisme

- UCLA School of Public Affairs: https://spacrs.wordpress.com/what-is-critical-race-theory/

Overheid

- Belastingdienst erkent: toch sprake van etnisch profileren: https://www.trouw.nl/nieuws/belastingdienst-erkent-toch-sprake-van-etnisch-profileren~b91d1a45/
- Ouders waren ten einde raad na stopzetten opvangtoeslag: https://www.nrc.nl/nieuws/2019/07/09/ouders-waren-ten-einde-raad-na-stopzetten-opvangtoeslag-a3966620
- Geheime notulen: hoe de ministerraad steen en been klaagde over kritische Kamerleden: https://www.rtlnieuws.nl/nieuws/nederland/artikel/5226484/mark-rutte-toeslagenaffaire-ministerraad-tweede-kamer-pieter
- De vergeten fraudejacht op Somalische Nederlanders: https://www.oneworld.nl/lezen/discriminatie/de-vergeten-fraudejacht-op-somalische-nederlanders/
- VN-rapporteur: 'Dat witte Nederlanders geprofiteerd hebben van uitbuiting moet in lesstof': https://www.parool.nl/nederland/VN-rapporteur-dat-witte-nederlanders-geprofiteerd-hebben-van-uitbuiting-moet-in-lesstof~bb6b8a13/
- *De Groene Amsterdammer*-onderzoek naar discriminatie op de woningmarkt: https://www.groene.nl/artikel/rachid-is-ook-gewoon-een-nette-jongen
- Zwartboek: Segregatie in Amsterdam en de rol van discriminerend 'spreidingsbeleid' door de gemeente in de jaren zeventig: https://www.theblackarchives.nl/tba-blog/zwartboek-segregatie-in-amsterdam-en-de-rol-van-discriminerend-spreidingsbeleid-door-de-gemeente-in-de-jaren-70

- Premie autoverzekering op basis regio en postcode: https://www.consumentenbond.nl/autoverzekering/je-postcode-en-de-premie
- Onderzoek: Discriminatie bij de verhuur van woningen? Een verkennend onderzoek naar verklaringen en de mogelijke aanpak | Anita Böcker, Ashley Terlouw, Ezgi Özdemir
- Surinaamse Nederlanders over AOW-gat: 'Nederland heeft ons zand in de ogen gestrooid': https://www.parool.nl/nederland/surinaamse-nederlanders-over-AOW-gat-nederland-heeft-ons-zand-in-de-ogen-gestrooid~b516b153/
- Commissie: AOW-gat Surinaamse Nederlanders moet gerepareerd: https://www.volkskrant.nl/nieuws-achtergrond/commissie-aow-gat-surinaamse-nederlanders-moet-gerepareerd~b86a2fdc/
- Seada Nourhussen Twitter: https://twitter.com/seadanourhussen/status/1371792355142033411
- *AD* meer diversiteit in de politiek: https://www.ad.nl/video/productie/meer-focus-op-diversiteit-in-de-politiek-204061

Politie

- Institutioneel racisme in Nederland: wat het is, waar het zit, en wat jij eraan kunt doen: https://decorrespondent.nl/11317/institutioneel-racisme-in-nederland-wat-het-is-waar-het-zit-en-wat-jij-eraan-kunt-doen/464087536-47232adb
- Onderzoek: De Nederlandse veiligheidscultuur als katalysator voor etnisch profileren? | Woude, M.A.H. van der; Leun, J.P. van der
- Enschedese politieman op eigen verzoek toch vervolgd: https://www.ad.nl/enschede/enschedese-politieman-op-eigen-verzoek-toch-vervolgd~a9ba3b0c/
- Vrijspraak voor Twentse politieman die collega arresteerde: https://www.gelderlander.nl/enschede/vrijspraak-voor-twentse-politieman-die-collega-arresteerde~a6bcce95/
- Agenten milder gestraft, klokkenluider vertrekt: https://www.nrc.nl/nieuws/2020/05/14/agenten-milder-gestraft-klokkenluider-vertrekt-a3999796
- OM buigt zich over racistische uitlatingen agenten Rotterdam:

https://www.nrc.nl/nieuws/2020/07/01/om-buigt-zich-over-racistische-uitlatingen-agenten-rotterdam-a4004637
- Agenten die burgers omschreven als kutafrikanen in appjes niet vervolgd: https://www.nrc.nl/nieuws/2020/08/04/agenten-die-burgers-omschreven-als-kutafrikanen-in-appjes-niet-vervolgd-a4007810
- Klokkenluider uit racistische appgroep werd ernstig gepest: https://www.nrc.nl/nieuws/2021/03/26/klokkenluider-uit-racistische-appgroep-werd-ernstig-gepest-a4037479
- Kritische weggestuurde politiechef verlaat politie definitief: https://nos.nl/artikel/2333955-kritische-weggestuurde-politiechef-verlaat-politie-definitief
- Onderzoek naar zwaardere straffen bij racistisch gedrag agenten: https://www.rtlnieuws.nl/nieuws/nederland/artikel/5221182/agenten-racisme-straf-politie
- Ilias (12) start kinderraad om politie te helpen: 'Mijn broer werd etnisch geprofileerd': https://www.funx.nl/news/up-2-date/29ab9923-58b3-4350-9e69-566004eb6805/ilias-12-start-kinderparticipatie-om-politie-te-helpen-mijn-broer-werd-etnisch-geprofileerd
- 'Marokkaanse brandweerman was bang dat ze hem bewust niet uit het vuur zouden halen': https://www.ad.nl/binnenland/marokkaanse-brandweerman-was-bang-dat-ze-hem-bewust-niet-uit-het-vuur-zouden-halen~a89fc29c/
- Zes mariniers krijgen geen strafvervolging om racistische appjes: https://www.rtlnieuws.nl/nieuws/nederland/artikel/5246522/zes-mariniers-racistische-appjes-geen-strafvervolging-wel

Zorg

- Onderzoek: Racial bias in pain assessment and treatment recommendations, and false beliefs about biological differences between blacks and whites | Kelly M. Hoffman, Sophie Trawalter, Jordan R. Axt en M. Norman Oliver
- Cultuur en pijn: https://www.medischcontact.nl/nieuws/laatste-nieuws/artikel/cultuur-en-pijn.htm
- Onderzoek: Rise in maternal mortality in the Netherlands | J.M. Schutte, E.A.P. Steegers, N.W.E. Schuitemaker, J.G. Santema,

K. de Boer, M. Pel, G. Vermeulen, W. Visser, J. van Roosmalen, Netherlands Maternal Mortality Committee

- Onderzoek: Indirect maternal mortality increases in the Netherlands | Joke M. Schutte, Layla de Jonge, Nico W.E. Schuitemaker, Job G. Santema, Eric A.P. Steegers, Jos van Roosmalen
- Huidarts.com huidtypen: https://www.huidarts.com/huidaandoeningen/huidtypen/
- Ask the Expert: Is There a Skin Cancer Crisis in People of Color?: https://www.skincancer.org/blog/ask-the-expert-is-there-a-skin-cancer-crisis-in-people-of-color/
- Onderzoek: Malignant Melanoma in African-Americans: A Population-Based Clinical Outcomes Study Involving 1106 African-American Patients from the Surveillance, Epidemiology, and End Result (SEER) Database (1988-2011) | Krishnaraj Mahendraraj, Komal Sidhu, Christine S.M. Lau, Georgia J. McRoy, Ronald S. Chamberlain, Franz O. Smith
- Joel Bervell Instagram: https://www.instagram.com/reel/COLNM5ggQuc/
- Onderzoek: Hidden in Plain Sight – Reconsidering the Use of Race Correction in Clinical Algorithms | Darshali A. Vyas, MD, Leo G. Eisenstein, MD, en David S. Jones, MD, PhD.
- Laboratoriumdiagnostiek Nieraandoeningen (LESA): https://www.nhg.org/themas/publicaties/laboratoriumdiagnostiek-nieraandoeningen-volledige-tekst
- Ras speelt ten onrechte rol in klinische besluitvorming: https://www.medischcontact.nl/nieuws/laatste-nieuws/artikel/ras-speelt-ten-onrechte-rol-in-klinische-besluitvorming.htm
- Botdensitometrie en osteoporose: https://www.ntvg.nl/artikelen/botdensitometrie-en-osteoporose/volledig
- Huisartsenopleiding.nl, Spirometrievaardigheden: https://www.huisartsopleiding.nl/wp-content/uploads/Spirometrie-vaardigheden.pdf
- Registratie naar etniciteit maakt onderzoek naar oversterfte mogelijk: https://www.medischcontact.nl/nieuws/laatste-nieuws/artikel/registratie-naar-etniciteit-maakt-onderzoek-naar-oversterfte-mogelijk-.htm

Onderwijs

- VN-rapporteur: 'Dat witte Nederlanders geprofiteerd hebben van uitbuiting moet in lesstof': https://www.parool.nl/nederland/vn-rapporteur-dat-witte-nederlanders-geprofiteerd-hebben-van-uitbuiting-moet-in-lesstof~bb6b8a13/
- Nieuw onderzoek: beëindiging Molukse treinkaping bij De Punt in meerdere opzichten illegaal: https://www.volkskrant.nl/nieuws-achtergrond/nieuw-onderzoek-beeindiging-molukse-treinkaping-bij-de-punt-in-meerdere-opzichten-illegaal~b9c6a132/
- Nederlandse Staat in zeer beperkte mate aansprakelijk in zaak 'Mothers of Srebrenica': https://www.rechtspraak.nl/Organisatie-en-contact/Organisatie/Hoge-Raad-der-Nederlanden/Nieuws/Paginas/Nederlandse-Staat-in-zeer-beperkte-mate-aansprakelijk-in-zaak-Mothers-of-Srebrenica.aspx
- Onderzoek: The Achievement Gap and the Discipline Gap: Two Sides of the Same Coin? | Anne Gregory, Russell J. Skiba, Pedro A. Noguera
- Rapportage: Inspectie van het Onderwijs: Technische rapportage onderwijskansen en segregatie | De staat van het onderwijs 2016/2017
- Les over vooroordelen en stereotypen op school: is bewustwording wel echt de eerste stap?: https://www.kis.nl/artikel/les-over-vooroordelen-en-stereotypen-op-school-bewustwording-wel-echt-de-eerste-stap
- Professionele ontwikkeling van leraren basisonderwijs | A.A. Ros (Lector); Marc Vermeulen; Iris Windmuller

Arbeidsmarkt

- Nog volop discriminatie bij sollicitaties: inhoud cv maakt nauwelijks uit: https://www.ad.nl/werk/nog-volop-discriminatie-bij-sollicitaties-inhoud-cv-maakt-nauwelijks-uit~a7567cc9/
- Rapport: Diversiteit in de top, Tijd voor versnelling | Sociaal-Economische Raad
- Ontslag op staande voet na racistische grappen: https://www.pwnet.nl/arbeidsrecht/nieuws/2021/02/werkgever-wil-af-van-werknemer-die-racistische-grappen-deelt-rechtspraak-10137211
- Novum: Ik heb vragen over ontslag (deel 8):

https://novumjuristen.nl/nieuws/novum-ik-heb-vragen-over-ontslag-deel-8/
- Exclusive: LinkedIn to pay its ERG leaders: https://www.axios.com/linkedin-erg-pay-affinity-groups-17b9a060-0ef3-4226-aae2-a3dbe56908f9.html

Media

- Nog weinig diversiteit in Nederlandse nieuwsmedia: https://www.womeninc.nl/actueel/nog-weinig-diversiteit-in-nederlandse-nieuwsmedia
- Ophef over interview met activiste: 'Alle witte mensen zijn racistisch': https://nl.metrotime.be/nieuws/ophef-over-interview-met-activiste-alle-witte-mensen-zijn-racistisch
- Niet voor tere zieltjes: Chanel Lodiks Instagram-strijd tegen racisme: https://dekanttekening.nl/interview/niet-voor-wit-fragiele-zieltjes-chanel-lodiks-instagram-strijd-tegen-racisme/
- Nederlander (18) dood gevonden in België, kwam eerder in opspraak door berucht Snapchat-filmpje: https://www.ad.nl/binnenland/nederlander-18-dood-gevonden-in-belgie-kwam-eerder-in-opspraak-door-berucht-snapchatfilmpje-br~a65bcc01/
- De zendingsdrang van de EO kent geen grenzen | column | Haroon Ali: https://www.noordhollandsdagblad.nl/cnt/dmf20210630_88430706
- Op nu.nl zie je iedereen (en niet alleen witte mannen): https://www.nu.nl/blog/6138930/op-nunl-zie-je-iedereen-en-niet-alleen-witte-mannen.html
- Wilfred Takken: 'Gebrek aan diversiteit in de media bedreigt de democratie': https://www.stdem.org/2015/12/08/wilfred-takken-gebrek-aan-diversiteit-in-de-media-bedreigt-de-democratie/
- Kranten- en tv-redacties iets minder wit: https://www.nrc.nl/nieuws/2018/05/21/kranten-en-tv-redacties-iets-minder-wit-a1603635

Sport

- Servische volleybalster geschorst om racistisch gebaar: 'Was misverstand': https://nos.nl/artikel/2384354-servische-volleybalster-geschorst-om-racistisch-gebaar-was-misverstand

- Swimming caps for natural black hair ruled out of Olympic Games: https://www.theguardian.com/sport/2021/jul/02/swimming-caps-for-natural-black-hair-ruled-out-of-olympic-games-alice-dearing
- Anti-doping agencies hit back at claims Sha'Carri Richardson suspension is racist: https://www.independent.co.uk/news/world/americas/sha-carri-richardson-tokyo-olympics-cannabis-b1882708.html
- Onderzoek: Racial Bias in Football Commentary (Study): The Pace and Power Effect | RunRepeat en The Professional Footballers' Association
- De zwarte tulp en de chocoprins: https://www.groene.nl/artikel/de-zwarte-tulp-en-de-chocoprins
- Seedorf beklaagt zich: 'Zwarte trainers krijgen geen kans in het voetbal': https://nos.nl/artikel/2369797-seedorf-beklaagt-zich-zwarte-trainers-krijgen-geen-kans-in-het-voetbal
- Snelheid is geen kwestie van wit of zwart: https://www.trouw.nl/nieuws/snelheid-is-geen-kwestie-van-wit-of-zwart~bb9307a0/
- Slechts 1,7 procent van coaches in toplanden is zwart: 'Ze worden gezien als bedreiging': https://www.ad.nl/buitenlands-voetbal/slechts-1-7-procent-van-coaches-in-toplanden-is-zwart-ze-worden-gezien-als-bedreiging~ac077cf0/

Interpersoonlijk racisme

- Ophef over zigeunersaus? 'Nu nog niet, maar dat kan wel komen': https://www.rtlnieuws.nl/nieuws/nederland/artikel/5177787/zigeunersaus-duitsland-knorr-aanpassen-remia-discriminatie
- Where did COVID come from? Five mysteries that remain: https://www.nature.com/articles/d41586-021-00502-4

Micro-agressies

- Jacquelyn Ogorchukwu Iyamah over micro-agressies: https://www.instagram.com/p/B8SBKT3ILhj/
- *Microagressions in Everyday Life* | Dr. Derold Wing Sue
- Understanding racial microaggression and its effect on mental health: https://www.pfizer.com/news/hot-topics/understanding_racial_microaggression_and_its_effect_on_mental_health

- Onderzoek: Ethnic microaggressions, traumatic stress symptoms, and Latino depression: A moderated mediational model | Lucas Torres, Joelle T. Taknint
- Onderzoek: Discrimination, Racial Bias, and Telomere Length in African-American Men | David H. Chae, ScD, MA, Amani M. Nuru-Jeter, PhD, Nancy E. Adler, PhD, Gene H. Brody, PhD, Jue Lin, PhD, Elizabeth H. Blackburn, PhD, Elissa S. Epel, PhD

Culturele toe-eigening

- How cornrows were used as an escape map from slavery across South America: https://face2faceafrica.com/article/how-cornrows-were-used-as-an-escape-map-from-slavery-across-south-america
- Marc Jacobs Responds to Cultural Appropriation Accusations by Pointing to Women of Color: https://www.cosmopolitan.com/style-beauty/beauty/a3387617/marc-jacobs-cultural-appropriation-response/
- Het vissershoedje straalt zomerse nonchalance uit: https://www.nrc.nl/nieuws/2021/06/29/zomerse-nonchalance-a4048170
- Het begin van het einde voor Vlisco?: https://www.hautehistoire.nl/begin-einde-vlisco/
- Overnamepoging Helmonds stoffenbedrijf ontaardt in moddergevecht: https://nos.nl/artikel/2391265-overnamepoging-helmonds-stoffenbedrijf-ontaardt-in-moddergevecht
- Hindu Samata: https://www.instagram.com/p/CK2Sz5DFQFd/
- *Interculturele communicatie*, Carlos Nunez, Raya Nunez-Mahdi, Laura Popma
- The American Indian Religious Freedom Act, on August 11, 1978

Voorkeur of racisme

- Baby na straatruzie overleden: https://www.parool.nl/nieuws/-baby-na-straatruzie-overleden~b9b7c340/
- *Why Black Men Love White Women, Going Beyond Sexual Politics to the Heart of the Matter*, Rajen Persaud

Racisme tegen specifieke groepen

Anti-Aziatisch racisme

- AsianRaisins.nl: Discriminatie van Aziaten in Nederland, achtergrond: https://asianraisins.nl/discriminatie-aziaten-in-nederland/
- Onderzoek: De stilte voorbij, Verkenning over ervaring van discriminatie tijdens de Covid-19-pandemie onder Nederlanders met een Oost-Aziatische achtergrond, René Broekroelofs, Joey Poerwoatmodjo
- Gordon maakt geen excuses voor 'nummer 39 met rijst': https://www.ad.nl/sterren/gordon-maakt-geen-excuses-voor-nummer-39-met-rijst~ac1169fe/
- Gordon biedt excuses aan voor racistische grap uit 2013: https://www.nu.nl/achterklap/6029832/gordon-biedt-excuses-aan-voor-racistische-grap-uit-2013.html
- Modelminderheid is vooral een verwijt tegen zwarten: https://www.trouw.nl/nieuws/modelminderheid-is-vooral-een-verwijt-tegen-zwarten~b32d6c1d/
- Multiculturele schizofrenie – 'Jij bent anders, jij bent Chinees': https://rozenbergquarterly.com/multiculturele-schizofrenie-jij-bent-anders-jij-bent-chinees/
- Aangifte tegen dj om discriminerend coronalied 'Voorkomen is beter dan Chinezen': https://www.ad.nl/binnenland/aangifte-tegen-dj-om-discriminerend-coronalied-voorkomen-is-beter-dan-chinezen~a421146c/
- OM-publicaties: https://www.om.nl/binaries/om/documenten/publicaties/2020/06/04/sepotbrief-aangifte-tegen-corona lied/06.04.20+Sepotbrief+coronalied.pdf
- Kelly werd afgelopen week in Amsterdam aangevallen omdat ze Aziatisch is: https://www.vice.com/nl/article/akgwdb/kelly-werd-afgelopen-week-in-amsterdam-aangevallen-omdat-ze-aziatisch-is
- Yanii (16) moet onder dwang sorry zeggen en krijgt trap in gezicht: 'Wie is de baas?': https://www.ad.nl/binnenland/yanii-16-moet-onder-dwang-sorry-zeggen-en-krijgt-trap-in-gezicht-wie-is-de-baas~a83c9808/
- Chinees-Nederlandse Cindy (24) mishandeld na opmerking over coronalied: https://www.rtlnieuws.nl/nieuws/nederland/artikel/-

5032246/corona-carnaval-aangifte-tilburg-politie-chinese-coronalied
- 'Dader aanslagen op massagesalons Atlanta had waarschijnlijk geen racistisch motief': https://nos.nl/artikel/2373018-dader-aanslagen-op-massagesalons-atlanta-had-waarschijnlijk-geen-racistisch-motief
- Opinie: 'Stop met het verbeelden van Aziatische vrouwen als hyperseksueel': https://www.parool.nl/columns-opinie/opinie-stop-met-het-verbeelden-van-aziatische-vrouwen-als-hyperseksueel~b65e1404/

Islamofobie

- Waarom islamofobie wél racisme is: https://joop.bnnvara.nl/nieuws/waarom-islamofobie-wel-racisme-is
- Rapport: Alledaagse islamofobie in Nederland | Ibtissam Abaâziz, MSc.
- Moslims zijn gewend aan racisme, zegt religiewetenschapper Deborah Bremmer: https://www.nd.nl/geloof/geloof/1033321/-moslims-zijn-gewend-aan-islamofobie-
- Terreuraanslagen veroordelen? Moslims doen bijna niet anders!: https://www.ad.nl/home/terreuraanslagen-veroordelen-moslims-doen-bijna-niet-anders~a97c24cc/
- AIVD: extreemrechts bereikt groter publiek, kans op terroristische aanslag: https://www.volkskrant.nl/nieuws-achtergrond/aivd-extreemrechts-bereikt-groter-publiek-kans-op-terroristische-aanslag~b041f5c6/
- Wat is terrorisme en waarom doet de AIVD er onderzoek naar?: https://www.aivd.nl/onderwerpen/terrorisme
- Charleston-schutter Dylann Roof ter dood veroordeeld: https://nos.nl/artikel/2152417-charleston-schutter-dylann-roof-ter-dood-veroordeeld
- Kerkschutter Charleston (22) krijgt de doodstraf: https://www.ad.nl/nieuws/kerkschutter-charleston-22-krijgt-de-doodstraf~a92e2278/
- Schutter moordpartij in Amerikaanse kerk krijgt doodstraf: https://www.trouw.nl/nieuws/schutter-moordpartij-in-amerikaanse-kerk-krijgt-doodstraf~bbda5b15/
- Waarom noemen we de Charleston-schutter geen terrorist?:

https://nos.nl/op3/artikel/2042361-waarom-noemen-we-de-charleston-schutter-geen-terrorist
- Waarom wordt Geert Wilders vervolgd?: https://npokennis.nl/longread/7475/waarom-wordt-geert-wilders-vervolgd#id-377
- Wilders: 'Pure heksenjacht, ik wil niet alle Marokkanen het land uit hebben': https://www.telegraaf.nl/nieuws/1098250536/wilders-pure-heksenjacht-ik-wil-niet-alle-marokkanen-het-land-uit-hebben
- Gerechtshof veroordeelt Wilders voor 'minder Marokkanen'-uitspraak: https://www.rechtspraak.nl/Organisatie-en-contact/Organisatie/-Gerechtshoven/Gerechtshof-Den-Haag/Nieuws/Paginas/Gerechtshof-veroordeelt-Wilders-voor-minder-Marokkanen-uitspraak.aspx
- Dutch Leader Takes Trump-Like Turn in Face of Hard-Right Challenge: https://www.nytimes.com/2017/01/24/world/europe/mark-rutte-netherlands-muslim-immigrants-trump.html?_r=0
- Politiecijfers: Na jaar slechts vier waarschuwingen en geen boetes voor dragen boerka: https://www.parool.nl/nederland/politiecijfers-na-jaar-slechts-vier-waarschuwingen-en-geen-boetes-voor-dragen-boerka~b8828f55/
- Nog geen boetes boerkaverbod, wél meer agressie tegen moslima's: https://www.rtlnieuws.nl/nieuws/politiek/artikel/4861516/boerka-verbod-nikab-burka-boete-discriminatie
- Rapport: zwartboek boerkaverbod |Ibtissam Abaâziz, MSc.
- Veel moslimdiscriminatie op het werk: hoe vaak ik wel niet heb moeten uitleggen wat ik vond van IS: https://www.trouw.nl/religie-filosofie/veel-moslimdiscriminatie-op-het-werk-hoe-vaak-ik-wel-niet-heb-moeten-uitleggen-wat-ik-vond-van-is~bdf66429/
- Geen stage door discriminatie: 'Ik mocht geen hoofddoek dragen': https://www.funx.nl/news/besef/2b542a9c-957e-42ff-823c-286e11a38cac/geen-stage-door-discriminatie-ik-mocht-geen-hoofddoek-dragen
- Vier vragen beantwoord over het boerka-verbod: https://www.ad.nl/binnenland/vier-vragen-beantwoord-over-het-boerka-verbod-br~a8b9ed9a/
- 30 jaar onderzoek naar berichtgeving over moslims in Nederlandse

media (3): https://www.nieuwwij.nl/media/dertig-jaar-onderzoek-naar-berichtgeving-over-moslims-in-nederlandse-media-deel-3/
- Moslims in Nederlandse kranten: https://www.nieuwwij.nl/dossiers/-moslims-nederlandse-media/
- NRC maakt van 'de moslims' het minst een probleem: https://www.nieuwwij.nl/media/nrc-verrassend-genuanceerd-over-moslimberichtgeving/
- De bunq-casus: zo ziet institutionele islamofobie eruit: https://www.meldislamofobie.org/de-bunq-casus-zo-ziet-institutionele-islamofobie-eruit/
- Moslimhaat en anti-islamgeweld structureel onderschat: https://joop.bnnvara.nl/nieuws/meer-moslimhaat-en-geweld-moskeeen-dan-gedacht
- How We Can Fight Prejudice Against Muslims: https://greatergood.berkeley.edu/article/item/how_we_can_fight_prejudice_against_muslims
- Onderzoek: Interventions Highlighting Hypocrisy Reduce Collective Blame of Muslims for Individual Acts of Violence and Assuage Anti-Muslim Hostility | Emile Bruneau, Nour Kteily, Emily B. Falk

Anti-Zwart racisme

- Een op vijf discriminatie- en racismemeldingen in Amsterdam gaat over anti-zwart racisme: https://www.volkskrant.nl/nieuws-achtergrond/een-op-vijf-discriminatie-en-racismemeldingen-in-amsterdam-gaat-over-anti-zwart-racisme~bfdaf793/
- Onderzoek: Physician-patient racial concordance and disparities in birthing mortality for newborns | Brad N. Greenwood, Rachel R. Hardeman,Laura Huang, Aaron Sojourner
- A Revealing Experiment: Brown v. Board and "The Doll Test": https://www.naacpldf.org/ldf-celebrates-60th-anniversary-brown-v-board-education/significance-doll-test/
- Yes, There's a Difference Between 'BIPOC' and 'POC' — Here's Why It Matters: https://www.healthline.com/health/bipoc-meaning
- Onderzoek: Girlhood Interrupted: The Erasure of Black Girls' Childhood Rebecca Epstein, Jamilia J. Blake, Thalia González

- Onderzoek: The Essence of Innocence: Consequences of Dehumanizing Black Children | Phillip Atiba Goff, Matthew Christian Jackson, Brooke Allison Lewis Di Leone, Carmen Marie Culotta, Natalie Ann DiTomasso
- Welke rechten hebben aangehouden minderjarigen?: https://www.parool.nl/nederland/welke-rechten-hebben-aangehouden-minderjarigen~b19f72a9/
- Kinderombudsman: geen kind in de cel: https://www.parool.nl/nieuws/kinderombudsman-geen-kind-in-de-cel~ba725d63/
- Twee mannen gezocht voor mishandeling treinreiziger: https://flevopost.nl/artikel/1094129/twee-mannen-gezocht-voor-mishandeling-treinreiziger.html
- Glazenwasser op non-actief gesteld nadat hij foto's van huis Akwasi deelde: https://www.parool.nl/amsterdam/glazenwasser-op-non-actief-gesteld-nadat-hij-foto-s-van-huis-akwasi-deelde~b4dbeee7/
- Akwasi pakt laptops af van NPO Radio 1: 'Kwalijk en intimiderend': https://www.mediacourant.nl/2021/01/akwasi-pakt-laptops-af-van-npo-radio-1-kwalijk-en-intimiderend/
- Het gevaar van een radicale agenda: https://www.telegraaf.nl/nieuws/2793014/het-gevaar-van-een-radicale-agenda
- GroenLinks wil opheldering over bedreigingen aan adres Quinsy Gario: https://www.at5.nl/artikelen/147132/groenlinks_wil_opheldering_over_bedreigingen_aan_adres_quincy_gario
- Boetes tot 300 euro geëist voor bedreigen Quinsy Gario: https://www.at5.nl/artikelen/182048/boetes-tot-300-euro-geist-voor-bedreigen-quinsy-gario
- Onderzoek: Race-Based Sexual Stereotyping and Sexual Partnering Among Men Who Use the Internet to Identify Other Men for Bareback Sex | Patrick A. Wilson, Pamela Valera, Ana Ventuneac, Ivan Balan, Matt Rowe, and Alex Carballo-Diéguez
- Analyse: Labelling black male genitalia and the 'new racism': the discursive construction of sexual racism by a group of Southern African college students | Busi Makoni

- Onderzoek: The Myth of Promiscuity: Examining Black Male, Sexual Narratives and Sexual Identity | Seth Young
- Afrikaanse jongens aangeboden als levende dildo's: https://joop.bnnvara.nl/nieuws/afrikaanse-jongens-aangeboden-als-levende-dildo-s
- Gambia: seksvakantie voor de rijpere vrouw: https://www.single2travel.nl/gambia-seksvakantie-voor-de-rijpere-vrouw/
- Sex tourism crimes are overlooked in many african countries: https://www.tourism-review.com/sex-tourism-destinations-in-africa-news10319
- Wat is misogynoir en hoe herken je het?: https://www.oneworld.nl/lezen/discriminatie/racisme/wat-is-misogynoir-en-hoe-herken-je-het/
- Als je Zwart en vrouw bent, heb je het nakijken. Tijd voor een debat, vindt Nancy Jouwe: https://www.trouw.nl/nieuws/als-je-zwart-en-vrouw-bent-heb-je-het-nakijken-tijd-voor-een-debat-vindt-nancy-jouwe~bf351a00/
- Michelle Obama says 'angry black woman' label rooted in fear: https://edition.cnn.com/2016/12/19/politics/michelle-obama-op rah-angry-black-woman/index.html
- Serena Williams and the trope of the 'angry black woman': https://www.bbc.com/news/world-us-canada-45476500
- West Virginia Mayor Resigns After She and Another Official Called Michelle Obama an 'Ape in Heels' in Facebook Post: https://www.thecut.com/2016/11/west-virginia-officials-called-michelle-obama-ape-in-heels.html
- Johnas van Lammeren (PvdD) biedt Sylvana Simons excuses aan: https://www.at5.nl/artikelen/191748/johnas-van-lammeren-pvdd-biedt-sylvana-simons-excuses-aan
- Sherisa Miller over colorisme & racisme binnen de hindoestaanse gemeenschap: https://hivancommunity.com/2020/07/22/hivan-sherisa-miller-over-colorisme-racisme-binnen-de-hindoestaanse-gemeenschap/
- Unilever to stop promoting 'whitening' features, rename Fair & Lovely

products:https://eu.usatoday.com/story/money/2020/06/25/unilever-to-stop-promoting-whitening-rename-fair-lovely-lightening-products/3258532001/

- Chinees racisme zorgt voor 'sinofobie' in Afrika: 'De houding van China is respectloos': https://www.mo.be/reportage/racisme-van-chinezen-leidt-tot-sinofobie-afrika
- Gezocht: 'Moedige moslims die de gemeenschap confronteren met racisme': https://dekanttekening.nl/samenleving/gezocht-moedige-moslims-die-de-gemeenschap-confronteren-met-racisme/

Wat houdt antiracisme tegen

Tone policing & gaslighting

- Victoria Koblenko Instagram: https://www.instagram.com/p/CNSpvrYJwfF/
- Victoria Koblenko zegt sorry voor cornrow-foto: Deze haardracht is not done: https://www.ad.nl/show/victoria-koblenko-zegt-sorry-voor-cornrow-foto-deze-haardracht-is-not-done~a05a54b4/
- Nu is Rutte de controle over het formatieproces echt kwijtgeraakt: https://www.trouw.nl/politiek/nu-is-rutte-de-controle-over-het-formatieproces-echt-kwijtgeraakt~be8a886b/
- The Mind Geek Instagram: https://www.instagram.com/p/CEKVFXBnbgw/

Kleurenblindheid

- Happily Evans Afterr Instagram: https://www.instagram.com/reel/CRY_WtCgbiX/
- Happily Evans Afterr Instagram: https://www.instagram.com/reel/CRG8JHIAvMa/
- Hoofdkantoor Amnesty International blijkt een wit bolwerk met koloniale trekjes: https://www.volkskrant.nl/nieuws-achtergrond/hoofdkantoor-amnesty-international-blijkt-een-wit-bolwerk-met-koloniale-trekjes~b055a081/

Wit centreren

- Onderzoek: The White Racial Affect Scale (WRAS): A Measure of White Guilt, Shame, and Negation | Patrick R. Grzanka, Keri A. Frantell, Ruth E. Fassinger
- The destructive power of white women's tears: https://metro.co.uk/2021/01/28/the-destructive-power-of-white-womens-tears-13944822/
- Nieuw-Zeeland geeft stellen recht op verlof na een miskraam: https://www.trouw.nl/buitenland/nieuw-zeeland-geeft-stellen-recht-op-verlof-na-een-miskraam~bfec9dca/
- New Zealand Not The First To Provide Paid Miscarriage Leave; India Has A Law Since 1960s: https://www.republicworld.com/-world-news/rest-of-the-world-news/new-zealand-not-the-first-to-provide-paid-miscarriage-leave-india-has-a-law-since-1960s.html
- Urban dictionary: https://www.urbandictionary.com/define.php?term=Karen
- 'Karen' vs. 'Becky' vs. 'Stacy': How Different Are These Slang Terms?: https://www.dictionary.com/e/karen-vs-becky-vs-stacy/
- Amy Cooper, White Woman Who Called 911 on Black Birder, Sues Over Firing: https://www.nytimes.com/2021/05/26/nyregion/amy-cooper-suing-racial-discrimination.html